예레미야와 함께 울다

예레미야와 함께 울다

1판 1쇄 인쇄 2018년 10월 5일
1판 1쇄 펴냄 2018년 10월 14일

지은이 한희철
펴낸이 한종호
디자인 임현주
제 작 제이오

펴낸곳 꽃자리
출판등록 2012년 12월 13일
주소 의왕시 전주남이 4길 17, 102동 804호(오전동 동문굿모닝힐아파트)
전자우편 amabi@daum.net
블로그 http://fzari.com

ISBN 979-11-86910-21-4 03230
값 15,000원

무릎 꿇고 손가락으로 읽는 예레미야

예레미야와 함께 울다

한희철 지음

꽃자리

목차

2장 언구럭을 떨지 말라

3장 고기는 너희가 처먹어라

4장 주님은 그저 신기루입니다

5장 정답은 우리에게 있지 않다

6장 불신앙과 두려움 사이

7장 흔들릴수록 중심에 서라

글을 시작하며

어느 날의 기도

오, 주님.
제가 작고 작아져
마침내
한 점,
한 획,
말씀의 한 조각이 될 수 있다면
감히 그럴 수 있다면
저는 행복하겠습니다.

-한희철

예레미야와 경이로운 대화 나눌 수 있기를…

민영진 | 전 대한성서공회 총무

말씀의 광맥

예레미야는 기원전 7-6세기(626-587 B.C.)에 팔레스타인에서 활동하다가 이집트의 유배지에서 생을 마감한 예언자이다. 때문에 그 당시 활동했던 예레미야가 남긴 글인 〈예레미야서〉가 아무리 우리말의 여러 번역으로 잘 되어 있다 하더라도 21세기를 살고 있는 우리 독자들이 읽는다는 것은 결코 쉽지 않은 일이다.

게다가 〈예레미야서〉는 잘 알려져 있듯이 예레미야 자신이 두루마리에 직접 기록했던 것이 아니다. 예레미야의 구술을 듣고 대필자 바룩이 기록한 글이다. 대필자의 참여 정도에 따라서는 공저일 수도 있는 책인 것이다.

이렇게 전해진 글을 지금 우리는 독자로서 직접 예레미야의 책을 읽는 것이 아니라, 그 책을 대신 읽어주는 이를 통해 읽으려 한다. 저자는 그의 책 말미(6장)에서 이런 말을 한다.

같은 본문을 읽고 묵상한 다른 이의 글을 읽는 것은 조심스럽기도 하고 유익하기도 하다. 조심(操心)스러운 것은 그것이 고정관념이나 선입견처럼 자리를 잡을 수 있기 때문이다. 얼마든지 말씀과 씨름을 하며 내가 길어 올릴 수 있는 묵상의 내용을, 다른 이가 길어 올린 물로 손쉽게 대신하는 우를 범할 수가 있기 때문이다. 하지만 유익함도 크다. 무엇보다도 다른 이의 묵상을 대하며 얻는 유익(有益)함 중 빠뜨릴 수 없는 것이 있다면 내 좁다란 생각에서 벗어날 수가 있다는 점이다. 말씀을 대하는 마음은 저마다의 신앙과 성품과 경험에 따라 다를 수밖에 없는 것, 나로서는 전혀 생각하지 못했던 묵상의 내용을 대하게 되면 새삼 말씀의 깊이와 폭에 놀라며 고마워하게 된다. 그런 점에서 주님의 말씀은 매장된 모든 것을 다 파낸 폐광(廢鑛)이 아니라 아직도 무엇이 얼마나 묻혀 있는지를 가늠조차 할 수 없는, 땀 흘리며 곡괭이질을 하는 만큼만 알려주는 거대한 광맥(鑛脈)과 다를 바가 없다.(〈반쯤은 희망을 품고 반쯤은 두려움을 품은 채〉 중에서)[1]

저자는 지금 자신이 쓴 이 책과 이 책을 읽을 독자를 염두에 두고 이렇게 말한 것이 아니라, 자신이 다른 이들의 성경 묵상을 만나서 실제로 체험한 것을 말하고 있다. 그러나 이것은 저자의 이 책과 이 책의 독자들에게도 그대로 적용될 수 있는 말이다. 이런 종류의 성경 묵상을 대하는 독자들은 성경 본문에 대하여 자신이 지금까지 가졌던 고정관념이나 선입견을 없앨 수 있을 뿐만 아니라 무진장(無盡藏)한 말씀의 광맥을 만날 수 있을 것이고, 더 나아가서는 "성경의 신비한 세계"(칼

1_ 인용하면서 문맥을 조정하고 강조할 곳에 한자를 병기(倂記)하였다.

바르트)를 만나게 될 것이기 때문이다.

우리가 두려운 마음으로 말씀에 접근할 때(이러한 태도를 이 책의 저자는 "예레미야와 함께 울다-무릎 꿇고 손가락으로 읽는 예레미야"라고 표현하였다.), '말씀'은 우리에게 자기의 '얼굴'을 보일 것이다. '성경의 얼굴', '말씀의 얼굴', '로고스의 얼굴'과 같은 표현은 생소할 수 있다. '성경'이라는 객체어(客體語 objective), 이것과 연관된 '말씀'이라는 추상어(抽象語 abstract)를 다시 의인화(擬人化 personification)시키겠다는 것이냐고, '성경'과 '말씀'에다가 신인동형동성론(神人同形同性論 anthropomorphism)을 적용하여 표현하겠다는 것이냐고 물을 수 있다. 성경 본문을 읽을 때 본문이 독자에게 다가오는 것을 체험한 경우라면 말씀이 지닌 인격적 특성을 부정하기가 어렵다. 본문을 읽을 때 그 본문이 독자에게 말을 걸어온다. 그 때 본문은 제 얼굴을 독자에게 보인다. 본문이 독자를 보고 독자도 본문을 보며, 둘은 얼굴과 얼굴을 서로 마주 본다. 대면이다. 이와 같은 경험을 본문과의 대화라고 할 수도 있을 것이다. 이를 통해 소통이 이루어지고, 독자는 전에 없이 풍성한 의미를 수확한다. 그런데 성경과의 대화에서 소통은 있었으나 들려오는 소리가 있었던 것은 아니다. 이처럼 독자가 무슨 발화(發話)를 한 것도 아니고 무엇이 들리는 것도 아닌데, 어떻게 대화가 가능하다는 것일까? 본문과 독자의 자세는 서로 마주보는 대면일 뿐인데. 말씀이 독자를 보고, 독자는 말씀의 얼굴을 읽는다. "이상하다!" 혈액(血液)이 독자의 몸속에서 북[鼓]을 치며 순환(循環)하고 있었을까? 파블로 네루다가 "시(詩)가 날 찾아왔다"고 할 때 말한 '팰퍼테이팅'(palpitating ① 심장이 뛰다, 고동(鼓動)하다; 가슴이 두근거리다. ② 떨리다.) 같은 현상이 일어난 것도 문자 그대로 "피가 혈관 속에서 북을 치며 행군을 하는" 고동(鼓動)이 있었기 때문이다.

"예레미야와 함께 울다-무릎 꿇고 손가락으로 예레미야를 읽어라!" 감히 이런 독서에 여러분을 초청한다.

내가 피조물이고 내가 죄인이라는 의식, 이 의식, 이 깨달음, 이 인정 없이는 객관적 성경 지식은 내게 '지식 자랑'일 뿐 내 구원에는 오히려 방해가 되는 것일 수도 있다. 말씀과의 만남에서 복종이 없다면, 새로 태어남(요 3:3)이 없을 터이니 말이다. '말씀의 얼굴'을 만나는 우리의 감회는 각자가 다 다를 것이다. 그것은 마치 말씀이 각자에게 다 다른 깨달음을 주는 것과 마찬가지일 것이기 때문이다.

랍비 유대교 주석에서는 성경의 의미를 네 가지로 나눈다. 성경 본문의 문법적 역사적 의미(peshat)는 평범한 것, 객관적인 것, 확인과 검증이 가능한 것이다. 그러나 그것이 각 독자에게 주는 찔림이나 충격은 독자마다 다르다. 독자들은 저마다 기존에 받은 교육과 삶을 통해 자기만의 본문을 작성하여 가지고 있기 때문에 독자가 성경 본문 앞에 설 때는, 성경의 본문과 자기 속에서 형성된 자기 본문이 만나는 사건을 겪게 된다. 그 두 본문은 융합될 수도 있고 서로 맞지 않아 상호 수혈이 거부될 수도 있다. 그렇지만 수혈이 잘 되면, 성경의 (1) 프샤트(peshat 文字)는 (2) 레메즈(remez 暗示)로, (3) 데라쉬(derash 訓戒)로, (4) 소드(sod 秘義)의 단계로까지 확대될 수 있다는 것이다.

우리말 번역의 한자 해설과 번역비교

우리에게 예레미야의 책을 읽어주는 저자는 여러 가지 우리말 번역 가운데서 《관주 성경전서 간이국한문 한글판》(대한성서공회, 1964)[2]에

실린 〈예레미야서〉를 기초 본문으로 사용한다. 저자 자신이, 토박이말은 한글로 적고, 한자에서 유래한 말은 한문으로 적은 국한문판을 기본 본문으로 사용하기 때문에 독자들은 여러 경우에 저자의 한문 해설도 겸하여 볼 수 있다. 국한문의 한문 해설은 해석학적으로도 의미를 지닌다. '히브리어 원문의 뜻이 어떻다'는 식이 아니라, 우리말 번역을 읽는 독자들이 우리말의 뜻을 이해하는 것을 돕고 있다. 이것은 모험이다. 이미 번역 자체가 원문의 의미를 굴절시키는 모험인 것과 같다. 번역을 읽는 일반 독자는 원문에는 관심을 가질 수도 없고, 실제로 가지지도 않는다. 번역된 본문 자체를 정확하게 읽는 것이 우선적으로 요청된다.

저자는 본문 해설에서 《개정》, 《공동번역》, 《새번역》, 《성경》, 《메시지》 등의 번역들[3]을 대조하여 본문의 뜻이 어떻게 다양하게 우리말로 표현되어 있는지를 보여준다. 예레미야 예언자 당시의 예루살렘의 청중은 바룩이 전해주는 예레미야의 예언을 히브리어로 들었다. 우리는 지금 우리말로 번역된 예레미야의 예언을 여러 번역자들이 우리에게 전달해 주는 여러 가지 번역으로 예레미야의 말을 듣는다. 이러한 번역 비교는 한 번역으로 잘 이해되지 않는 의미가 다른 번역과의 대조에서 확연하게 밝혀질 수도 있기 때문에 유익하다. 예를 들어 본다.

2_ 원문대로는 〈一九六四年, 貫珠 聖經全書 簡易國漢文 한글판, 大韓聖書公會 發行〉이다. 이것은 1956/1962년판 《관주 성경전서 개역 한글판》의 국한문판이다. 번역은 《성경전서 개역 한글판》(1956/1961)이다.

3_ 《성경전서 개역 개정판》(대한성서공회, 1998). 《공동번역 성서》(대한성서공회, 1977). 〈성경전서 새번역〉(대한성서공회, 1993, 2004). 《성경》(한국천주교주교회의, 2005). 유진 피터슨의 한국어 역 《메시지》(복있는 사람, 2015).

저자는 4장 마지막 "항복하니 행복했냐고"에서 예레미야 20장 7-9절의 본문을 다루고 있다. 《개역》 간이 국한문 한글판 본문을 기본 본문으로 사용하는 저자는 으레 하듯이 우리말 본문에 사용된 한자어를 해설하고 있다.

> "여호와여 주(主)께서 나를 권유(勸誘)하시므로 내가 그 권유(勸誘)를 받았사오며…"(렘 20:7). '권유'(勸誘)라는 말은 설득하다 혹은 유혹하다는 뜻을 가진 말이다. '권유'의 '권'(勸)은 '권할 권'이고, '유'(誘)는 '꾈 유'인데, '꾈 유' 라는 글자가 재미있다. '말씀 언'(言)에 '빼어날 수' '아름다울 수'(秀)를 짝지은 글자로, 아름답고 그럴듯한 말로 상대방을 꾀어낸다는 뜻을 가지고 있다. (〈항복하니 행복했냐고〉 중에서)

저자의 국한문 본문의 한자 풀이는 훌륭하다. 다만, 번역 자체가 의도적이든 무의식적이든 히브리어 본문의 뜻을 달리 전달하였을 경우의 이러한 한자 풀이는, 자칫 히브리어 본문의 의미를 감추거나 독자에게 오독을 유도할 수도 있다는 점에 유념해야 한다. 원천언어의 의미를 살피지 않고 수용언어의 뜻풀이만 시도할 때의 모험과 한계가 여기에 있다.[4] 이러한 한계를 극복하는 한 방편이 여러 번역을 비교해 보는 것이다.

4_ 번역학에서, 번역 대본(對本)인 언어(여기에서는 히브리어)는 원천언어(源泉言語 source language)라고 하고, 그것을 번역한 언어(여기에서는 한국어)는 수용언어(受容言語 receptor language)라고 한다.

《새번역성경》은 '권유하시므로'라는 말을 '속이다'로 번역했다. "주님께서 나를 속이셨으므로, 내가 주님께 속았습니다."(렘 20:7) 주님께서 나를 속이셨으므로 내가 주님께 속았다니, 예레미야는 지금 무슨 말을 하고 있는 것일까? 주님이 자기에게 무언가를 숨겼다는 것인지, 예레미야 자신이 너무 어수룩했다는 말인지, 속임인 줄 알면서도 속이시는 분이 주님이시기에 속아 넘어갔다고 말하고 있는 것인지 짐작하기가 어렵다. 예레미야의 심정을 제대로 헤아리기가 어렵지만 예레미야는 주님의 속임에 넘어갔다. 주님의 강함에 지고 말았다. 언감생심(焉敢生心) 주님을 이기리라 생각한 것은 아니었겠지만, 어느 순간 되돌아보니 자신은 주님께 속은 것이었고 주님께 진 것이었다. 왜 그랬을까? 무엇 때문에 그렇게 느낀 것일까? (〈항복하니 행복했냐고〉 중에서)

필자의 옛 스승인 찰스 구드윈(Charles Goodwin, 한국 이름 具斗仁) 교수는 성공회 선교사로 우리나라에 와서 연세대학교 신과대학과 연합신학대학원에서 성서주석과 라틴어와 그리스어와 히브리어를 가르쳤다. 그는 은퇴 후 잠시 본국(미국)으로 귀국했다가 다시 한국으로 온 뒤 돌아가실 때까지 부산 해운대 부근 성공회 수양관에서 사셨다. 1980년대 초 필자가 부산에 갔던 길에, 스무 해만에 그를 방문했던 일이 있다. 선생님은 커다란 개 한 마리를 방안에 함께 데리고 살고 계셨다. 강산이 변하는 세월이 두 번이나 지났는데도 파안대소하며 옛 제자를 반기시는 그 노안에 번득이는 예지는 예나 제나 변함이 없었다. 그분은 당시 대한성서공회의 《표준새번역》 작업에 참여하고 있던 필자의 근황을 물으시더니 히브리어 구약성서 《비블리아 헤브라이카》를 가져와 예레미야서 20장 7절을 펴고 말씀하셨다.

민 선생, 번역은 글자를 옮기는 것이 아닙니다. 뜻을 옮기는 것입니다. 그런데 때로는 글자의 뜻마저도 제대로 옮기지 못하는 경우가 있습니다. 예레미야 20장 7절의 '핏티타니 아도나이 바에파트'가 바로 그런 경우입니다. 여기 '핏티타니'는 '당신이 나를 속이셨다, 기만하셨다'이지,《개역》처럼 단순히 '권유(勸誘)하셨다'도 아니고《공동번역》처럼 '꾀셨다'도 아닙니다. 또 '바에파트' 역시 '권유를 받았다'거나 '꾐에 넘어갔다'는 정도가 아닙니다. 날더러 번역하라면, '야훼님, 주께서 저를 속이셨으므로 제가 속고 말았습니다.'입니다. 예레미야의 말버릇이 늘 이렇습니다.

확인해 보니까 이미 GNV(1599), KJV(1611), DRA(1899) 등이 '핏티타니 아도나이 바에파트'를 "주님, 주께서 저를 속이셨으므로 제가 속았습니다."(Thou hast deceived me, O Lord, and I am deceived, DRA)라고 번역하고 있었다. 당시 나는《성경전서 표준새번역》을 번역하고 있던 때였는데, 예레미야서를 번역할 때 번역 팀에서 이 구절을 놓고 서로 토론하게 되었다. 그 때 나는 구두인 교수를 만났던 이야기와 그가 나에게 이 번역의 문제점을 지적한 이야기를 했고, 번역 팀에서는 그의 제안을 받아들이기로 했다. 그래서 오늘의《새번역》에는 '권유하다'가 '속이다'로 번역되어 있다.

그러나 필자로서는《개역》의 "여호와여 주(主)께서 나를 권유(勸誘)하시므로 내가 그 권유(勸誘)를 받았사오며"를 오역(誤譯)이라거나 졸역(拙譯)이라고 생각하지는 않는다. 히브리어 동사 PTH의 피엘형 동사의 뜻이 '속이다'라는 것을 몰라서 '권유하다'로 번역한 것이 아니다. 다른 곳에서는 같은 동사가 이미 '속이다'로 번역되어 있음을 볼 수 있다(삼하 3:25; 잠 24:28; 겔 14:9 등). 다만 예레미야 20장 7절에서만 PTH의 피엘형 동사가 '권유하다'로 번역한 것은 주어가 '여호와'이고 목적어가 '예레미야'이기 때문에, 하나님이 당신의 예언자를 '속인다'는 표현을 번역자가 기피한 것으로서 동양적, 한국적 완곡어법이라고 볼 수 있다.[5]

징검다리

〈예레미야서〉는 전체 52장 1,364절이다. 이 책이 다룬 본문은 41장(78%) 179절(14%)이다. 특징은 예레미야서 1장부터 52장까지 히브리어 〈예레미야서〉의 편집을 따르고 있는 우리말 번역 〈예레미야서〉의 순서를 그대로 따라 본문을 듬성듬성 선택하여 감상하고 있다. 저자가 손도 대지 않은 본문이 1,185절(86%)이다. 이것이 바로 저자가 성경을 두고 독자에게 말한 "땀 흘리며 곡괭이질을 하는 만큼만 알려주는 거대한 광맥(鑛脈)"이다. 그것도 〈예레미야서〉 안에서만! 독자들은 징검다리를 건너면서 본문과 본문 사이를 이어주는 수많은 징검다리를 독자 자신이 놓을 수도 있을 것이다. 예를 들어 본다.

필자가 저자의 원고를 미리 읽던 7월 한 달은 한반도에 살고 있던 우리가 다함께 폭염에 시달리던 때였다. 제주도 예멘 난민 문제에 우

5_ 1911년 《구역》이 같은 본문을 "여호와여 쥬씌셔 나를 명ᄒᆞ심으로 내가 그 명령을 슌종ᄒᆞᄂᆞᆫ듸"라고 번역한 것도, 주어 하나님이 당신의 예언사에게 "속이다"라는 동사를 사용한 것을 기피한 완곡 번역으로 보인다.

리 교회가 어떻게 접근해야 할 것인가를 함께 생각하던 때이기도 했다. 그 때 나는 이 책 3장 "빈말을 믿어 안심하지 말라"(렘 7:1-7)는 부분을 읽고 있었다.

> 여호와께 경배(敬拜)하러 이 문(門)으로 들어가는 유다인(人)아 다 여호와의 말씀을 들으라 만군(萬軍)의 여호와 이스라엘의 하나님이 이같이 말씀하시되 너희 길과 행위(行爲)를 바르게 하라 그리하면 내가 너희로 이곳에 거(居)하게 하리라 너희는 이것이 여호와의 전(殿)이라 여호와의 전(殿)이라 여호와의 전(殿)이라 하는 거짓말을 믿지 말라 너희가 만일(萬一) 길과 행위(行爲)를 참으로 바르게 하여 이웃들 사이에 공의(公義)를 행(行)하며 이방인(異邦人)과 고아(孤兒)와 과부(寡婦)를 압제(壓制)하지 말며 무죄(無罪)한 자(者)의 피를 이곳에서 흘리지 아니하며 다른 신(神)들을 좇아 스스로 해(害)하지 아니하면 내가 너희를 이곳에 거(居)하게 하리니 곧 너희 조상(祖上)에게 영원(永遠) 무궁(無窮)히 준 이 땅에니라.(렘 7:1-7)

이 본문만을 클로즈업시키니까, 성전종교가 무너지는 굉음이 들린다. 유대교의 중심 예루살렘 성전 입구에서 예레미야가 성전을 가리키며 유대인들이 믿고 있는 성전종교의 종언을 고하고 있다. 성전 건물이 튼튼히 서 있는 한, 유대교라고 하는 종교가 백성 사이에서 지배적 종교로 군림하는 한 이스라엘의 안보는 안전하다고 주장하는 종교의 외침이 '빈말'이라고, 그 말을 '믿어 안심'하다가는 큰 재앙을 당할 것이라고 경고한다. 예언자의 자문자답이 이어진다. 어떻게 해야 다가오는 심판의 재앙을 피해 '사람이 살 수 있느냐?'고 묻는다. '공의'(公義)

를 실천해야 한다는 것이 예언자의 말이다. 그러면 구체적으로 무엇이 공의를 실천하는 것인가? '이방인(異邦人)과 고아(孤兒)와 과부(寡婦)'에 대한 배려 여부에 민족이 살고 죽는 문제가 달려 있다는 것이다.

이 지점에서 나도 징검다리를 놓아본다. '이방인'(異邦人)(《개역》), '유랑인'(流浪人)(《공동번역》), '나그네'(《새번역》) 등으로 번역된 히브리어 '게르'를 조명해 본다. 우연한 기회에 히브리어를 조금 배운 나의 상식으로 히브리어 사전을 살펴보니, '이방인'으로 번역된 히브리어 '게르'는 '외국인 난민(難民)'이다.(삼하 4:3) 흉년이 들어 자기 땅을 떠나 이집트에 가서 몸 붙여 살던 이스라엘 자손도 바로 '게르'였다.(창 15:13; 출 23:9)

제주도 예멘 난민을 두고서 기독교 일각에서는 그들이 테러집단인 이슬람 교도이기 때문에 우리가 받아들여서는 안 된다는 견해를 표명하기도 했다. 테러를 문제 삼자면, 유대교도 기독교도 자유롭지 못하다. 이스라엘이 가나안 땅을 정복할 때 '헤렘'이라고 하여 이방인이면 코로 숨 쉬는 자는 남녀노소 가릴 것 없이 모두 죽이라고 한 것, 11-16세기 십자군 전쟁에서 희생당한 이슬람 교도들, 바르톨로매오 축일 대학살(1572년 8월 24일부터 10월까지 있었던 로마 가톨릭교회 추종자에 의한 약 3만에서 7만 명에 이르는 개신교신도 대학살)과 같은 범죄의 역사를 유대교와 기독교도 공유하기 때문이다.

예레미야서 7장 1-7절 그의 성전 설교에는 아직 희망이 있다. 이스라엘이 아직도 공의를 실천할 기회가 남아 있기 때문이다. 그러나 예레미야서 13장 12-14절에서 예언자는 유다 왕국이 '모조리 박살 날 것'을 예언하고 있다. 예레미야를 흔히들 '눈물의 예언자'라고 한다. 나는 예언자 예레미야의 눈물의 근원을 그의 민감한 감정에서 찾지 않고, 민족이 당할 임박한 재앙을 이미 알고 있는 그의 역사 이해에서 찾고 싶다. 유다왕국은 이제 망한다. 백성은 이미 돌이킬 기회를 상실했고, 하나님은 이미 당신의 백성에 대한 기대도 아쉬움도 없다. 이미 심판이 시작되고 있다. 그러기에 예언자는 하나님의 심판의 도구 구실을 하는 바벨론의 침략을 목숨을 바쳐서라도 막자고 말하지 못하고, 오히려 당연한 저항 제력을 규탄해야 했다. 백성에게는 부끄럽게도 항복을 권유해서라도 희생을 줄여보려 했다. 백성의 지도자들이 유배지로 끌려 간 이후 예레미야는 또 그들에게 어떤 예언을 해야만 했던가? 거짓 예언자들은 백성을 격려하고 고무했다. 저자는 그들의 메시지를 추측한다.

곧 돌아갈 거라고, 그러니 집을 살 필요도, 땅을 일굴 필요도, 시집 장가를 갈 필요도 없다고, 우리가 해야 할 일은 어서 속히 바벨론이 망하게 해달라고 기도하는 것이라고, 그것이 곧 주님의 뜻이라 했을 것이다. (〈정답은 우리에게 있지 않다〉 중에서)

예레미야는 이러지를 못했다. 그는 정반대의 말씀을 전달하였다.

너희는 바빌로니아 유배지 그곳에서 집을 짓고 정착하여라. 과수원도 가꾸어 그 열매도 따 먹어라. 너희는 장가를 들어서 아들딸 낳고, 너희 아들들도 장가보내고 너희 딸들도 시집보내어, 그들도 아들딸을 낳도록 하여라. 너희가 바빌로니아 유배지에서 번성하여, 유대 백성의 수가 줄어들지 않게 하여라. 또 너희는, 내가 사로잡혀 가게 한 바빌로니아의 여러 성읍들이 평안을 누리도록 노력하고, 그 성읍들이 번영하도록 나 주에게 기도하여라. 그 성읍들이 평안해야, 너희도 평안할 것이기 때문이다.(렘 29:5-7 사역)

예레미야가 예언을 해도 이런 예언을 하였으니 얼마나 많은 오해를 받았을까? 매국노라는 말을 듣는다 해도 제대로 변명하지 못했을 것이다.

하나님 체험

이미 위에서 본 것처럼 〈예레미야서〉 본문은, 한편으로는, 무진장 감추어진 보물을 채굴할 수 있는 광맥이다. 다른 한편으로는 예언자의 하나님 체험을, 때로는 정신적으로 허약해진 독자도, 결코 흔한 일은 아니어도, 함께 공유할 수 있는 갱도의 막장 체험 마당이기도 하다.

2000년대 초 라오어 성경 번역 컨설팅을 할 때였다. 컨설턴트는 주로 번역 실무자들과 함께 작업을 한다. 번역이 어느 정도 마무리 단계에 접어들면 감수위원들과도 자리를 같이하여 의견을 들었다. 그들은 주로 교단 대표들과 교회 지도자들이다. 교권(敎權)을 행사할 수 있는 이들이지만 외국인 컨설턴트에게는 언제나 친절하고 온순하다. 그러나 그들은 때로 번역 본문을 감수하다가 마음에 들지 않으면 성경 본문도 바꿀 수 있는 권력(權力)을 휘두르는 이들이기도 하다. 그들은 자기 교단에서는 신도들에게 포도주를 금하고 있으니 여기 '포도주'라고 번역된 것을 모두 '포도즙'으로 바꾸어야 성경 보급이 가능하다고 으름장을 놓기도 했다. 마케팅을 이유로 번역 본문에 간섭했다. 다행히 자기들끼리 갑론을박을 계속하다가 끝내 마지못해 번역실의 번역 결과를 받아들일 때는 다행이다 싶기도 했다. 때로는 신약 번역 원칙을 만들 때 번역 컨설턴트가 이미 충분히 설명을 했고 자기들도 전적으로 동의 했던 '-절 없음' 본문은 본문 안에 넣지 않고 각주에 표시하기로 결정된 사항인데도 불구하고 그 '빈절'(vacant verses)을, KJV을 따라, 본문 안에 넣어야 한다고 떼를 쓰기도 했다. 심지어는 감수위원들끼리 번역 내용을 고쳐버리고 컨설턴트에게는 "절대로" 알리지 말라고 번역 실무자들에게, 내가 없는 사이에 으름장을 놓기도 했다.

그들과 한참 실랑이를 하고 있으면 번역 실무자들이나 번역실 직원들이 나를 걱정스럽게 바라봤다. 두 가지 이유 때문이다. 하나는 혹시 내가 내 감정을 억제하지 못하고, 그들이 존경해마지 않는 그들의 최고 보스에게 무례하게 화를 내지나 않을지, 또 다른 하나는 내가 가방을 싸들고 비엔티안 공항으로 가지나 않을지 걱정했던 것이다. 그러나 그것은 그들의 기우일 뿐이다. 정작 나를 괴롭힌 것은 번역 실무자들의 고충이었다. 번역자들이 존경해마지 않는(?) 자기들의 번역 컨설턴트에게 감수위원들이 모이기만 하면 비웃고, '우리가 함께 만든 번역 가이드라인, 번역 원칙 운운하면, 컨설턴트 의견 존중해라. 그러나 번역 본문 최종 결정은 컨설턴트가 없는 상태에서 우리가 한다.'고 호언(豪言)했기 때문이다. 번역실 직원 중에는 이러한 사실을 내게 말해주는 이가 있었다. 가끔 컨설턴트인 내가 확정된 번역본문을 다시 확인하려 할 때마다 컴퓨터에 저장된 본문을 그 자리에서 즉시 확인해 주면 될 터인데, 컴퓨터 작업을 맡은 직원이 우물쭈물 딴전을 피울 때가 많았다. 그 이유는 최종본문 내용이 감수위원회에서 컨설턴트도 모르게 대폭 수정되었기 때문이다. 웃어야 할지 화를 내야 할지 모를 상황이 한두 가지가 아니다. 물론 공산국가에서 이 정도나마 기독교신앙의 전통을 이어간다는 것은 놀라운 일이고, 오히려 그 어려운 여건 속에서 기독교를 지키고 있는 목회자들에게 감사해야 할 일이다. 그러나 그들의 격렬한 분노를 듣고 돌아서서 호텔로 오는 차 안에서 혼자 느끼는 참담한 심정은 이루 형언할 수 없다. 원망할 대상이라고는 하나님뿐이다. "하나님, 저를 왜 여기 보내셨습니까!" "이 사람들에게 제가 이렇게 수모를 받도록 언제까지 보고만 계실 겁니까?" "차라리 번역실 건물이 다 무너져 저 사람들이 다 죽어버렸으면 좋겠다는 제 말은 왜 안 들어주십니까?"

이런 원망을 하는 동안 나를 태운 택시가 호텔 앞에 도착했다. 호텔로 막 들어가려고 하는데 웬 낯선 사람, 내 나이 또래의 초로(初老)가 접근해 왔다. 얼핏 보아도 행색이 초라하다. 지친 나그네인 그가 내게 다가왔다. 그는 내게 혼자 투숙한 거라면 어디 하룻밤만 좀 신세질 수 없겠느냐고 물었다. 비록 25불짜리 허름한 호텔에서 묵고 있지만 일면식도 없는 나그네가 좀 무례하다 싶은데, 가까이에서 살펴보니 무엇엔가 몹시 놀라서 혼이 빠진 모습이다. 더 나무랄 수도 없었다. 라오스에 여행 왔다가 여비가 떨어진 길손이거나, 아니면 정처 없이 걷는 나그네일 것이다. 내가 묵는 이 누추한 숙소에서 하룻밤 같이 자고 가면 안 되겠냐고 하면서 날 찾아온 길손, 무엇에 놀랐는지 얼굴이 사색이 된 나그네, 비엔티안 거리를 참담한 심정으로 헤매고 있는 것은 나 혼자인줄 알았는데, 여기 또 한 사람이 있구나!

함께 방으로 들어 왔다. 그는 등에 지고 있던 자루를 내려놓더니. 무언가를 꺼냈다. 그의 손에는 열대 과일이 놓여 있었다.

"이거는 내가 이 지방에서 농사지은 건데, 한국에는 없지요? 라오말로 '마놋'이라고 하는 건데. 영어로는 '패션 프룻'(passion fruit)이라고 한다던가?"

"아, 그러면, 형 씨는 관광객이 아니고, 이 지역에서 농사를 짓는 농부란 말이오?"

"그게 뭐 그렇게 중요합니까? 이것도 내가 이 지방에서 농사지은 건데 한 번 맛보시오. 라오말로는 '롱콩'이라고 하는 건데, 중국 사람들은 이것을 '용(龍)의 눈'이라고 해서 '용안'(龍眼)이라고도 하는데, 영어로는 '랑건'(longan)이라나, 뭐라나…, 또 이건 '듀리안'이라고 하는 건데, 아마 이 나라 자주 드나드는 당신도 이미 잘 알고 좋아하는 과일일 거요. 이걸 보고 사람들이, 뭐라더라, '과일의 왕'이라나 '여왕'이라나…"

"보아하니 형 씨는, 여기 수도 비엔티안에서 사시는 것 같지는 않고, 시골에서 농사를 짓는 양반인 모양인데, 어느 마을에서 오셨소? 비엔티안 부근이오? 여긴 왜 와서 이런 거지꼴을 하고 다니시오?"

"그 양반, 급하긴, 이런 맛있는 과일을 먹을 때는 과일 맛에만 집중해요. 당신 내 농장 보면 하도 넓어 놀라 자빠질 거요. 그냥 이런 귀한 거 먹으려고 여기까지 왔다고 생각하시고. 그리고 사람들에게 화내지 말고…."

"내가 누구에게 화를 냈다고, 댁이 그런 소릴 하시오?"

"아니, 그럼 왜 그렇게 침울해요? 아까부터 번역실에서, 번역실 건물이 무너져 감수위원들 다 죽었으면 좋겠다고 중얼거리질 않나, 그리고 당신, 호텔로 오는 택시 안에서, 펑펑 울면서 오지 않았소! 이 과

일이 당신에게 생기를 줄 거요. 부탁 하나 합시다. 당신을 보니 여행도 자주하고 이 근방도 잘 아는 거 같은데, 어디 외딴 시골 오지에 내가 숨어살만한 곳 있으면 거기에 방 하나만 예약해 주시오. 당분간 거기에 가서 은둔할 생각이오. 당신한테는 오늘 하룻밤만 신세지고."

"…… ?"

낯설어야 하는데 전혀 낯설지 않은 그 사람의 얼굴을 좀 더 가까이서 보려고 그에게 다가섰다. 아니, 이 사람이 누구지? 지금 내가 누굴 만나고 있지? 그런데 갑자기 그가 일어서더니 출입문 쪽으로 사라져 버렸다. "아, 이봐요! 어디 가요? 여보시오! 여보시오!" 그가 사라진 곳으로 소릴를 쳐 봤지만 아무도 없었다. 방엔 나 혼자 뿐이었다. 탁자 위에는 호텔 리셉션에서 가져다놓은 과일 바구니가 있고 거기엔 여러 가지 열대 과일이 가득했다. 그러고 보니, 지난 한 주간 동안 라오 번역자들과 함께 검토했던 〈예레미야서〉 번역 본문이 떠올랐다.

아, 누가 좀 저 사막에다가
내가 좀 숨어서 쉴 수 있는
방 한 칸만 마련해주면 좋겠다.
내 백성이라고? 이놈들 꼴도 보기 싫다!
이놈들에게서 멀리 떠나
오지로 가서 숨고 싶다!
그렇게 타일렀는데도 모두가 간음하는 놈들뿐이고,
모두가 날 배신한 놈들이라니!
(렘 9:2 라오초역)

라오 번역자들은 하나님이 왜 이렇게 화가 나셨느냐고 물었다. 바로 그 때다. 화가 난 하나님의 말투가 라오 번역에 표현되어야 한다고 주문했다. 우리가 성경 번역을 할 때 화나신 하나님의 행동을 재연할 수는 없어도 언어 표현에서 하나님의 표정과 억양을 함께 나타내 보자고 했다. 한 걸음 더 나아가 하나님의 절망까지 라오어로 나타낼 수 없느냐고 주문했다. 사람과 함께 계시는 평소의 '임마누엘' 하나님이 아니다. 당신의 백성을 버리고 떠나시겠다는 하나님! 하나님의 좌절, 하나님의 실망을 언어로 나타내 보자고 했다. 하나님의 일그러진 표정과 떨리는 억양과 거친 숨소리를 나타낼 수 있도록 해보라는 어려운 주문을 했다. 차라리 연기를 해보라면 하겠는데, 말로, 하나님의 분노와 좌절을 표현하라니 다들 어렵다고 손사래를 쳤다. 원문의 뜻을 알았으니 이제 라오말로 다시 써보라고 했다. 역부족이다. 기껏 한다는 것이

예레미야야, 너 내게 기도하지 마라!
이런 백성 보살펴 달라고 내게 기도하지 마!
이놈들 도와 달라고 내게 호소하지도 말고
간구하지도 마라!
그놈들 재앙 당할 때,
그놈들이 직접 내게 부르짖어도,
내가 내 귀를 틀어막고 있을 꺼다.
(렘 11:14 라오초역)

걸인행세를 하고 구걸하며 돌아다니는 하나님을 라오 현대어로 위

로해드려 보라고 주문했다. 아버지나 어머니가 정신을 놓고 폐인처럼 거리를 돌아다닌다고 생각해 보라고 했다. 기껏 한다는 것이 하나님의 능력을 과거지사로 표현하고 허약한 지금을 현재형으로 표현하여 대조시켜보는 정도의 의견을 내놓았다. 그것만도 놀랍다.

주님은 우리 이스라엘의 희망이셨습니다.
(그런데 이게 뭡니까? 지금)
주님은 이스라엘이 환난을 당할 때에
이스라엘을 구하여 주신 분이셨습니다
(그런데 이게 뭡니까, 우리보다 더 큰 환란을 당하고 계시다니요!)
그런데 주님, 이게 무슨 꼴입니까?
(그 존엄은 다 어디로 가고 이렇게 망가지셨습니까?)
어찌하여 걸인 행세를 하고 정처 없이 떠돌아다니십니까?
어쩌자고 아무나 붙잡고 하룻밤만 재워 달라고 구걸하십니까?
도대체 무엇에 놀라셔서 이렇게 벌벌 떨고 계십니까?
전쟁의 용사가 패잔병이 되어 이렇게 제 앞에 나타나시다니요!
(아, 옛날의 그 신은 죽었구나!)
(렘 14:8-9a 라오초역. 괄호 안 본문은 인용하면서 첨가)

우리는 하나님의 분노와 좌절을 언어로 번역하는 일에는 끝내 실패하였다. 연출을 한 번 해 본 다음에 그것을 보고 그 장면을 글로 옮겨 보자고도 했지만 힘에 벅찼다. 그런데 오늘 호텔 입구에서 그를 만나다니! 방까지 함께 들어 왔고…. 내가 더위를 먹고 허약했었나 보다.

그러는 사이에 다녀가셨구나! 내가 교권(教權)에게 당한 수모, 그것을 못 견딘 좌절, 이것을 하나님이 당하신 것에 어찌 비교하랴! 하나님이 당하신 수모와 좌절을 보고나니 내가 당한 것쯤은 아무것도 아니네. 하나님이 겪는 좌절을 보니 내 좌절은 좌절도 아니네! 다녀가셨어! 그러고도 내가 이렇게 멀쩡하다니!

모쪼록 독자 여러분은 이 책을 통해서 예레미야를 만나시고, 그와 더불어 경이로운 대화를 나눌 수 있기를 바란다.

추천의 글(2)

눈물을 흘리면서라도 가야 할 길

김기석 | 청파교회 목사

르네상스인 미켈란젤로는 율리오 2세의 요청으로 시스트나 성당 천장에 '천지창조' 대작을 그렸다. 그는 천장을 9개의 틀로 나누고 그것을 다시 34개 면으로 분할하여 작업했다. 이미 '피에타'와 '다비드 상'을 통해 거장의 반열에 올라선 그가 프레스코화를 그린다는 것은 일종의 모험이었다. 하고 싶어서가 아니라 교황과의 계약 때문에 마지못해 감당한 일이었다. 1508년에 시작하여 완성하기까지 무려 4년의 시간이 걸렸다. 위태로운 비계 위에 올라가서 거의 누운 자세로 그림을 그리느라 그는 건강이 크게 악화되기도 했다. 아직 종교개혁이 시작되지는 않았지만, 돈과 권세를 탐닉하는 타락한 교권에 대한 저항은 저 기층에서부터 시작되고 있었다. 미켈란젤로는 그런 상황을 잘 알고 있었다. 그리고 불길한 느낌에 사로잡혔던 것으로 보인다.

그림을 완성할 무렵 그는 사람들의 눈에 띄는 자리에 예언자 예레미야와 요나를 그려 넣었다. 놀랍게도 예레미야의 얼굴은 미켈란젤로 자신의 얼굴이었다. 왜 하필이면 이 두 예언자를 마지막에 그린 것일까?

옛 세계는 기울어진 담처럼 균형을 잃고 있었고, 새로운 세계는 그 형태를 드러내지 않은 시절이었다. 두 세계가 부딪치면서 증오와 배제의 언어가 넘실거렸다. 생각이 다른 사람, 교권 체제에 순응하지 않는 사람을 향한 적대적 시선이 유럽을 내부적으로 허물고 있었다. 미켈란젤로는 그 시대를 향해 참회하는 니느웨를 긍휼히 여기신 하나님의 마음을 증언하고 싶었던 것인지도 모르겠다. 그리고 무너지는 조국의 운명을 온몸으로 겪어내면서 슬피 울던 예레미야의 마음을 자기 시대 사람들에게 전해주고 싶었던 것이 아닐까?

한희철 목사는 "그럴 수 있다면 언제고 예레미야를 만나 실컷 울리라/여전히 젖어 있는 그의 두 눈을 보면 왈칵 눈물이 솟으리라."고 고백한다. 척박하기 이를 데 없는 대한민국의 현실 속에서 목회자로 살아가는 동안 그는 자기 시대의 모순과 어둠을 온몸으로 앓았던 예레미야의 심정에 깊이 동조하고 있다. 예나 지금이나 소위 지도자라 하는 이들은 마땅히 보아야 할 것은 보지 못하고, 터무니없는 욕망의 노예가 되어 자기 잇속 차리는 일에 발밭을 뿐이다. 정치 지도자뿐만 아니라 종교 지도자라는 이들도 마찬가지이다. 평안이 없는 데도 평안하다, 평안하다 말하며 사람들을 혼곤한 잠으로 인도하는 이들이 얼마나 많은가? 정신 차리라고 아무리 외쳐도 사람들은 그 외침을 부담스럽게 여길 뿐, 삶의 방향을 바꾸려 하지 않는다. 그러기에 앞서 눈 뜬 이들은 울 수밖에 없다.

한희철 목사는 말하는 사람인 동시에 듣는 사람이다. 그는 이 땅 구석구석에서 자기만의 빛깔로 주어진 생명을 살아내는 사람들의 이야기를 귀담아 들었다. 너무도 평범하기에 누구도 귀 기울이려 하지 않는 이야기에 귀를 기울이고, 그 이야기 속에 담긴 보편성의 보화를 찾아내 사람들에게 전해준다. 어머니 살아생전에 담배를 끊지 못한 것을 후회하는 백발노인의 회한이며, "하나님, 해두해두 너무 하십니다."라고 탄식하며 가뭄으로 타들어가는 마음을 드러낸 여인, 굴참나무 껍질처럼 깊게 패이고 갈라진 틈을 따라 흙물과 풀물이 밴 손으로 땅을 만지는 정직한 농부들의 삶의 내력이 성경 이야기와 합류하고 있다. 예수는 종교적인 언어를 단 하나도 사용하지 않으면서도 일상 속에 깃든 하나님 나라의 신비를 오롯이 드러내시지 않았던가? 일상 속에서 거룩함을 볼 눈이 없다면 성경에서 거룩을 발견하는 일 또한 불가능할 터.

이런 시선의 따뜻함과 깊이 때문일 것이다. 그가 두런두런 들려주는 예레미야 이야기는 예레미야 시대에 대한 이야기이기도 하지만, 바로 지금 여기서 살고 있는 우리들의 이야기이기도 하다. 탄생과 죽음 사이에 걸린 외줄 위에 육신을 지닌 채 살아가는 이들의 이야기는 어느 지점에서도 상통하게 마련이다. 자기 시대의 아픔 때문에 슬퍼하는 예레미야의 마음에 한희철의 마음이 공명하고, 그 공명이 또 다른 공명을 일으킨다. 물결처럼 번져가는 공명, 그 깊은 울림에 우리 영혼을 잇댈 때 영혼은 깊어지고 맑아진다.

언어에 민감한 그는 성경을 기록한 사람들 혹은 번역한 사람들의 마음을 깊이 헤아린다. 자기 가슴에 깃든 생각과 마음을 뒤적이며 글을 써온 사람에게만 가능한 일이다. 글을 쓰는 이들은 구둣점 하나도 소홀히 다루지 않는다. 그 마음을 알기에 그는 정성스럽게 텍스트와 마주한다. 그리하여 텍스트 혹은 기호 속에 다 담아내지 못한 숨겨진 메시지까지 읽어낸다. 주름 잡힌 텍스트인 성경은 그 주름 속에 깃든 이야기에 귀를 기울이는 사람에게 풍성한 세계를 열어 보이는 법이다. 친절한 훈장님처럼 한자 단어 하나하나를 곱씹어 보여주는 까닭은 언어 너머의 세계를 가리켜 보이기 위함이다.

성경에 대한 해석 권한을 독점하려는 이들이 있다. 물론 성경을 바로 읽기 위해서는 원어에 대한 깊은 이해와 텍스트가 탄생한 시대에 대한 통찰이 필요하다. 하지만 그런 도구를 갖추었다고 하여 성경을 제대로 읽을 수 있는 것은 아니다. 그 말씀 속에 깃든 하나님의 마음을 읽지 못한다면 무슨 소용인가?

한희철 목사의 예레미야 읽기에 동참하려는 이들은 일단 하나님 말씀에 대한 모든 선입견을 내려놓는 편이 좋을 것 같다. 성경 해석에 대한 단 하나의 정답을 찾으려는 이들은 이 책을 읽지 않아도 된다. 성경을 읽고 해석하는 주체가 되기보다 성경이라는 거울을 통해 자기 자신의 모습을 가늠해보려는 이들, 자기 삶을 새롭게 정위해보려는 이들에게 이 책은 좋은 안내자가 될 것이다. 처음부터 끝까지 천천히 읽어도 좋지만, 마음 내키는 대로 여기저기 들춰보아도 상관없다. 그 어느 부분에서든 우리는 하나님의 마음과 예레미야의 마음, 그리고 한희철 목사의 마음을 만날 수 있기 때문이다.

미켈란젤로가 자기 얼굴로 예레미야의 모습을 그렸다면, 한희철 목사는 예레미야의 얼굴로 자신의 모습을 그리고 있다. 아직 가야 할 길이 멀기만 하다. "다시는 주님 말씀 전하지 않으리라 다짐할 때마다/뼛속을 따라 심장이 타들어가던" 그 마음, "애써 적은 주님의 말씀/서걱서걱 왕의 칼에 베어질 때" 함께 베이고 말았던 그 마음을 열 번 스무 번 혹은 수 백 번 더 겪어야 할지도 모르겠다. 그래도 그 길은 눈물을 흘리면서라도 가야 할 길이다. 이제는 우리가 그 길의 동행자가 될 차례이다.

새파랗게 질려버려라

1장

하나님을 하나님 아닌 것과 바꾼 일은 하늘도 새파랗게 질려버릴 일, 하나님 대신 하나님의 축복이란 이름으로 포장된 바알(풍요로움)을 선택하면서도 아무렇지도 않게 살아가는 뻔뻔한 우리들. 그야말로 하늘이 새파랗게 질려버릴 일이 아닐 수가 없다.

하나님의 방법

베냐민 땅 아나돗의 祭司長 中 힐기야의 아들 예레미야의 말이라 아몬의 아들 유다 王 요시야의 다스린지 十三年에 여호와의 말씀이 예레미야에게 臨하였고 요시야의 아들 유다 王 여호야김 時代부터 요시야의 아들 유다 王 시드기야의 第 十一年 末까지 臨하니라 이 해 五月에 예루살렘이 사로 잡히니라.(렘 1:1-3)

예레미야는 BC587년 유다가 멸망하기 직전에 부름을 받아 수십 년 동안 예언자로 활동을 한다. 나라가 가장 흔들리던 때였다. 바벨론의 침공을 비롯한 정치적인 변혁이 폭풍처럼 휘몰아치던 때였으니 시대의 격동기를 하나님의 사람으로 산 셈이다.

바람 앞에 놓인 촛불처럼 흔들리던 시대, 하나님이 하신 일은 하나님의 사람을 택하는 것이었다. 누군가를 택하여 당신의 뜻을 말하게 하였다. 중심과 방향을 잃어버렸을 때 하나님은 한 사람을 택하고, 잃어버린 중심과 방향을 말씀을 통해 찾게 하신다.

예레미야는 아나돗의 제사장 가문 출신인데, 아나돗은 예루살렘에서 북쪽으로 5km쯤 떨어져 있는 작은 마을이었다. 이스라엘의 중심지 예루살렘이 사로잡혔을 때, 하나님은 작은 마을에 사는 한 사람을 사로잡으신다.

왜 그런지 하나님의 눈길은 중심보다도 구석진 곳을 향하지 싶다. 외진 곳, 그늘진 곳, 그래서 사람들의 눈길이 닿지 않는 곳, 외면당하는 곳, 그곳을 더 눈여겨보시지 싶다. 집에서 쫓겨나 빈 들을 헤매던, 그러다가 더는 피할 곳이 없었고 견딜 것이 없는 하갈이 아들 이스마엘을 덤불 아래에 두고 차마 죽어가는 모습을 볼 수가 없어 저만치 떨어져 주저앉았을 때, 하나님은 버려진 아이를 보시고 아이의 울음소리를 들으신다.

한 쪽 손이 마른 채 회당을 찾았던, 아픔을 감추기 위해서였을지 구석진 곳에 자리 잡을 수밖에 없었던 한 사람을 주님은 더욱 눈여겨보시고 이렇게 말씀하신다.

일어나서 가운데로 나오너라.(막 3:3)

이름을 대면 누구나 알 수 있는 대도시, 거기 사는 유명한 사람이 아니었다. 그가 누구지, 웬 촌뜨기, 하는 이를 눈여겨보신다. 중심이 아닌 가장자리에 있는 누군가를 눈여겨보시고 그를 불러내신다. 중심으로!

하나님의 방법은 우리의 방법과 다르다. 하나님이 일하시는 방식 또한 우리가 일하는 방식과 다르다. 결국 인간의 생각에 갇히면 하나님의 뜻을 이해할 수 없고, 인간의 방식에 붙잡히면 하나님의 방식에 동의할 수도 없게 된다.

훨씬, 무한히

여호와의 말씀이 내게 임(臨)하니라 이르시되 내가 너를 복중(腹中)에 짓기 전(前)에 너를 알았고 네가 태(胎)에서 나오기 전(前)에 너를 구별(區別)하였고 너를 열방(列邦)의 선지자(先知者)로 세웠노라 하시기로.(렘 1:4-5)

예레미야를 부르시며 하나님이 말씀하신다. 나는 너를 오래 전부터 알았다고, 네가 짐작하는 것보다도 훨씬 이전부터.

하나님을 향한 우리의 생각은 하나님을 알게 된 뒤부터 시작되지만, 우리를 향한 하나님의 생각은 우리가 생각할 수 없는 때부터 시작이 된다.

하나님은 예레미야를 그가 어머니 태중에 생기기도 전부터 아셨다. 말을 할 줄 알고, 생각을 할 줄 알고, 하나님을 믿기 시작할 때부터가 아니었다.

'복중'(腹中)에 짓기 전부터 아셨다. '내가 너를 복중에 짓기 전'이라 하심으로 그를 지은 것이, 생기게 하신 분이 하나님이심을 밝히신다. 그는 결코 사람에 의해 우연히 생겨난 존재가 아니라 하나님이 지으신 존재인 것이다.

'복'(腹)이란 말은 '몸 육'(月=肉)에 '거듭 복'(复)을 짝지은 글자로 '배, 창자, 마음'의 뜻을 가지고 있다. '복안'(腹案)이란 말을 우리가 쓰거니와, '마음속에 품고 있는 생각'을 이르는 말이다.

한문의 의미로 생각해보면 하나님이 예레미야를 지은 것은 그의 어머니 배 안에서 시작된 것이 아니라 하나님의 마음에서부터 시작이 된 것이다. 어디 예레미야뿐일까만 한 인간의 출생이 하나님의 마음에서 시작된 것이라니, 놀랍고 신비할 따름이다.

예레미야가 알지도 못할 때 그를 지으신 것은 그를 통해 하실 일이 있었기 때문이다. 하나님은 그가 세상에 태어나기도 전에 그를 구별하신다. 쓰시기 전에, 쓰시기 위해 구별부터 하신다. '구별하다'는 말은 성서적인 의미로 '거룩하다'는 뜻이 된다. 하나님은 거룩한 사람을 부르셔서 쓰시는 것이 아니라, 부르신 자를 거룩하게 하셔서 쓰신다.

하나님은 예레미야를 열방의 선지자로 세우신다. '열방'(列邦)은 '벌일 열'(列)에 '나라 방'(邦)을 합한 말로, '여러 나라'를 의미한다. 예레미야가 생기기도 전 하나님은 그를 통해 하실 일을 생각하고 계셨는데, 열방의 선지자로 쓰는 것이었다. 이스라엘의 선지자가 아니라 열방의 선지자다.

권정생의 동화 《강아지똥》에 달구지에서 떨어진 흙덩이가 나는 아무짝에도 쓸모가 없다고 낙심하고 있는 강아지똥에게 들려주는 이야기가 있다.

"하느님은 쓸데없는 물건은 하나도 만들지 않으셨어."

시골에서 지게를 만드는 농부도 얼렁뚱땅 만들지는 않는다. 산을 오르내릴 때마다 눈여겨 나무를 봐둔다. 지게를 만들 수 있는 나무를 찾아두는 것이다. 지게는 가지가 조금 벋어난 나무 두 개를 모아 만드는데, 위는 좁고 아래는 넓은 것으로 짝을 맞춘다. 그래야 짐이 제대로 실리기 때문이다.

그러기 위해서는 나무 한 쪽은 양나무여야 하고, 한 쪽은 음나무여야 한다. 양지건 음지건 같은 자리에서 자라는 나무를 쓰면 휘는 방향이 같아 지게로서의 역할을 제대로 할 수가 없게 된다. 양지에서 자란 나뭇가지 하나와 음지에서 자란 나뭇가지 하나씩을 골라 서로 대칭을 이루게 하여 지게를 만드는 것이다.

농부가 지게 하나를 만들 때도 이렇게 세밀한 생각을 모아 만드는데, 하물며 하나님께서 하나님의 일을 허투루 하실까?

하나님은 예레미야의 기억이 가 닿지 못할 만큼 오래 전부터, 예레미야의 생각이 감히 미치지 못할 만큼의 먼 미래까지, 예레미야로서는 감히 생각하지 못할 크고 놀라운 계획을 가지고 예레미야를 만드셨고 부르셨다. 우리를 향한 하나님의 생각은 우리의 생각을 뛰어넘는다. 훨씬, 무한히!

나는 말을 할 줄 모릅니다

내가 가로되 슬프도소이다 주(主) 여호와여 보소서 나는 아이라 말할 줄을 알지 못하나이다.(렘 1:6)

하나님의 부르심 앞에서 예레미야가 보인 첫 번째 반응은 "슬픕니다." 말하는 것이었다. 하나님이 부르셨는데 슬프다니! 성경에 이름이 기록된 예언자가 보인 반응이라 하기에는 어이없어 보인다. 하나님의 뜻을 감당하기에는 너무나도 믿음이 작고 연약해 보인다.

위대한 주님의 종이라면 하나님의 부르심 앞에 "할렐루야!" 하며 두 손을 들든지, "영광입니다!" 하며 뜨거운 눈물을 쏟든지, 부르심에 합당한 반응을 보여야 하지 않았을까.

사막 동굴에서 기도하고 있는 한 수도자를 사탄이 찾아왔다. 늘 그렇듯이 빛의 천사로 가장을 하고 찾아왔다. 그리고는 수도자에게 "나는 하나님이 당신에게 보내서 온 빛의 천사입니다." 했다. 기도하는 중에 하나님이 보내신 빛의 천사가 찾아오다니, 코를 벌렁거릴 만큼 좋아할 것 같은데 이야기를 들은 수도자는 이렇게 말했다. "잘못 찾아왔습니다. 나는 하나님께서 당신의 천사를 보낼 만한 사람이 아닙니다." 그러자 사탄은 즉시 그를 떠나고 말았다.

어쩌면 하나님께서 예레미야를 부르신 이유는 그런 점 때문인지도 모른다. 정직하다는 것이야말로 진실함의 근거, 아무리 대단한 믿음을 가진 것처럼 보여도 그 마음이 진실하지 않다면 그는 하나님의 도구가 될 수 없다. 사람 앞에서는 잠깐 대단한 도구처럼 보일지 몰라도 하나님이 보시기엔 바닥이 구멍 난 그릇과 다를 것이 없을 것이다.

사람은 그릇의 크기를 보지만, 하나님은 그릇 됨을 보신다. 그릇의 크기는 외양의 크기가 아니라 자신을 얼마나 비워냈느냐 하는 것이다. 비워낸 만큼이 그릇의 크기가 된다.

'슬픕니다.'라는 말은 히브리어로 '아하흐'인데, 좋지 못한 일을 만났을 때 놀라고 당황하여 탄식하며 내뱉는 외마디 소리이다. 같은 단어를 에스겔 4장 14절에서는 '오호라'로 번역했다.

그러고 보니 히브리어 '아하흐'와 우리말 '오호라'는 비슷하게 보이고 비슷하게 들린다. 어느 시대나 어떤 경우나 사람의 탄식은 비슷한 감정을 담고 있는 지도 모른다.

하나님의 부르심 앞에서 탄식부터 한 예레미야는 "나는 말을 할 줄 모릅니다."라고 대답을 한다. 말을 할 줄 모른다는 말에 비춰 생각해 볼 때 예레미야는 하나님의 말씀을 전하는 예언자가 되기 위해서는 무엇보다도 말을 잘 해야 한다고 생각한 것 같다.

그런 예레미야에게 하나님은 "내 말을 네 입에 두었노라." 하신다. 사람이 말을 잘해서가 아니라, 하나님께서 주님의 말씀을 사람의 입에 두심으로 사람은 하나님의 사람이 된다. 누군가가 말씀의 사람이 되는 것은 그가 말을 잘 하기 때문이 아니라, 하나님께서 그 입에 주님의 말씀을 맡겨 주시기 때문이다.

말을 잘 하는 것과 말씀을 전하는 것은 다른 것이다. 하나님은 결코 달변가를 원하시지 않는다. 어눌하더라도 당신의 말씀을 있는 그대로 전할 수 있는 사람을 원하신다.

그런데 보라. 오늘날 수많은 목회자들이 사람들 앞에 말 잘하는 사람이 되려고 한다. 사람들 또한 말 잘 하는 사람을 좋아하고 따른다. 웃느라 배꼽이 반쯤이 빠져야 좋은 말씀을 들었다고 생각하는 이들이 있다. 하나님이 누구에게 어떤 말씀을 맡기셨는지에 대해서는 별 관심이 없다. 우리 시대의 큰 비극이 여기에 있다.

약점을 어루만지시는 하나님

여호와께서 그 손을 내밀어 내 입에 대시며 내게 이르시되 보라 내가 내 말을 네 입에 두었노라.(렘 1:9)

어디 그게 불쑥 튀어나온 가벼운 변명이었을까? 예레미야의 속 깊은 고뇌였을 것이다. 뼛속이 떨리는 두려움에서 비롯된 아픈 고백이었을 것이다.

"내가 너를 모태에 짓기 전에 구별하였고, 네가 배에서 나오기 전에 성별하였고, 너를 여러 나라의 선지자로 세웠다." 하시는 하나님의 부르심 앞에서 "나는 아이라 말할 줄을 알지 못합니다." 했던 것은.

나는 아무런 자격도 없고 준비한 것이 없는데, 하나님은 나를 쓰겠다고 하신다. 나는 알지도 못하고 대답한 적도 없는데, 하나님은 내가 생겨나기 전부터 나를 택하였다고 하신다. 갑자기 뒤집히는 시간, 존재의 어지럼증, 이해와 설명이 불가능한 명백한 모순, 하나님의 부르심 앞에 두렵지 않을 자가 누가 있겠는가? 자신을 아이라 말하는 예레미야에게 하나님은 말씀하신다.

너는 아이라 하지 말고 내가 너를 누구에게 보내든지 너는 가며 내가 네게 무엇을 명(命)하든지 너는 말할지니라 너는 그들을 인(因)하여 두려워 말라

내가 너와 함께 하여 너를 구원(救援)하리라.(렘 1:7-8)

아이라 하지 말라 하시면서도 아이를 달래듯 말씀하신다. 사람을 두려워하지 말라고, 내가 너와 함께 하며 너를 지켜주겠다고, 어린아이를 격려하듯 말씀하신다. 말과 마음이 안쓰러움으로 기우는, 어쩔 수 없는 사랑이시다.

말씀만 그렇게 하신 것이 아니다. 하나님은 손을 내밀어 예레미야의 입에 대신다. 말을 할 줄 모른다는 그 입에 손을 대시며 말씀하신다. "내가 내 말을 네 입에 두었노라."

마음에 새기듯 한 마디씩 새겨 읽으면 다음과 같다.

"내가 두었다, 내 말을, 네 입에!"

예레미야를 격려하기 위해 등을 두드릴 수도 있었을 것이다. 머리를 쓰다듬거나 힘을 주어 손을 잡았을 수도 있었을 것이다. 선택하여 불렀는데도 감격하여 대답하지 않고 핑계부터 대는 모습에 실망하여 화가 났다면 매를 드실 수도 있었을 것이다.

그러나 하나님은 예레미야의 입에 손을 대신다. 예레미야의 입! 나는 말을 할 줄 모른다고 했던 바로 그 입을 만지신다. '이 입을 누가 만들었는지 아니?' 어쩌면 하나님은 예레미야에게 그렇게 물은 것인지도 모른다.

하나님은 예레미야의 약점을, 예레미야가 약점이라고 생각했던 것을 어루만지고 있는 것이다. 사람들은 나의 약점을 알고 공격하기도 하고 실망하기도 하고 등을 돌리기도 하지만, 하나님은 가만히 어루만지신다.

하나님은 우리의 약점을 아신다. 뻔히 아신다. 우리의 약점을 몰라서 우리를 부르시는 것이 아니다. 모두 알고도 부르시고, 알기에 부르신다. 하나님의 손길이 닿음으로 우리의 약점은 하나님의 도구가 된다. 우리의 약점에 하나님의 손길이 닿음으로, 우리의 약점은 하나님의 능력을 담는 그릇이 된다.

우리의 모든 약점 위엔 하나님의 지문이 묻어 있다. 내가 잘나서 하나님의 도구가 되는 것이 아님을 하나님은 우리의 뻔한 약점을 통해 우리에게 각인시키신다.

네가 무엇을 보느냐?

여호와의 말씀이 또 내게 임(臨)하니라 이르시되 예레미야야 네가 무엇을 보느냐 대답(對答)하되 내가 살구나무 가지를 보나이다. 여호와께서 내게 이르시되 네가 잘 보았도다. 이는 내가 내 말을 지켜 그대로 이루려 함이니라.(렘1:11-12)

예레미야를 부르신 주님께서 예레미야에게 물으신다. "네가 무엇을 보느냐?" 네가 지금 무엇을 보고 있느냐고 물으신다. 우리는 보는 것을 통해 생각을 하기도 하지만, 생각하고 있는 것을 보기도 한다. 뭐 눈엔 뭐만 보인다 하지 않는가? 무엇을 보느냐 하는 것은 그가 가지고 있는 관심의 방향과 내용일 수가 있다. 그런 점에서 네가 무엇을 보느냐 물으신 것은 지금 네 마음이 어디를 향하고 있느냐를 물으신 것일 수도 있다.

우리는 무엇인가를 볼 때 모두가 같은 것을 보는 것이 아니다. 같은 자리에서 같은 것을 본다고 해도 서로 다른 것을 본다. 어떤 마음으로 보느냐 하는 것에 따라 보는 것과 그 의미가 달라지기 때문이다.

한문에는 보는 것과 관련하여 見(견), 視(시), 觀(관), 看(간), 覽(람) 등 다양한 단어가 있다.

'견'(見)은 사물의 외형이나 현상을 자기식대로 보는 것이어서, 의견과 견해의 차이로 인해 갈등과 다툼이 일어나기도 한다.

'시'(視)는 어떤 입장에서 보는 것으로, 보는 입장에 따라 시각차가 드러나게 된다. 노사(勞使) 간의 갈등도 어느 입장에서 보느냐에 따라 생각은 하늘과 땅만큼의 차이가 난다.

'관'(觀)은 중심에서 보는 것으로, 꿰뚫어본다는 의미를 담고 있다. 겉이 아니라 속을 응시하는 것이다. 중심에서 보니 치우침이 있을 수가 없다.

'간'(看)의 글자 모양을 보면 '눈 목'(目)자 위에 '손 수'(手)자를 얹었으니, 눈 위에 손을 대고 바라보는 것이다. 손으로 빛을 가리며 자세히 살펴보는 모습으로 세심하게 살핀다는 의미가 있다. 그냥 대충 보아 넘기는 것은 '간과(看過)한다'고 한다.

'람'(覽)은 살펴보고 견줘 보는 것인데, 미술 전람회(展覽會)나 도서 열람실(閱覽室)의 '람'(覽)이 바로 이에 해당한다.

같은 것을 보아도 보는 마음에 따라 이렇게도 의미가 달라질 수가 있다. 수박 겉핥기식으로 볼 수도 있고, 바위 속을 꿰뚫듯 통찰할 수도 있다. 말씀을 대할 때도 다르지 않을 터, 같은 말씀을 대해도 보는 이의 마음에 따라 얼마든지 뜻이 달라질 수 있다는 사실 앞에 마음의 옷깃을 여미지 않을 수가 없다.

대부분의 사람들은 보이는 대로 보지 않고, 보고 싶은 대로 본다고 한다. 있는 그대로를 보는 것이 아니라, 자기가 보고 싶은 대로 본다는 것이다. '고운 사람 미운데 없고, 미운 사람 고운데 없다.'는 우리 속담은 괜히 생겨난 것은 아닐 것이다.

드는 생각이 있어 주님께서 예레미야에게 물은 질문을 다시 보니 "무엇이 보이느냐?" 묻지 않으시고 "무엇을 보느냐?" 묻고 계시다. 주님의 질문 앞에 예레미야가 대답을 한다.

"내가 살구나무 가지를 보나이다."

그러자 주님이 다시 말씀하신다.

"네가 잘 보았도다. 이는 내가 내 말을 지켜 그대로 이루려 함이니라."

살구나무 가지를 보았다는데, 왜 주님은 잘 보았다고 하신 것일까? 이어서 하신 말씀, "내가 내 말을 지켜 그대로 이루려 함이니라."는 말씀은 선문답 같기도 한데, 그 말씀은 살구나무를 보았다는 것과 무슨 상관이 있는 것일까?

이 대목에서 우리가 도움을 받아야 할 것이 있다. 히브리어로 '살구나무'는 '샤케드'이고, '정신을 바짝 차리고 지켜보다'는 말은 '쇼케드'이다. 우리말로는 '살구나무'와 '지켜보다'는 말이 전혀 상관없는 말로 들리지만, 히브리어 '샤케드'와 '쇼케드'는 발음이 서로 비슷하다. 지금 성경은 서로 비슷한 단어를 통해 중요한 의미를 전달하고 있는 것이다.

살구나무는 이른 봄에 가장 먼저 꽃을 피우기 때문에 사람들은 살구나무가 겨울에도 전혀 잠을 자지 않는다고 생각을 했다. 예레미야가 살구나무를 보고 있다고 대답했을 때 주님께서 내가 내 말을 지켜 그대로 이루려 함이니라 하신 것은, 살구나무가 잠을 자지 않고 깨어 있는 것처럼 주님께서도 주님의 말씀이 이루어지는 것을 깨어 지켜보고 계시다는 뜻이었다. 주님께서는 예레미야에게 말씀만 맡기신 것이 아니었다. 맡긴 말씀이 어떻게 이루어지는가를 깨어 지켜보고 계신 것이었다.

네가 지금 살구나무(샤케드)를 보듯이 주님의 말씀이 이루어지는 것을 주님께서 지켜보고 계시다(쇼케드) 말씀 하셨을 때, 예레미야의 가슴은 얼마나 떨렸을까? 필시 주님의 말씀은 예레미야의 가슴에 지문처럼 새겨졌으리라.

내게 하신 주님의 말씀이 어떻게 이루어지는지를 주님께서 깨어 지켜보고 계시다는 것을 우리가 안다면 우리는 말씀 앞에 더욱 깨어 있을 터, 말씀의 주인이신 주님께서 말씀 앞에 깨어 지켜보고 계시다는데 하물며 우리들일까!

안쓰러운 하나님

여호와의 말씀이 내게 임(臨)하니라 이르시되 가서 예루살렘 거민(居民)의 귀에 외쳐 말할지니라 여호와께서 이같이 말씀하시기를 네 소년(少年) 때의 우의(友誼)와 네 결혼(結婚) 때의 사랑 곧 씨 뿌리지 못하는 땅, 광야(曠野)에서 어떻게 나를 좇았음을 내가 너를 위(爲)하여 기억(記憶)하노라 그 때에 이스라엘은 나 여호와의 성물(聖物) 곧 나의 소산(所産) 중(中) 처음 열매가 되었나니 그를 삼키는 자(者)면 다 벌(罰)을 받아 재앙(災殃)을 만났으리라 여호와의 말이니라.(렘 2:1-3)

떠나간 사람을 잊지 못하는 이들이 있다. 오래 전의 일이기도 하고 적잖은 아픔과 상처를 남긴 사람이기도 한데, 그러거나 말거나 떠난 사람을 변함없이 그리워하는 이들이 있다. 세상에 태어나 허락된 유일한 사랑이 오직 그 한 사람이었다는 듯 눈길과 마음의 걸음을 거두지 못하는 이들이 있다. 그러느라 지불하는 고통의 대가가 헤아리기 어려운데, 그래도 한결같이 사랑의 마음을 거두어들이지 못하는 이들이 있다. 참으로 바보 같은 사랑이라 할 수 있을 터인데, 하나님도 그들 중 한 분이시다.

하나님은 지난날 이스라엘 백성들이 하나님을 향해 가졌던 마음과 태도를 기억하신다. 젊은 시절의 우의(友誼)를 기억하신다. '우의'란 어떤 관계 속에서 그 관계를 잘 유지하기 위하여 자신의 도리를 제대로 하는 것을 말한다. 하나님은 당신의 백성들이 하나님께 성실하였던 것을 기억하신다.

신혼 시절에 얼마나 하나님을 사랑하였는지를 기억하신다. 뜨겁고 순수했던 사랑과 열정을 잊지 않으신다. 씨를 뿌리지 못하는 광야에서 어떻게 하나님을 따랐는지를 기억하신다. 아무 것도 자신을 지킬 것이 없었던 곳에서 전적으로 하나님을 의지했던 그 마음을 기억하신다.

마음을 다해 하나님을 사랑했던 백성들을 두고 하나님은 '나의 성물'(聖物), '나의 첫 열매'라 부르신다. '성물'과 '첫 열매'의 의미는 특별한 존재라는 것과 함께 하나님께 속했다는 의미를 포함한다. 첫 열매라면 '꽃다지', 하나님을 사랑하는 이들을 하나님은 '하나님의 꽃다지'로 여기신다.

'소년 때' '결혼 때' '씨 뿌리지 못하는'이라는 말이 담고 있는 공통된 의미는 그 모든 것이 '지난 시간'이라는 사실이다. 아무리 소년 때에 우의가 있었다면 무엇 하겠는가? 지금은 그 우의를 다 잃어버린 걸. 아무리 신혼 때에 사랑했다면 무엇 하겠는가? 지금은 그 사랑 다 식어버린 걸. 광야에서 아무리 하나님을 의지했다면 무엇 하겠는가? 지금은 다 등을 돌린 걸.

백성들은 하나님께 등을 돌리고 하나님께 드리던 사랑은 식어버렸지만 그럼에도 불구하고 하나님은 지난날의 사랑을 기억하신다. 소중하고 아름다웠던 마음 다 잃어버린 백성들을 두고서 하나님은 왜 지난날의 사랑을 기억하고 계신 것일까.

그 모든 것을 기억하시는 이유를 두고 성경은 '너를 위하여'라고 말씀한다. 하나님은 백성들을 위하여 지나간 사랑을 기억하시는 것이다. 지금은 깨어졌다 할지라도 누군가 지난날의 사랑을 잊지 않고 기억한다면 그 사랑은 다시 회복될 수 있다. 모두가 잊어버리면 불가능하지만 누군가 여전히 기억하고 간직하고 있다면 다시 살아날 수가 있다. 백성들은 잊어버렸지만 그럴수록 하나님은 기억하셔서 그 때 그 마음이 다시 회복되기를 원하신다.

떠나간 아들이 언제 돌아올까 목 긴 기다림으로 동구 밖을 내다보는 늙은 아버지처럼, 당신에게서 멀어진 백성들의 오래 전 사랑을 기억하고 계시는 하나님, 하나님이 안쓰럽다.

새파랗게 질려버려라

그러므로 내가 여전(如前)히 너희와 다투고 너희 후손(後孫)과도 다투리라 여호와의 말이니라 너희는 깃딤 섬들에 건너가 보며 게달에도 사람을 보내어 이 같은 일의 유무(有無)를 자세(仔細)히 살펴보라 어느 나라가 그 신(神)을 신(神) 아닌 것과 바꾼 일이 있느냐 그러나 나의 백성(百姓)은 그 영광(榮光)을 무익(無益)한 것과 바꾸었도다 너 하늘아 이 일을 인(因)하여 놀랄지어다 심(甚)히 떨지어다 두려워할지어다 여호와의 말이니라 내 백성(百姓)이 두 가지 악(惡)을 행(行)하였나니 곧 생수(生水)의 근원(根源)되는 나를 버린 것과 스스로 웅덩이를 판 것인데 그것은 물을 저축(貯蓄)지 못할 터진 웅덩이니라.(렘 2:9–13)

'경천동지'(驚天動地)라는 말이 있다. 하늘이 놀라고 땅이 움찔거릴 만한, 세상이 몹시 놀랄 만한 일을 두고 하는 말이다. 예레미야는 본문에서 이렇게 말한다.

- 너 하늘아 이 일을 인(因)하여 놀랄지어다 심(甚)히 떨지어다 두려워할지어다 여호와의 말이니라.〈국한문개역한글판〉
- 하늘아, 이것을 보고 너도 놀라고 떨다가 새파랗게 질려버려라. 나 주의 말이다.〈새번역〉
- 하늘도 놀랄 일이다. 기가 막혀 몸서리칠 일이다. 이는 내 말이니, 잘 들어라.〈공동번역〉
- 하늘아, 이를 두고 깜짝 놀라라. 소스라치고 몸서리쳐라. 주님의 말씀이

다.〈성경〉

- 하늘아, 충격적인 이 일을 보아라. 믿을 수 없는 이 일을 보아라. 어떻게 이런 일이 있을 수 있느냐?〈메시지〉

하늘도 깜짝 놀랄 일, 기가 막혀 몸서리칠 일, 새파랗게 질려버릴 일, 도대체 무슨 일이기에 하늘더러 가만있지 말라 하시는 걸까? 신을 신 아닌 것과 바꾼 것이었다. 헌신짝을 엿과 바꿔먹듯 하나님을 버린 일이었다. 하나님의 백성들이 하나님을 다른 신으로, 아니! 신 아닌 것으로 바꾼 일이었다.

결국 하나님의 백성들은 하나님의 영광을 헛된 것과 바꾸었다. '헛된 것'은 히브리어로 '헤벨'이며, '헛되이 행하다'는 '하벨'이다. '헤벨'을 뒤따라가더니 결국은 스스로가 '헤벨'이 되고 말았다는 것이다. 헛된 것을 좇더니 헛된 것이 되고 만 것이다. 거룩하신 하나님을 섬기던 하나님의 백성들이!

그런 일은 세상에 다른 신을 섬기는 나라에서도 찾아볼 수 없는, 기가 막힌 일이었다. '깃딤'은 동쪽을, '게달'은 서쪽을, 결국은 온 세상 모든 나라를 의미한다. 세상 어디에서도 찾아볼 수 없는 일이 하나님의 백성들에게서 일어났으니, 하늘이 새파랗게 질려버릴 일이 아닐 수 없다. 헤벨을 따라가 헤벨이 되고 만, 하나님은 당신의 백성들이 저지른 악을 이렇게 지적하신다.

- 생수(生水)의 근원(根源)되는 나를 버린 것과 스스로 웅덩이를 판 것인데 그것은 물을 저축(貯蓄)지 못할 터진 웅덩이니라.〈개역개정〉

- 하나는, 생수의 근원인 나를 버린 것이고, 다른 하나는, 전혀 물이 고이지 않는, 물이 새는 웅덩이를 파고, 그것을 샘으로 삼은 것이다.〈새번역〉
- 나의 백성은 두 가지 잘못을 저질렀다. 생수가 솟는 샘인 나를 버리고 갈라져 새기만 하여 물이 괴지 않는 웅덩이를 팠다.〈공동번역 개정판〉
- 정녕 내 백성이 두 가지 악행을 저질렀다. 그들은 생수의 원천인 나를 저버렸고 제 자신을 위해 저수 동굴을, 물이 고이지 못하는 갈라진 저수 동굴을 팠다.〈성경〉
- 내 백성이 이중의 죄를 범했다. 그들은 나를 버렸다. 그들은 생수가 솟는 샘인 나를 버리고, 대신 땅에 물웅덩이를 팠다. 물이 새는 물웅덩이, 하수구나 다를 바 없는 물웅덩이를 팠다.〈메시지〉

생수의 근원을 버린 이는 자기가 웅덩이를 판다. 그 웅덩이가 터진 웅덩이라는 것도 모르고. 물을 저축할 수가 없는 터진 웅덩이라는 것도 모르고. 생수의 근원인 하나님을 헌신짝처럼 버리고 제 스스로 웅덩이를 판 백성들, 터진 웅덩이를 샘으로 삼은 백성들, 그들의 모습은 하늘도 새파랗게 질려버릴 일이었다.

하나님을 하나님 아닌 것과 바꾼 일은 하늘도 새파랗게 질려버릴 일, 하나님 대신 하나님의 축복이란 이름으로 포장된 바알(풍요로움)을 선택하면서도 아무렇지도 않게 살아가는 뻔뻔한 우리들, 그야말로 하늘이 새파랗게 질려버릴 일이 아닐 수가 없다.

씻을 수 없는 죄

주(主) 여호와 내가 말하노라 네가 잿물로 스스로 씻으며 수다(數多)한 비누를 쓸지라도 네 죄악(罪惡)이 오히려 내 앞에 그저 있으리니.(렘 2:22)

"나의 죄를 씻기는 예수의 피 밖에 없네." 우리가 잘 알고 있는 찬송가의 첫 가사다. 부흥회나 기도회에서 그 중 즐겨 부르는 찬송으로 대개는 뜨겁게 박수를 치며 큰 소리로 찬송을 부른다. 그렇게 간절하게 부르면 찬송가의 가사처럼 마치 우리의 죄가 씻어지는 것처럼.

이 찬송을 부를 때 우리가 갖는 마음은 어떤 것일까? 내가 지은 죄에 대하여 아프게 인정하는 마음이 있는 것일까? 나의 죄를 씻기 위해 내 대신 누군가가 당한 고통과 수치가 제대로 전해지고 있는 것일까?

어떤 죄를 저질렀더라도 죄를 자복하기만 하면 용서를 받을 수 있다는 생각은 분명 복음이지만, 죄에 대한 인식을 가볍게 만들기도 한다. 어딘가 나의 죄와 상관없는 곳을 찾아 뜨겁게 찬송을 부르고, 무릎을 꿇고, 두 손을 들고, 눈물 콧물을 흘려, 모든 죄를 용서해달라고 목소리를 높이기만 하면 더 이상 지난날의 죄가 지금의 나와는 아무런 상관이 없는 일이 되는 것이라고 생각하는 이들이 있다.

물론 그런 시간을 갖는 것도 쉬운 일은 아니지만 그래도 죄로 인한 무거운 부담감이나 꺼림칙함으로부터 벗어나는 것과 비교하면 얼마든지 감내할 만한 것이 된다. 내가 지은 죄로 인하여 고통을 당하고 상처를 입었을 누군가를 만나고, 그 앞에 무릎을 꿇고, 눈물로 용서를 구하는 것에 비하면 훨씬 쉽고 간단한 일이기 때문이다.

그런데 과연 그럴까? 우리가 지은 죄는 그런 과정을 통하여 없어지는 것일까? 리셋 버튼 하나를 눌러 모든 것을 지우듯이, 몇 가지 통과의례를 거치면 정말로 지난날의 죄가 씻은 듯이 사라지는 것일까?

본문은 죄가 우리의 생각처럼 그렇게 쉽게 사라지는 것이 아님을 명확하게 밝히고 있다. 잿물로 씻고 수다(數多)한 비누를 쓸지라도 죄악이 주님 앞에 그대로 남아 있다고 지적한다. '수다한 비누'라는 말이 문득 새로운 의미를 가진 말로 다가온다.

어릴 적 잿물로 빨래를 하는 어머니의 모습을 자주 보았다. 비누로 잘 지지 않는 때도 잿물에는 졌다. 어린 마음에도 잿물은 세상의 어떤 때라도 지울 수 있는, 비누하고는 비교할 수 없을 만큼 막강한 힘을 가진 세제라 여겨졌다.

그러나 주님은 아무리 많은 세상의 비누를 쓴다고 하여도, 심지어는 잿물을 동원한다 하여도 죄는 여전히 남아 있다고 하신다.

하나님을 떠난 백성들이 아무리 하나님 아닌 것들을 하나님으로 섬긴다 하여도 그 신들이 이스라엘 백성들의 죄를 씻어줄 수는 없다는 것이다.

- 네가 잿물로 몸을 씻고, 비누로 아무리 몸을 닦아도, 너의 더러운 죄악은 여전히 내 앞에 남아 있다. 나 주 하나님의 말이다.〈새번역〉
- 비누로 몸을 씻어 보아라. 잿물로 몸을 닦아 보아라. 너의 더러운 죄가 내

앞에서 사라질 것 같으냐? 이는 내 말이니, 잘 들어라.〈공동번역〉

- 초강력 세제로 빨아 보아라. 생살이 벗겨지도록 북북 문질러 씻어 보아라. 그래도 네 죄의 때는 빠지지 않을 것이다. 너를 쳐다보는 일조차 내게는 고역이다!〈메시지〉

오늘도 여전히 하나님 아닌 것들을 통해 죄의 문제를 해결하려는 시도들이 있지만 수다한 비누와 잿물을 동원한다 하여도 죄는 주님 앞에 그저 남아 있을 뿐이다. 세상에는 세상의 어떤 세재로도 씻을 수 없는 죄가 있다.

일요일에만 살아계신 하나님

그들이 나무를 향(向)하여 너는 나의 아비라 하며 돌을 향(向)하여 너는 나를 낳았다 하고 그 등을 내게로 향(向)하고 그 얼굴은 내게로 향(向)치 아니하다가 환난(患難)을 당(當)할 때에는 이르기를 일어나 우리를 구원(救援)하소서 하리라.(렘 2:27)

누군가를 사랑한다는 것은 늘 그를 바라보는 것이다. 해바라기가 종일 얼굴을 돌려가며 해를 바라보듯이, 누군가를 사랑하면 나도 모르게 사랑하는 이를 바라보게 된다. 그야말로 오매불망하게 된다. '悟寐不忘'이 '잠 깰 오'(悟)에 '잠 잘 매'(寐), '아닐 불'(不)에 '잊을 망'(忘)이 합해진 것이니, 말 그대로 자나 깨나 잊지 못하는 것이 사랑인 것이다.

사랑하는 사람의 얼굴은 아무리 오래 바라보아도 싫증이 나지 않고, 바라보면 바라볼수록 즐겁고, 언제 지나갔는지 모를 시간을 꿈처럼 보내다가 잠시 헤어지면 어서 다시 보고 싶고, 볼 수 없으면 꿈 속에서라도 그 얼굴을 보고 잠을 자면서도 웃는다.

누군가를 사랑하면 다른 것이 눈에 들어오지 않는다. 오직 사랑하는 사람, 혹은 사랑하는 사람과 관련된 것들만 보인다. 그러기에 사랑에 빠진 사람들은 눈이 먼다. 먼저 사랑하는 사람에게 눈이 멀어 뭘 봐도 좋은 것만 보이고, 사랑하는 사람 외의 나머지 세상에도 눈이 멀어 아무리 좋은 것을 보아도 눈에 들어오지 않는다. 사방 눈이 멀었으면서도 오히려 사랑하는 사람은 더 잘 보이는 것, 그것이 사랑이다.

누군가를 사랑한다 하면서도 사랑하는 사람 외의 다른 것을 바라본다면 그것은 사랑일 수 없다. 다른 사람을 힐끔힐끔 쳐다보는 것도 사랑일 수 없지만, 다른 누군가에게 눈길을 빼앗기는 것은 더더욱 사랑이라 할 수 없다. 하나님을 사랑하는 것도 마찬가지 아닐까? 하나님을 사랑한다는 것은 오매불망 하나님의 얼굴을 바라보는 것이다. 하나님께서 모세에게 "내가 너와 함께 가겠다."(출 33:14) 말씀하실 때, 그 말은 "내 얼굴이 너와 함께 가겠다."는 의미였다.

하나님은 말로만 우리와 함께 하시지 않는다. 얼굴도 함께 하신다. 하물며 하나님이 하나님의 얼굴로 우리와 함께 하신다면, 하나님의 얼굴을 한 순간도 놓치지 않고 바라보는 일은 당연하고도 당연한 일이다.

예레미야가 선지자로 활동하던 당시 이스라엘의 지도자들은 하나님을 향하여 '등은 돌리고 얼굴은 돌리지 않으며' 살고 있었다. 하나님께 등을 돌리니 하나님 대신 하나님 아닌 것들이 눈에 들어온다.

나무로 깎아 만든 우상을 두고 너는 나의 아비라 하고, 돌로 새겨 만든 우상을 두고 너는 나의 어미라 한다. 나무도 돌도 모두가 하나님이 지으신 것들, 그러나 그들은 나무를 자신의 근본으로 여기고, 돌을 자신의 근원으로 삼는다. 지도자들이 그러했으니 백성들은 말할 필요조차 없다. 그렇게 하나님께 등을 돌리고 얼굴을 등진 채 살던 백성들이 환난을 만나자 주님께 돌아와 도와달라고 한다. 어려움이 없을 때에는 하나님께 등을 돌리다가, 어려운 일을 만나자 하나님께 얼굴을 돌린다. 평안할 때는 등을 돌리고, 어려울 때는 얼굴을 돌리니 참으로 딱한 노릇이 아닐 수가 없다.

• 그들은 나무를 보고 '나의 아버지'라고 하고, 돌을 보고 '나의 어머니'라고 하였다. 그들은 나에게 등을 돌리면서도, 얼굴은 돌리지 않고 있다가, 환난을 당할 때에는 '오셔서, 우리를 구하여 주십시오' 하고 부르짖는다.〈새번역〉

• 너희는 나무를 보고 아비라 돌을 보고 어미라 하며 나를 외면하고 등을 돌렸다가도, 재앙만 만나면 나더러 살려달라고 한다.〈공동번역〉

• 그들은 나무에다 대고 '나의 아버지!' 하고, 돌을 집어들고서는 '나의 어머니! 나를 낳아주신 어머니!' 한다. 그들은 내게 늘 뒤통수만 보여주었다. 한 번도 내게 얼굴을 보여준 적이 없다. 그런데도 상황이 안 좋아지면 거리낌 없이 달려와서는 '손 좀 써 주세요! 우리를 구원해 주세요!' 하고 소리 지른다.〈메시지〉

별일 없을 때는 등을 돌린 채 살다가 어려운 일이 생길 때만 얼굴을 돌려 하나님을 찾는, 우리의 예배와 기도가 그런 것은 아닐까? 그런 생활에 너무나도 익숙해져서 모든 것이 어색함 없이 일어나고 있는 것은 아닌지, 그것이 잘못이라는 것조차 느끼지 못할 만큼 반복되고 있는 건 아닌지. 혹시 그런 우리를 두고 시인 하일은 '일요일에만 살아계신 하나님'이라 말한 것은 아닌지.

하나님이 정말로 보고 싶어 하시는 것은 우리의 뒤통수가 아니라 얼굴이다. 일요일에만 보기를 원하지 않으신다. 평일에도 보기를 원하신다. 사랑하는 사람이 사랑하는 사람의 얼굴을 언제나 보고 싶어 하듯이.

언구력을 떨지 말라

2장

'언구력'이란 '사특하고 교묘한 말로 떠벌리며 남을 농락하는 것'을 말한다. 오늘 우리는 어떤가? 가시덤불과 묵은 땅을 내버려 둔 채 그 위에서 요란하게 믿음의 언구력만 떨고 있는 것은 혹 아닐까?

염치(廉恥)가 없으면 자산(赭山)

소리가 자산(赭山) 위에서 들리니 곧 이스라엘 자손(子孫)의 애곡(哀哭)하며 간구(懇求)하는 것이라 그들이 그 길을 굽게 하며 자기(自己) 하나님 여호와를 잊어버렸음이로다 배역(背逆)한 자식(子息)들아 돌아오라 내가 너희의 배역(背逆)함을 고치리라 보소서 우리가 주(主)께 왔사오니 주(主)는 우리 하나님 여호와이심이니이다 작은 산(山)들과 큰 산(山) 위의 떠드는 무리에게 바라는 것은 참으로 허사(虛事)라 이스라엘의 구원(救援)은 진실(眞實)로 우리 하나님 여호와께 있나이다 부끄러운 그것이 우리의 어렸을 때로부터 우리 열조(列祖)의 산업(産業)인 양(羊)떼와 소떼와 아들들과 딸들을 삼켰사온즉 우리는 수치(羞恥) 중(中)에 눕겠고 우리는 수욕(羞辱)에 덮이울 것이니 이는 우리와 우리 열조(列祖)가 어렸을 때로부터 오늘까지 우리 하나님 여호와께 범죄(犯罪)하여 우리 하나님 여호와의 목소리를 청종(聽從)치 아니하였음이니이다.(렘 3:21-25)

하나님 앞에서 우리가 잃어버린 것 중 어서 되찾아야 할 것이 있다면 무엇일까? 그것이 없으면 우리들의 신앙과 삶이 위선이 되고 마는, 그것을 되찾지 않으면 우리가 자부하는 것들이 아무 소용이 없어지고 마는, 그것은 무엇일까?

하도 잃어버린 것이 많아 되찾아야 할 것의 순서를 정하기가 난망하지만, 그 중 빠뜨릴 수 없는 것이 '염치'일 것이다. 사전을 찾아보니 '염치'(廉恥)를 '체면을 생각하거나 부끄러움을 아는 마음'이라 풀고 있다.

우리가 흔히 쓰는 말 중 '얌체'라는 말이 있다. 얌체란 '얌치가 없는 사람을 낮잡아 이르는 말'인데, '얌체'와 '얌치'는 모두 '염치'(廉恥)에서 온 말들이다. 염치가 없다보면 자기의 이익 이외의 것을 무시하는 얌체의 삶을 살게 된다.

어느 날 소리가 자산(赭山) 위에서 들린다. 자산은 어디고 무슨 소리가 들린 것일까? '자산'이란 붉은 흙이 드러난, 벌거벗은 산이다. 그곳은 우상을 섬기던 곳이었다. 은밀하게 우상을 섬겨도 벌거벗은 듯이 드러나게 마련이고, 좋은 것을 얻기 위해 우상을 섬기지만 결국 드러나는 것은 수치, 그곳이 자산이다.

자산에서 들려오는 소리는 애곡하는 소리요, 간구하는 소리였다. 무슨 까닭일까? 하나님의 백성들이 더 좋은 것을 더 많이 갖기 위해 우상을 섬겼지만, 하나님을 등진 그들에게 돌아온 것은 슬피 울며 간구하는 것뿐이었다.

그들은 자신들이 길을 굽게 하였다는 것을 인정한다. 길을 굽게 했다는 것은 잘못 살았다는 뜻이다. 행동도 삶의 방식도 잘못되었다는 것을 인정한다. 주님 앞에서 자신의 잘못을 인정하는 백성들에게 주님께서는 내게로 돌아오라고, 너희들의 배역을 내가 고치겠다고 하신다. '배역'(背逆)이란 '등 배'(背)에 '거스릴 역'(逆)을 쓴다. 등을 돌리고 거슬렀던 것을 고치시겠다고 한다.

고치시겠다는 주님의 부르심을 듣고 주님께 돌아온 백성들이 가장 먼저 하는 말은 "우리가 주께 왔습니다."이다. 그 단순한 고백이 왜 그리 어려운 것인지. 떠나본 이들은 안다. 내가 지금 주님 앞에 있다는 것을 인정하는 것, 그것이 회복의 시작이다.

주님께 돌아온 그들은 주님을 떠나 살던 때의 허망한 실패의 삶을 토로한다. 부끄러운 것이 우리의 양떼와 소떼와 아들딸들을 삼켰다 한다.

하나님을 떠난 삶의 쓸모없음을 아프게 인정한다.

허황된 축복을 좇아 바알을 따랐지만, 결국 바알은 준 것보다도 더 많은 것을 빼앗아 갔다. 좋은 것을 얻으려 했지만, 결국은 가장 귀한 것들까지 빼앗겼다. 아들과 딸까지도 제물로 바쳐야 했으니 말이다. 지난날의 시간이 너무도 부끄러운 그들은 수치와 수욕을 감수하겠다고 한다.

- 우리는 수치 중에 눕겠고, 수욕에 덮이울 것이니.〈개역개정〉
- 이제 우리는 수치로 요를 깔고, 부끄러움을 이불로 덮겠습니다.〈새번역〉
- 이제 다 같이 부끄러운 몸, 엎드리자. 창피한 줄 알아 얼굴을 가리우자.〈공동번역〉
- 수치 가운데 드러눕고 부끄러움이 우리를 덮게 하자.〈성경〉
- 지금 우리는 수치 가운데 바닥을 기고 있습니다.〈메시지〉

주님께로 돌아온 백성들이 비로소 되찾는 것이 있다. 바로 '염치'다.

회개는 종교적 쇼도 아니고, 죄로부터 벗어나는 가장 간단하고 쉬운 통과의례도 아니다. 본래의 자리로 돌아가기 위해서는 무엇보다 부끄러움을 알아야 한다. 뻔뻔함을 인정해야 한다.

"저는 더 이상 아들이 아닙니다. 아들의 자격을 잃어버렸으니 품꾼의 하나로 써주소서."

그 염치를 아버지는 긍휼로 받아주셨다.

내 허물에 대한 아픔과 수치를 스스로 뒤집어쓰는, 수치로 요를 깔고 부끄러움을 이불로 덮을 때, 그런 우리를 주님은 긍휼로 덮으신다. 염치가 없다면 도로 '자산'이다.

언구력을 떨지 말라

나 여호와가 유다와 예루살렘 사람에게 이같이 이르노라 너희 묵은 땅을 갈고 가시덤불 속에 파종(播種)하지 말라.(렘 4:3)

학원을 운영하는 선생님 이야기를 들으면 학원으로 들어서는 아이들 발자국 소리만 들어도 아이들의 심리 상태를 짐작할 수가 있다고 한다. 즐거운 마음으로 오는 아이들의 발자국 소리는 가볍고 뜀박질을 하듯 경쾌하단다.

하지만 어쩔 수 없이 부모의 강요에 떠밀려서 오는 아이들의 발자국 소리는 무겁고 처진단다. 마지못해 오고 있다는 것이 발자국 소리만으로도 고스란히 전해진다는 것이다.

표현이 뭣 하지만 풀을 뜯기 위해 햇살 좋은 들판으로 나가는 소와 도살장으로 끌려가는 소의 발걸음이 같을 수는 없을 것이다.

농촌에서 목회를 할 때 어렵지 않게 들었던 말 중에 '언구력을 떤다'는 말이 있었다. 내게는 아주 낯선 그 말을 마을 어른들은 자연스럽게 쓰고 있었다. '언구력'이란 말을 사전에서 찾아보니 '사특하고 교묘한 말로 떠벌리며 남을 농락하는 짓'이라고 풀고 있었다.

언구력이라는 말을 들으며 은근히 마음이 찔렸던 것은 혹시 오늘 우리의 믿음과 기도가 언구력을 떠는 것 아닐까 싶은 마음 때문이다. 학원선생님이 아이들 발자국 소리만 듣고도 학원을 찾는 아이들의 마음 상태를 헤아리는 것이라 한다면 하물며 하나님이실까? 하나님은 결코 우리의 언구럭에 넘어가시는 분이 아니시다.

주님께서는 주님께로 돌아오려는 이들에게 이렇게 말씀하신다.

- 가시덤불 속에 씨를 뿌리지 말아라. 묵은 땅을 갈아엎고서 씨를 뿌려라.〈개역개정〉
- 이제 나 야훼가 유다 국민, 예루살렘 시민에게 말한다. 엉겅퀴 속에 씨를 뿌리지 말고 땅을 새로 갈아엎고 심어라.〈공동번역〉
- 너희 묵은 밭을 갈아라. 그러나 그 땅에 잡초를 심지는 마라!〈메시지〉

주님께로 돌아오려는 이들에게 주님께서는 왜 씨 뿌리는 이야기를 하시는 것일까?

돌아오는 시늉을 하는 것과 진정으로 돌아오는 것은 다르기 때문이다. 사람이 보기엔 하나님께로 돌아오는 걸음과 표정과 말이 엇비슷해 보일지 몰라도 중심을 보시는 주님은 그의 마음속을 바라보고 계신다.

가시덤불 속에 씨를 뿌리면 아무 소용이 없다. 가시덤불로 인해 싹이 제대로 자랄 수가 없기 때문이다. 씨를 뿌렸다고는 하지만 거둘 것이 없다. 결국 가시덤불에 씨를 뿌린다는 것은 씨 뿌리는 시늉만 내는 것을 의미한다.

묵은 땅을 그냥 둔 채 씨를 뿌리는 것도 마찬가지다. 묵은 땅 위에 씨를 뿌리면 딱딱한 흙으로 인해 씨는 뿌리를 내릴 수가 없다. 새들의 눈에 띄어 좋은 먹이가 되고 말 뿐이다. 뻔히 그럴 줄 알면서도 묵은 땅에 그냥 씨를 뿌리는 것은 역시 씨 뿌리는 시늉만 내는 것이다.

마땅히 버려야 할 마음들, 가시덤불과 같고 묵은 땅과 같은 마음을 갈아엎지 않은 채 씨앗을 뿌리는 시늉만 내는 것은 주님께로 돌아서는 이의 바른 모습이 아니다. 돌아서는 시늉만 낼 뿐이다.

주님이 원하시는 것은 가시덤불과 같은 마음을 뽑아버리는 것이고, 묵은 땅을 갈아엎듯 굳은 마음을 갈아엎는 것이다. 손에 가시가 박혀도 가시덤불을 뽑아낸 뒤에, 손에 군살이 박혀도 묵은 땅을 갈아엎은 뒤에 믿음의 씨앗을 뿌리기를 원하신다. 믿음은 결코 장식품이 아니기 때문이다.

"묵은 땅을 갈아라."는 말씀은 호세아 10장 12절에도 나온다. 예수님은 씨 뿌리는 사람의 비유를 자세하게 들려주셨다.(마 13:1-9, 막 4:1-9, 눅 8:4-8) 그러고 보면 가시덤불과 묵은 땅을 내버려 둔 채 씨앗 뿌리는 시늉만 하는 것은 아주 드문 일은 아니었던 것 같다.

오늘 우리는 어떤가? 가시덤불과 묵은 땅을 내버려 둔 채 그 위에서 요란하게 믿음의 언구력만 떨고 있는 것은 혹 아닐까?

마음 가죽을 베라

> 유다인(人)과 예루살렘 거민(居民)들아 너희는 스스로 할례(割禮)를 행(行)하여 너희 마음 가죽을 베고 나 여호와께 속(屬)하라 그렇지 아니하면 너희 행악(行惡)을 인(因)하여 나의 분노(忿怒)가 불같이 발(發)하여 사르리니 그것을 끌 자(者)가 없으리라(렘 4:4)

몸에 지닌 흔적보다 더 좋은 표지가 어디 있을까? 누군가가 하는 백마디 말보다도 그의 몸에 남은 흔적은 그가 누구인지를 더 분명하게 말해준다.

단강마을에서 목회를 할 때였다. 볍씨를 넣는 바쁜 철에 마을 이장 일을 보던 병철 씨가 원주시청에 다녀왔다. 병철 씨가 논을 샀는데, 그 돈이 어디서 나온 것인지를 묻는다는 것이었다. 바쁜 철에 사람을 오라 가라 한다며 툴툴거리고 나간 병철 씨가 의외로 금방 돌아왔다.

웬일이냐 물었더니, 그 사람들 참 싱거운 사람들이라고 퉁명스레 쏘아붙인다. 시청을 찾아갔는데 병철 씨 손을 물끄러미 바라본 담당자가 됐으니 그냥 가라 했다는 것이다. 아무 것도 묻지 않은 채 그냥 가라 했다니 병철 씨는 얼마나 황당했을까.

병철 씨 손이야 말로 한결같이 땅을 일궈온 손이다. 대지와 함께 살아온, 흙보다 더 흙 같은 손이다. 굴참나무 껍질처럼 깊게 패이고 갈라진 틈을 따라 흙물 풀물이 뱄다. 화장품을 바르며 곱게 가꾸는 손과는 아예 거리가 멀다. 혹시 부당한 투기 아닐까 부르긴 불렀지만 병철 씨 손을 보니 그럴 리는 만무(萬無), 묻지 않아도 충분했던 것이다.

병철 씨는 바쁜 시간을 뺏긴 일을 두고 여전히 툴툴대며 일을 이어갔지만 나는 반가웠다. 공무원 중에도 그렇게 눈 밝은 이가 있다는 것이 고맙기까지 했다.

이스라엘 백성들이 스스로를 하나님의 백성이라 자부했던 것 중의 하나가 할례였다. 태어난 지 팔일 만에 사내아이의 포피를 베어냄으로써 할례를 행했다.

안식일이 시간 속에 새긴 거룩함의 표지였다면, 할례는 몸에 새긴 거룩함의 표지였다. 자신들이 하나님의 백성이라는 자부심을 갖기에 충분한 근거가 되었다. 신분증을 지니는 것이 아니라 아예 몸에 표지를 지니고 살았으니, 자신들이 하나님의 백성이라는 것을 확인시켜줄 가장 확실하고도 뿌듯한 표지가 되었을 것이다. 그런 백성들에게 하나님은 이렇게 말씀하신다.

- 너희 마음 가죽을 베고 나 여호와께 속하라.〈개역개정〉
- 너희 마음의 포피를 잘라 내어라.〈새번역〉
- 마음에 수술을 받아라.〈공동번역〉
- 너희 마음의 포피를 벗겨 내어라.〈성경〉
- 그렇다. 너희는 하나님 앞에서 너희 삶에 할례를 행해야 한다.〈메시지〉

몸의 한 부분을 베어낸 이들에게, 그것으로 만족하고 자부심을 가지고 살아가는 이들에게 마음 가죽을 베라 하신다. 몸에 새긴 표지가 전부가 아니라 하신다. 그보다 중요한 것이 있다 하신다. 몸에 표지를 새겼다는 이유로 악을 행하면 나의 분노가 너희를 불사를 것이라 하신다. 몸에 표지를 새기고도 얼마든지 악을 행할 수 있음을 지적하신다.

몸에 새긴 표지는 우리들에게도 얼마든지 있다. 기독교인이라는 것, 교회에 다닌다는 것, 하나님의 말씀을 알고 있다는 것, 믿은 지가 몇십 년 됐다는 것, 직분이 그럴 듯하다는 것…, 그러나 그게 무슨 소용이 있겠는가? 우리의 신앙을 보증해주는 표지란 그 어떤 것도 있을 수 없다.

하나님이 우리에게 요구하시는 것은 마음의 표지다. 악행을 그치는 것, 악행의 근원인 마음속 더러움을 베어내는 것, 그렇게 함으로써 하나님께 속하는 것이다. '베어내는 것'은 '지우는 것'과는 달라 아픔을 동반한다. 출혈과 고통을 지불해야 한다. 몸에 지닌 표지는 농사꾼의 거친 손으로 족하다.

내 창자여 내 창자여

슬프고 아프다 내 마음속이 아프고 내 마음이 답답(沓沓)하여 잠잠(潛潛)할 수 없으니 이는 나의 심령(心靈) 네가 나팔소리와 전쟁(戰爭)의 경보(警報)를 들음이로다.(렘 4:19)

마침내 올 것이 오고야 말았다. 주님의 부르심을 받던 날 예레미야는 가마가 끓고 있는 환상을 보았다.(렘 1:13) 끓는 물이 북쪽에서부터 넘쳐흐르고 있었다. 불길한 환상이 환상으로 그쳤다면 좋았을 것을, 마침내 환상은 현실이 되어 눈앞으로 다가왔다.

이스라엘을 삼키려 하는 자들이 북쪽으로부터 몰려온 것이다. 적군이 먹구름처럼 몰려오듯 몰려오고, 그 병거들이 회오리바람처럼 밀려오며, 그 군마들이 독수리보다도 더 빨리 달려오고 있으니(4:13), 환상에서 본 가마솥의 끓는 물은 과장이 아니었던 것이다.

하나님께서는 이 일을 두고서 어서 속히 방방곡곡에 나팔을 불어 알리라 하신다.(5절) 깃발을 세워 지체하지 말고 도피하라 하신다.(6절) 굵은 베옷을 입고 탄식하며 슬피 울라 하신다.(8절) 왕은 용기를 잃고, 지도자들은 낙담하고, 제사장들은 당황하고, 예언자들은 소스라치게 놀랄 것이다.(9절) 설마 하며 받아들이려 하지 않았지만 이제는 누구도 돌이킬 수가 없는 현실이 되었기 때문이다.

예레미야의 귀에는 전쟁을 알리는 나팔소리와 성을 에워싼 적군들의 함성소리가 들려오고, 예레미야의 눈에는 나부끼는 전쟁 깃발이 보인다. 환상을 통해 하나님의 뜻을 예감하고 있었던 예레미야로서는 정말로 가마솥의 끓는 물이 쏟아지고 있는 것을 현실로 목도하는 순간이었다. 뜨거운 물을 뒤집어쓴 듯 예레미야는 이렇게 탄식한다.

- 슬프고 아프다. 내 마음속이 아프고 내 마음이 답답하여 잠잠할 수 없으니.〈개역개정〉
- 아이고, 배야. 창자가 뒤틀려서 견딜 수 없구나. 아이고, 가슴이야. 심장이 몹시 뛰어서, 잠자코 있을 수가 없구나.〈새번역〉
- 아이고 배야. 배가 아파 죽겠습니다. 가슴이 떨리고 염통이 터집니다.〈공동번역〉
- 아이고 배야, 배가 뒤틀리네! 내 심장의 벽이여 내 안에서 심장이 마구 뛰어 가만히 있을 수가 없구나!〈성경〉
- 나, 배가 뒤틀려 허리를 펼 수 없다. 불꼬챙이가 창자를 찌르는 듯하다. 오장육부가 갈기갈기 찢기는 것 같은 고통이, 한 순간도 멈추지 않는다.〈메시지〉

'슬프고 아프다'는 말은 히브리어로 '내 창자여, 내 창자여'라는 말이다. 얼마나 아프고 견디기 어려웠으면 '내 창자여, 내 창자여' 했을까. 창자를 뜻하는 우리말에 '애'라는 말이 있다. '애가 탄다' '애가 끓는다' '애가 끊긴다' '애가 닳는다' '애가 녹는다' '애가 마른다' '애가 저민다' 등의 표현을 쓴다.

애(창자)는 몸의 속내일 뿐만 아니라 마음의 속내이기도 하다. 얼마나 마음이 괴롭고 아프면 창자가 탄다고, 창자가 끓는다고, 창자가 끊어진다고, 창자가 닳는다고, 창자가 녹는다고, 창자가 마른다고 했을까만, 그렇게밖에는 표현할 수가 없는 기가 막힌 일들이 우리에게는 찾아온다.

'환장'이라는 말도 마찬가지다. '換腸'(환장)의 '換(환)'은 '바꾸다'는 뜻이고, '腸(장)'은 '창자'라는 뜻이다. 결국 환장이란 창자가 꼬이고 뒤집히는 것을 말한다. 예레미야는 지금 눈앞에서 벌어지는 일을 바라보며 창자가 끊어지고 속이 뒤집히는, 환장하는 아픔과 고통과 슬픔을 당하고 있는 것이다.

나라와 백성들에게 닥친 위기를 보며 창자가 뒤틀리도록 아파하며 탄식하는 예레미야의 모습은 오늘 우리가 잃어버린 하나님의 사람의 모습이 무엇인지를 돌아보게 한다.

하나님의 사람이란 함께 아파하는 사람이다. 이렇게 될 줄을 나는 이미 알고 있었다고 발뺌하는 사람이 아니다. 아픔을 저만치 바라보며 해석하거나, 아픔의 원인이 죄였다며 남을 타박하거나 꾸중하는 사람이 아니다. 눈앞에서 벌어지고 있는 일을 내 창자가 끊어지는 아픔으로, 속이 다 뒤집어지는 고통과 슬픔으로 함께 겪는 사람이 하나님의 사람이다.

세월호의 눈물은 아직도 바다로 넘치는데, 우리의 눈물은 손수건도 기억하지 못할 만큼 오래 전에 말라버렸으니….

다 날아간 새들

내가 땅을 본즉 혼돈(混沌)하고 공허(空虛)하며 하늘들을 우러른즉 거기 빛이 없으며 내가 산(山)들을 본즉 다 진동(震動)하며 작은 산(山)들도 요동(搖動)하며 내가 본즉 사람이 없으며 공중(空中)의 새가 다 날아갔으며 내가 본즉 좋은 땅이 황무지(荒蕪地)가 되었으며 그 모든 성읍(城邑)이 여호와의 앞 그 맹렬(猛烈)한 진노(震怒) 앞에 무너졌으니.(렘 4:23-26)

멸망으로 기울어진 절망의 시대, 예언자가 세상을 둘러본다. 어둠의 시대, 그나마 어둠 속에서 잠들지 않고 어둠을 응시하는 사람이 하나님의 사람일 것이다. 아무 것도 보이지 않는데, 보이느니 어둠밖에 없는데 하릴없이 어둠을 바라보느냐며 절망하지 않는 사람, 절망의 시대엔 절망하지 않는 사람이 그나마 희망이다.

땅을 바라보니 온 땅이 혼돈하고 공허하다. 섞을 혼(混), 어두울 돈(沌), 빌 공(空), 빌 허(虛), 떠오르는 모습이 있다. 창조 이전의 모습이다. 하나님이 세상을 창조하기 전에도 그랬다.(창 1:2)

혼돈과 공허한 세상을 하나님은 말씀으로 아름답게 바꾸신다. 좋은 목수에겐 버리는 나무가 없듯이 하나님은 혼돈과 공허까지도 아름다움을 위한 질료로 삼으신다. 혼돈과 공허에 말씀을 섞자 눈이 부실 만큼 빛나는 세상이 된다.

그런데 다시 혼돈과 공허, 하나님의 백성들이 말씀을 잃어버리자 세상은 도로 혼돈과 공허에 빠진다. 말씀에서 벗어난 삶은 그 자체가 혼돈과 공허이다. 아무리 세게 돌려도, 채질을 열심히 해대도 중심축이 없는 팽이는 설 수가 없듯이.

하늘을 보니 빛이 보이지 않는다. 이 또한 창조 전의 세상, 어둠이 깊음 위에 있었다.(창1:2) 말씀에서 벗어나는 순간, 그에게 찾아오는 것은 어둠이다. 말씀을 떠나 서서히 어둠으로 향하는 것이 아니라, 말씀에서 떠나는 순간 어둠에 속한다. "주님의 말씀은 내 발의 등불이요, 나의 길에 빛이옵니다."(시 119:105)는 그런 경험에서 나온 고백이었을 것이다.

산들도 진동을 하고, 작은 언덕들도 요동을 친다. 세상이 다 흔들려도 그 중 제자리를 지킬 것 같은 '산들'도 '언덕들'도 흔들린다. 산들이 흔들리고 언덕들이 요동을 치는 세상에서 흔들리지 않을 것은 없다. 모든 것의 근본이 흔들리고 있기 때문이다.

땅에 퍼져 번성하라 하셨던 사람은 보이지를 않고, 좋은 땅은 황무지가 되었다. 견고해 보이던 성읍도 다 무너지고 말았다. 죄의 결과는 황폐화다! 모든 것이 무너지고 모든 것이 텅 비고 만다.

심지어는 공중의 새도 다 날아간다. 하늘은 빛을 잃고 땅은 흔들리고, 그렇게 모든 것이 황폐화되자 결국은 새들도 떠나고 만다. 황폐화된 땅에서 더 이상 살 수 없는 것은 사람만이 아니어서 날개 달린 새들도 살 수가 없게 된 것이다.

• 아무리 둘러보아도 사람 하나 없으며, 하늘을 나는 새도 모두 날아가고 없다.〈새번역〉

- 아무리 돌아봐도 사람 하나 없고, 하늘에 나는 새도 모두 날아갔습니다.〈공동번역〉
- 또 보니, 어찌 된 일인가! 사람이 한 사람도 보이지 않고, 하늘에는 새 한 마리 보이지 않았다.〈메시지〉

'날아간다'는 말은 '도망한다'는 뜻이다. 먹이를 구하거나 짝을 찾으러 이 산에서 저 산으로 날아가는 것이 아니다. 두려움에 쫓겨 서둘러 도망을 치는 것이다.

다시 한 번 혼돈과 공허의 세상이 또렷해진다. 공중의 새를 만드시기 전의 상태 또한 혼돈과 공허였다. 하나님께서 혼돈과 공허를 지우셨던 방법 중의 하나는 그 한 가운데를 새가 날게 하신 것이었다. 세상을 쓸어버린 홍수가 끝났음을 알게 했던 것도 새였다.

새가 사라진 곳엔 노래도 사라진다. 노래가 사라진 곳, 그곳을 채우는 것은 혼돈과 공허와 어둠뿐이다. 사람은 한 사람도 보이지 않고 새마저도 다 날아간 세상, 더는 노래가 들리지 않는 세상, 이제 누가 깨어 있어 혼돈과 공허와 어둠의 땅을 눈물로 바라볼지….

한 사람이라도 찾으면

너희는 예루살렘 거리로 빨리 왕래(往來)하며 그 넓은 거리에서 찾아보고 알라 너희가 만일(萬一) 공의(公義)를 행(行)하며 진리(眞理)를 구(求)하는 자(者)를 한 사람이라도 찾으면 내가 이 성(城)을 사(赦)하리라.(렘 5:1)

좋아하는 노래 중에 '내가 찾는 아이'라는 제목의 노래가 있다. 가사도 곡도 모두가 예쁘다. 가만히 노래를 부르면 마음이 맑아지는데, 노랫말은 다음과 같다.

내가 찾는 아이 흔히 볼 수 없지 넓은 세상 볼 줄 알고 작은 풀잎 사랑하는
워~ 흔히 없지 예~ 볼 수 없지
내가 찾는 아이 흔히 볼 수 없지 내일 일은 잘 모르고 오늘만을 사랑하는
워~ 흔히 없지 예~ 볼 수 없지
내가 찾는 아이 흔히 볼 수 없지 내 마음이 맑은 때나 얼핏 꿈에 볼 수 있는
워~ 흔히 없지 예~ 볼 수 없지
내가 찾는 아이 흔히 볼 수 없지 미운 사람 손을 잡고 사랑 노래 불러 주는
워~ 흔히 없지 예~ 볼 수 없지
내가 찾는 아이 흔히 볼 수 없지 빈 주머니 걱정돼도 사랑으로 채워주는
워~ 흔히 없지 예~ 볼 수 없지
내가 찾는 아이 매일 볼 수 있지 인권이형 성원이형 창원이형 훈이형 진태도

워~ 볼 수 있지 예~ 볼 수 있지
워~ 모두 다지 예~ 모두 다지

내가 찾는 아이는 따로 있는데 그런 아이는 흔히 볼 수 없다며 노래를 이어가다가, 끝부분에 이르러 주변에 있는 이들의 이름을 하나씩 부르면서 내가 찾는 아이는 매일 볼 수 있다고, 실은 내 주변에 있는 모든 이들이 다 내가 찾는 아이라며 노래를 마친다. 세상을 그렇게 바라볼 수 있다면 얼마나 좋을까.

하나님이 찾는 한 사람이 있다. 하나님께서는 예루살렘 거리를 빨리 왕래하며 그 넓은 거리에서 그 한 사람을 찾아보라 하신다. 도대체 하나님이 찾는 한 사람은 누구일까, 그리고 왜 서둘러 찾으라고 하시는 것일까? 하나님이 찾고 있는 한 사람은 '공의를 행하며 진리를 구하는 자'이다.

- 바르게 일하고 진실하게 살려고 하는 사람.〈새번역〉
- 바르게 살며 신용을 지키는 사람.〈공동번역〉
- 올바르게 행동하고 진실을 찾는 이.〈성경〉
- (중심가를 샅샅이 뒤져 보아라.) 옳은 일을 하는 사람, 참되게 살고자 애쓰는 사람.〈메시지〉

하나님이 한 사람을 찾으신다니 그 사람이 얼마나 특별한 사람일까 싶은데, 뜻밖에도 하나님이 찾으시는 한 사람은 특별하지도 대단하지도 않은 사람이다. 믿음의 투사나 영웅을 찾는 것이 아니다. 흠과 결점은 손끝만큼도 찾아볼 수 없는 무결점의 사람도 아니다.

한결같이 바르고 올곧게 사는 사람, 그래서 믿음직한 사람, 어찌 보면 하나님이 찾는 사람치고는 너무 시시하고 밋밋하게 보일 만큼 평범한 사람을 찾고 계신다.

그렇다면 왜 하나님은 그 한 사람을 서둘러 찾으라 한 것일까? 그 한 사람을 찾으면 예루살렘 성을 용서하겠다는 것이다. ('사하다', 곧 '용서하다'를 뜻하는 히브리 동사 '살라흐'의 주어가 구약성서에서는 야훼 하나님뿐이시다. -박동현)

하나님이 찾으시는 한 사람을 찾으면 한 성을 용서하시겠다고 하신다. 하나님이 찾는 한 사람이 뜻밖인 것처럼, 한 사람을 찾으면 한 성을 용서하겠다는 말씀도 뜻밖이다.

천칭 저울에 한 사람과 한 성을 올리면 이내 한 쪽은 가라앉고 한 쪽은 번쩍 들릴 것이다. 한 사람과 한 성은 비교할 수가 없을 만큼 한 쪽은 가볍고 한 쪽은 무겁다. 그런데도 하나님은 당신이 찾는 한 사람만 찾으면 한 성을 용서하시겠다고 하신다.

소돔과 고모라 성은 의인 열 명이 없어 멸망을 당한다.(창 18장) 이 땅을 지키려고 성벽을 쌓고, 무너진 성벽의 틈에 서서 이 땅을 멸망시키지 못하게 막는 사람이 있는가 찾아보았으나 찾지를 못하여, 결국 하나님은 그들에게 분노를 쏟아 붓고 격노의 불길로 그들을 멸절시키는데, 그 또한 그렇게 하는 사람 한 사람을 찾지 못했기 때문이었다.(겔 22:30-31)

오십 보 도망간 놈이 백 보 도망간 놈 보고 비겁하다 말하기는 쉽다. 중심과 방향 모든 것이 흔들리고 있는 세상, 그럴수록 허투루 살아서는 안 된다. 한 사람에게 한 성이 달려 있기 때문이다. 안일하게 살아서도 안 된다. 한 도시가 한 사람에게 달려 있다. 하나님은 다수가 아닌 한 사람을 찾아, 그가 사는 성을 용서하며 살리신다.

예수님을 모신 삭개오가 예수님 앞에서 새로운 삶을 고백함으로써 구원을 받게 되었을 때, 예수님께서는 "오늘 구원이 이 '집'에 이르렀다."고 하신다. '너에게'라 하지 않으시고 '집'이라 하신다. '집'이란 그가 속한 공동체를 말한다. 한 사람의 변화가 그가 속한 공동체를 변화시킬 수 있음을 인정하며 축복하신 것이다.

그러나 어쩌랴, 하나님은 '바르게 일하고 진실하게 살려고 하는' 평범한 한 사람을 찾고 계신데, '주님께서 살아계심을 두고 맹세하고, 주님을 섬긴다고 말하지만 말하는 것과 사는 것이 다른'(2절) 비범한 사람들뿐이니….

고삐 풀린 망아지들

내가 말하기를 이 무리는 비천(卑賤)하고 우준(愚蠢)한 것뿐이라 여호와의 길, 자기(自己) 하나님의 법(法)을 알지 못하니 내가 귀인(貴人)들에게 가서 그들에게 말하리라 그들은 여호와의 길, 자기(自己) 하나님의 법(法)을 안다 하였더니 그들도 일제(一齊)히 그 멍에를 꺾고 결박(結縛)을 끊은지라.(렘 5:4-5)

다른 이들이라면 몰라도 어찌 하나님의 백성들이 하나님의 뜻을 모른 채 하나님을 등질 수가 있는 것일까, 예레미야는 이해를 할 수가 없다. '소도 임자를 알고 나귀도 주인의 구유를 아는 법'(사 1:3)인데, 그렇다면 하나님의 백성들이 짐승만도 못하단 말인가?

내남없이 하나님의 법을 떠나 사는 모습을 도무지 이해할 수가 없는 예레미야는 이렇게 저렇게 생각을 해 본다. 혹시 주님의 길과 하나님의 법을 알지 못하는 것은 그들이 비천하고 우준하기 때문 아닐까? 가난하니까 먹고 살기 바빠 주님의 길을 살필 겨를이 없고, 무식하기 때문에 하나님의 법을 모르는 것 아닐까?

'비천'(卑賤)은 '낮을 비'(卑)에 '천할 천'(賤)을 쓰니, 저속하여 낮고 가치 없고 천한 것을 이르는 말이다. '우준'(愚蠢)이란 말은 우리에게 낯설다. '어리석을 우'(愚)와 '꿈틀거릴 준'(蠢)이 합해진 말인데, '꿈틀거릴 준'(蠢)이라는 글자가 재미있다. '봄 춘'(春)과 '벌레 곤'(蚰)이 합해져 있다.

'봄'(春)에 '벌레'(蚰)나 새들이 알을 낳아 부화를 하는 장면을 묘사한다. 유충이나 어린 새끼는 '꿈틀거리면서' 밖으로 나오는 경우가 대부분이다. 그들 중에는 부화 직전 어수선한 소리로 번잡스럽게 울면서 부리로 껍질을 쪼아대는데, 그러면 어미가 동시에 껍질을 쪼아 주는 '줄탁동시'(啐啄同時)를 통해 밖으로 나오기도 한다. 그런 과정 속에 정해진 이치나 어미를 따르지 않는 새끼들은 자연스럽게 도태되기도 한다.

'우준'이란 말을 '어리석음 속을 꿈틀거리며 기어 다니는 벌레 같은 짓'으로 이해를 하면 우준한 생각일까? 아무튼 예레미야는 하나님의 백성들이 하나님의 법을 모르는 이유를 '비천'과 '우준'에서 찾으려 했다.

> 그래서 저는 속으로 생각했습니다. '좋다. 저들은 그저 가난뱅이에 무지렁이 민초일 뿐이다. 하나님에 대해 제대로 배우지 못했고, 기도하는 곳에도 나가지 않는 자들이다.'〈메시지〉

그렇게 생각하는 예레미야에게 퍼뜩 떠오르는 것이 있다. 가난하고 어리석어 그런 것이라면 그렇지 않은 사람들은 다르지 않을까? 부유하거나 유식한 사람들은 다르지 않을까? 예레미야는 기대를 가지고 '귀인'(貴人)을 찾아간다.

사전에서는 '귀인'을 '신분이나 지위가 높고 귀한 사람'이라 풀고 있다. '귀인'은 '큰 사람'이라는 뜻으로 '비천하고 우준한 사람'하고는 정반대가 되는 이들이다. '귀인'을 〈새번역〉에서는 '부유하고 유식한 사람들'로, 〈공동번역〉은 '지도층'으로, 〈성경〉은 '어르신들'로 옮겼다.

- 이제 부유하고 유식한 사람들에게 가서, 그들에게 이야기를 해보자. 그들이야말로 주님의 길과 하나님께서 주신 법을 알고 있을 것이다. 그러나 그들도 한결같이 고삐 풀린 망아지들이다. 멍에를 부러뜨리고, 결박한 끈을 끊어 버린 자들이다.〈새번역〉
- 그래도 지도층은 야훼께 배운 길을 알고 저희 하느님께서 세워주신 법을 알 것 같아 찾아가 말을 건네보았지만, 그들도 하나같이 굴레 벗은 말이 되어 고삐를 끊고 날뜁니다.〈공동번역〉

그들이라면 다르지 않을까, 지도층인 어른들은 다르지 않을까, 예레미야에겐 그런 기대가 있었다. 하지만 허사였다. 기대와는 달리 귀인들도 마찬가지였다. 그들 또한 한결같이 고삐 풀린 망아지들, 멍에를 부러뜨리고 결박한 끈을 끊어버린 자들이었다.

멍에와 결박한 끈은 생각하기에 따라 구속이 되기도 하고, 서로를 연결해주는 끈이 되기도 한다. 옴짝달싹 못하게 하는 속박이 되기도 하거니와, 둘을 하나로 묶어주고 이어주는 연결고리도 된다.

하나님의 말씀은 하나님과 당신의 백성 사이를 연결시켜 주는 끈이었다. 당신의 백성들을 이끌어 가시는 하나님의 손길이자 방식이었다. 결코 짐이 아니고, 부담이 아니고, 구속이 아니었다. 그런데도 백성들은 하나님의 말씀을 멍에와 결박으로 여겨 그것을 모두 끊어버리고는 고삐 풀린 망아지처럼 살고 있었던 것이다.

비천한 이들이나 귀인이나 모두가 어리석음 속을 벌레처럼 기어 다니는 우준한 사람들, 허다한 교인들로부터 내로라하는 종교 지도자에 이르기까지 한결같이 고삐 풀린 망아지들뿐이니, 고삐 풀린 망아지 귀에 "내가 너를 어떻게 용서하여 줄 수가 있겠느냐?"(7절) 하시는 하나님의 탄식이 어찌 들리겠는가!

모래로 바다를 막으신 하나님

> 여호와께서 말씀하시되 너희가 나를 두려워 아니하느냐 내 앞에서 떨지 아니하겠느냐 내가 모래를 두어 바다의 계한(界限)을 삼되 그것으로 영원(永遠)한 계한(界限)을 삼고 지나치지 못하게 하였으므로 파도(波濤)가 흉용(洶湧)하나 그것을 이기지 못하며 뛰노나 그것을 넘지 못하느니라.(렘 5:22)

오래 전 농촌에서 목회를 할 때, 이따금씩 한가한 시간이 주어지면 마을 어르신들과 여행을 했다. 연배도 다르고 종교도 다르지만 마음으론 친구처럼 지내던 분들이었다. 언젠가 한 번은 조용한 바다를 찾은 적이 있었다. 같이 모래사장을 거닐던 중에 문득 마음이 뜨거워져서 그분들에게 모래와 바다 이야기를 했다.

"보세요, 바다를 막고 있는 것은 모래지요!"

마을 분들은 그 당연한 이야기를 왜 대단한 것처럼 말을 하나 싶은지 조금은 의아한 표정으로 나를 바라보았다. 함께 살아가며 진심어린 마음을 나누는 것이 사랑이요 전도라 생각했고, 그렇게 마음이 익어가면 쇠가 자석에 끌리듯 자연스레 마음과 걸음이 주님을 향할 것이라 생각하며 지내왔는데, 그날 나는 그분들에게 성경 이야기를 들려 드렸다. 바로 예레미야 5장 22절이었다.

바다를 누가 모를까만 '바다'를 사전에서 찾으면 다음과 같이 설명을 한다. '바다는 지구 표면의 70.8퍼센트를 차지하고 있다. 해양의 면적은 3억 6,105만km^{2}에 이르고, 해수의 부피는 13억 7,030만 km^{2}에 이른다. 해양의 깊이를 평균하면 4,117m가 되며, 최대 깊이는 11,034m이다.' 지표면의 70퍼센트를 차지한다니, 지구의 삼분의 이가 바다인 셈이다. 평균 깊이가 4,117m라는 것도 놀랍다. 우리나라에서 가장 높은 백두산의 높이가 2,750m이니 말이다. 최대 깊이가 11,034m에 이른다는 것도 놀랍다. 지구상에서 가장 높은 산으로 알려진 에베레스트의 높이가 8,850m이니, 가장 높이 솟은 산의 높이보다도 그 끝을 짐작하기 힘든 바다 속의 깊이가 더 깊은 셈이다.

바다는 크기만 큰 것이 아니라 엄청난 힘을 가지고 있다. 자연 속에서 바다와 견줄 만한 위력을 가진 것은 따로 찾아보기가 어렵다. 먼 바다에서 밀려오는 큰 파도를 막기 위해 항구에 쌓아두는 인공구조물이 있다. 거대한 시멘트 덩이 테트라포트의 무게는 5톤에서 100톤까지 다양하다 하는데, 때로 태풍은 테트라포트를 공깃돌처럼 들어 올려 그의 자리를 바꾸어 놓기도 한다.

2011년 일본에서 발생한 쓰나미의 위력은 인간이 자연 앞에서 얼마나 작고 보잘 것 없는 존재인지를 여실히 두려움으로 보여주었다. 인간이 할 수 있는 일은 속수무책 바라보고 도망치는 것밖에 없었는데, 인간의 걸음보다도 바다의 걸음은 비교할 수 없을 만큼 빨라 잠깐 사이에 수많은 것들을 삼켰다. 수많은 집과 사람, 배와 자동차, 허다한 사연들이 속절없이 사라졌다. 배 안에 체육관과 수영장을 비롯한 호화시설을 두루 갖추고 있었던, 인간의 기술을 자랑하며 떠난 타이타닉호를 하나의 나뭇잎처럼 단숨에 집어삼킨 것도 바다였다.

가장 크고 가장 강한 바다와 비교하여 가장 작고 가장 보잘 것 없는 것을 대라면 모래일 것이다. 바다와 바위를 비교해도 감히 비교할 수가 없을 터, 하물며 가장 작게 부스러진 돌 부스러기 모래를 바다와 비교한다는 것은 그 자체가 어처구니없는 일로 여겨진다. 그런데 주님은 바다를 모래와 비교하신다. 내가 바다를 모래로 막았는데, 그런데도 너희는 내 앞에서 두려워서 떨지 않느냐고 물으신다.

- 너희는 내가 두렵지도 않으냐? 나 주의 말이다. 너희는 내 앞에서 떨리지도 않느냐? 나는 모래로 바다의 경계선을 만들어 놓고, 바다가 넘어설 수 없는 영원한 경계선을 그어 놓았다. 비록 바닷물이 출렁거려도 그 경계선을 없애지 못하고, 아무리 큰 파도가 몰아쳐도 그 경계선을 넘어설 수가 없다.〈새번역〉
- 내가 무섭지도 않느냐? 내 앞에서 떨리지도 않느냐? 똑똑히 들어두어라. 나는 모래톱을 둘러 바다의 경계로 삼아 언제까지나 넘어오지 못하게 하였다. 밀물이 일어도 넘어오지 못하고 파도가 들이쳐도 넘어오지 못하게 하였다.〈공동번역〉
- 너희는 나를 경외하지도 않고 내 앞에서 떨지도 않는단 말이냐? 주님의 말씀이다. 내가 모래를 놓아 바다에 경계를 짓고 영원한 둑을 만들어 범람하지 못하게 하였다. 물결이 넘실거려도 그것을 넘을 수 없고 파도가 으르렁거려도 범람하지 못한다. 〈성경〉
- 어찌 나를 높일 줄 모르느냐? 어찌 나를 경외할 줄 모른단 말이냐? 내가 해안선을 그어 대양을 나누었고, 모래사장에 선을 그어 물이 넘어오지 못하게 했다. 물결이 넘실대나 범람하지 못하고, 세찬 파도도 이내 부서지고 만다.〈메시지〉

세상에! 곰곰이 생각하니 주님의 말씀이 기막히고 지당하다. 바다를 모래로 막으셨다는 말은 허사나 과장이 아니어서 세상의 어느 바다든 바닷물이 넘치지 않도록 바다를 막고 있는 것은 모래였다. 주님은 지구상에서 가장 크고 가장 강한 것을 가장 작고 가장 보잘 것 없는 것으로 막으신 셈이다.

손에 쥘 수도 없을 만큼 작고 보잘 것 없다고 하여 바다는 모래를 함부로 무시하지 않는다. 오히려 바다는 모래 앞에 얌전해진다. 모래는 바다를 어루만진다. 먼 길 달려온 파도를 보듬고 품어 지치고 거친 숨을 고르게 한다. 마침내 모래는 바다를 순한 존재로 돌린다.

사람더러 바다를 막으라 하면 무엇으로 어떻게 막을까? 세상의 모든 돌을 동원해도 바다를 막을 수는 없을 것이다. 두께를 잴 수 없을 만큼의 콘크리트 장벽을 쌓아올린다 해도 그것으로 바다를 아주 막을 수는 없을 것이다. 그런 바다를 하나님께서는 가장 작은 돌 부스러기 모래로 슬그머니 막고 계신 것이다.

사람은 강한 것을 더 강한 것으로 막지만, 하나님은 가장 약한 것으로 막으신다. 가장 보잘 것 없는 것으로 가장 대단한 것을 어르신다. 바다의 경계가 모래임을 뻔히 알면서도 모래로 바다의 계한(界限)을 삼으신 하나님을 두려워할 줄 모른다면, 오히려 자기의 힘자랑을 한다면, 그의 힘이 아무리 바다처럼 대단해 보일지라도 실상 그는 한 알갱이 모래와 다를 게 없는 것이다.

기괴하고 놀라운 일

이 땅에 기괴(奇怪)하고 놀라운 일이 있도다 선지자(先知者)들은 거짓을 예언(豫言)하며 제사장(祭司長)들은 자기(自己) 권력(權力)으로 다스리며 내 백성(百姓)은 그것을 좋게 여기니 그 결국(結局)에는 너희가 어찌 하려느냐.(렘 5:30-31)

오래 전의 일이다. 시골에서 목회를 할 때 내가 속한 지방에서는 해마다 여름이 되면 '지방연합성회'라는 것을 열었다. 지방 내에 있는 모든 교회의 교우들이 한 자리에 모여 말씀을 듣는 시간이었다. 그 때마다 외부에서 강사 한 명씩을 초대하였다.

어느 해인가 집회 중 사회를 맡은 적이 있다. 강사는 설교를 시작하며 뜬금없이 자기 자랑을 늘어놓기 시작했다. 사례비가 얼마인데(입이 벌어질 액수를 서슴없이 강조하며 말했다.), 사례비보다도 다른 항목의 수입이 더 많다, 자신이 어디를 간다고 하면 교인들이 잘 다녀오라며 봉투를 넉넉히 챙겨 준다(그 자리에 올 때도 그랬다고 했다.), 지금 사는 아파트는 몇십 평이고(대가족이 살아도 공간이 남겠다 싶었다.), 자동차도 최고급이고(아, 그러고 보니 주차장에는 유난히 번쩍거리던 덩치 큰 차가 있었다.), 지금 넥타이에 꽂고 있는 넥타이핀에 박힌 다이아가 무려….

이야기를 들으며 하필이면 이 시간에 내가 왜 사회를 맡았을까, 예배가 끝날 때까지 꼼짝없이 제단 위에 앉아 있어야 한다는 사실이 더없이 민망스럽고 원망스러웠다. 예가 아니라 해도 자리를 박차고 이 자리를 떠날까, 그런 마음과 씨름을 하느라 더 이상 강사의 이야기는 귀에 들어오지를 않았다.

믿음 생활 잘하면 자기처럼 복을 받는다는 것이었고, 담임목사에게도 자기가 대접 받는 것처럼 잘 하라는 뜻이었는데, 이야기를 들으면서 문득 엉뚱한 모습이 떠올랐다. 개구리를 잡아 양쪽 다리를 벌리며 개구리의 다리를 찢는 아이의 모습이었다. 아이는 장난삼아 다리를 찢을지 몰라도 개구리에겐 생사가 달린 일, 시골에서 농사를 지으며 어렵게 살아가는 대부분의 교우들 앞에서 지금 강사가 하고 있는 말이 개구리 다리 찢기와 무엇이 다를까 싶었다.

이 땅에 기괴하고 놀라운 일이 있다고 주님은 말씀하신다. 기괴(奇怪)하다는 말이 기괴하게 들린다. 기이할 기(奇)에 기이할 괴(怪)가 만나 뜻 하나를 강조한다. 기이하고 괴상한 일, 보통과 다르게 유별나고 이상야릇한 일이 벌어지고 있다는 것이다.

- 지금 이 나라에서는, 놀랍고도 끔찍스러운 일들이 일어나고 있다. 〈새번역〉
- 이 땅에는 기막힌 일, 놀라 기절할 일뿐이다.〈공동번역〉
- 소름 끼치는 무서운 일이 이 땅에 일어나고 있다.〈성경〉
- 말이 나오지 않는다! 구역질만 일어난다!〈메시지〉

주님이 보시기에 기괴하고 놀라운 일, 기가 막혀 기절할 일, 이 땅에서 벌어지고 있는 소름이 끼치도록 무서운 일은 무엇일까? 선지자들이 거짓으로 예언을 한다. 주님의 말인 양 거짓말을 전한다.

그 예언자들은 내 이름으로 거짓 예언을 하고 있다. 나는 그들을 예언자로 보내지도 않았고, 그들에게 명하지도 않았고, 그들에게 말하지도 않았다. 그들이 이 백성에게 예언하는 것은, 거짓된 환상과 허황된 점괘와 그들의 마음에서 꾸며낸 거짓말이다.(14:14, 새번역)

선지자들이 거짓된 환상과 허황된 점괘와 마음에서 꾸며낸 거짓말을 예언이라는 포장지에 싼다. 제사장들이 자기 권력으로 다스린다. 제멋대로 가르친다.

여호와께서 말씀하시되 내가 그 땅 거민(居民)에게 내 손을 펼 것인즉 그들의 집과 전지(田地)와 아내가 타인(他人)의 소유(所有)로 이전(移轉)되리니 이는 그들이 가장 작은 자(者)로부터 큰 자(者)까지 다 탐남하며 선지자(先知者)로부터 제사장(祭司長)까지 다 거짓을 행(行)함이라 그들이 내 백성(百姓)의 상처(傷處)를 심상(尋常)히 고쳐 주며 말하기를 평강(平康)하다, 평강(平康)하다 하나 평강(平康)이 없도다 그들이 가증(可憎)한 일을 행(行)할 때에 부끄러워하였느냐 아니라 조금도 부끄러워 아니할 뿐 아니라 얼굴도 붉어지지 않았느니라 그러므로 그들이 엎드러지는 자(者)와 함께 엎드러질 것이라 내가 그들을 벌(罰) 하리니 그 때에 그들이 거꾸러지리라 여호와의 말이니라.(6:12-15)

하나님 백성이 입은 상처를 '심상히' 여긴다는 것은 하찮게, 가볍게 여긴다는 뜻이다. 그들은 부끄러운 짓을 하면서도 얼굴도 붉어지지 않는다. 아예 염치조차 잃어버린 것이다.

무엇보다 마음이 아프고 불쌍한 것은 백성들이다. 선지자들의 거짓 예언, 제사장들이 내세우는 권위를 좋아한다. 백성들이 원하고 있는 것은 자유가 아닌 억압이다. 그러고 보면 선지자들의 거짓 예언과 제사장들의 잘못된 권위는 백성들의 요구에 대한 타협일 수 있다. 그런 백성들을 향해서 주님은 말씀하신다.

> 그 예언을 들은 이 백성도 기근과 전쟁에 시달리다가 죽어서 예루살렘 거리에 내던져질 것이며, 그들을 묻어줄 사람이 아무도 없을 것이다.(14:16)

분명히 예레미야가 선지자로 활동하던 시대의 일이다. 까마득히 먼 과거의 일이고 남의 나라 일이다. 그런데 무슨 까닭일까? 이 모든 일이 도무지 과거의 일로 읽히지가 않는다. 남의 일이라 여겨지지도 않는다. 오늘 이 땅에서 버젓이 일어나고 있는, 피할 길이 없는 생생한 일이다. 뾰족한 대 끝에 서듯 일점일획도 보태거나 빼고 싶지 않다. 아니, 그럴 수가 없는 일이다. 이 땅에서 벌어지고 있는 기괴한 일을 두고 탄식하시는 주님의 말씀 앞에서 말이다.

- 예언자들은 나의 말인 양 거짓말을 전하고, 사제들은 제멋대로 가르치는데, 내 백성은 도리어 그것이 좋다고 하니, 그러다가 끝나는 날이 오면 어떻게 하려느냐?〈공동번역〉
- 예언자들이 거짓을 전파하고 제사장들은 그들의 조수 노릇을 한다. 게다가 내 백성은 이 상황을 즐기고 있다. 완전히 그들 세상이다. 그러나 그 세상이 곧 끝날 텐데, 너희는 어찌 하려느냐?〈메시지〉

할례 받지 못한 귀

만군(萬軍)의 여호와께서 이같이 말씀하시되 포도(葡萄)를 땁 같이 그들이 이스라엘의 남은 자(者)를 말갛게 주우리라 너는 포도(葡萄) 따는 자(者)처럼 네 손을 광주리에 자주자주 놀리라 하시나니 내가 누구에게 말하며 누구에게 경책(警責)하여 듣게 할꼬 보라 그 귀가 할례(割禮)를 받지 못하였으므로 듣지 못하는도다 보라 여호와의 말씀을 그들이 자기(自己)에게 욕(辱)으로 여기고 이를 즐겨 아니하니.(렘 6:9–10)

오래 전에 번역된 성경을 일부러 찾아 읽는 것은 그것을 번역할 당시, 즉 오래 전 하나님을 믿었던 이들은 성경을 어떻게 이해했을까 궁금하기 때문이다. 일부러 의도하지 않는다 하여도 성경에 담겨 있는 단어, 어감, 의미 속에는 그 시대만이 가지고 있는 흔적이 오롯이 남아 있을 것이다. 특히 한문과 우리말을 섞어 쓰던 시대의 이해는 지금과는 사뭇 다른 독특한 의미와 느낌이 담겨 있지 않을까 싶기도 하다.

하나님께서 예레미야에게 하시는 말씀을 보면 요즘 우리가 쓰는 말과는 어감이 다르게 느껴지는 부분이 있다. 9절만 보아도 '땁 같이', '말갛게 주으리라', '포도 따는 자처럼 네 손을 광주리에 자주자주 놀리라' 하는 표현이 보이는데, 어느 것 하나 모르는 단어는 없지만 뜻이 선명하게 와 닿지를 않는다. 이게 무슨 뜻일까, 곰곰 생각하게 된다.

위에서 지적한 부분을 〈새번역〉에서는 다음과 같이 옮겼다. '땁 같이'는 '따 내듯이', '말갛게 주으리라'는 '샅샅이 뒤져서 끌고 갈 것이다', '포도 따는 자처럼 네 손을 광주리에 자주자주 놀리라'는 '아직 시간이 있을 때에 포도 따는 사람이 포도덩굴을 들추어보는 것처럼 네가 구할 수 있는 사람들을 구해야 한다.'로 번역했다.

농부가 포도나무에서 포도를 따 내듯이 적군이 이스라엘의 남은 자들을 샅샅이 뒤져서 끌고 갈 것이다, 그러니 아주 늦기 전에 포도 따는 사람이 포도덩굴을 들추어보는 것처럼 구할 수 있는 사람들을 구해야 한다고 말씀하고 있는 것이다.

팽팽한 긴장이 느껴진다. 포도가 누구에게 돌아갈지 촌각을 다투는 상황이다. 중요한 기로의 순간이다. 시간이 촉박하니 한 사람이라도 더 구해야 한다는 말씀에서 하나님의 심정이 느껴진다. 더 이상 미룰 겨를이 없으니 자주자주 손을 놀리라고, 어서 서두르라고 하신다. 서두르되 대충대충 건성으로 하면 안 된다고, 포도 따는 사람이 포도덩굴을 들추어보는 것처럼 꼼꼼하게 살펴야 한다고 하신다. 하나님의 당부는 이리도 간절한데 이에 대한 예레미야의 대답은 뜻밖이다.

- 내가 누구에게 말하며 누구에게 경책하여 듣게 할꼬 보라 그 귀가 할례를 받지 못하였으므로 듣지 못하는도다 보라 여호와의 말씀을 그들이 자신들에게 욕으로 여기고 이를 즐겨 하지 아니하니.〈개역개정〉
- 제가 말하고 경고한들 누가 제 말을 듣겠습니까? 그들은 귀가 막혀 주님의 말씀을 들을 수 없습니다. 주님께서 하신 말씀을 전하면 그들은 저를 비웃기만 합니다. 말씀 듣기를 좋아하지 않습니다.〈새번역〉
- 누구에게 말을 해야 합니까? 누구에게 알아듣도록 경고해야 합니까? 그들의 귀는 할례를 받지 않아서 들을 수가 없습니다. 이제 주님의 말씀은

그들에게 비웃음거리가 되고 그들은 그 말씀을 달가워하지 않습니다.
〈성경〉

• 내가 할 말이 있다. 누구, 귀 기울여 들을 자 있는가? 내가 붙일 경고문이 있다. 누구, 주목하여 볼 자 있는가? 희망이 없구나! 그들의 귀는 밀로 봉해졌다. 전부 귀머거리에, 눈뜬장님이다. 절망적이다! 그들은 하나님의 말에 아예 귀를 닫아 버렸다. 그들은 내가 하는 말을 듣기 싫어한다.
〈메시지〉

백성들은 더 이상 하나님의 말씀을 달가워하지 않는다. 오히려 욕으로 여긴다. 비웃는다. 하나님의 말씀은 물론 말씀을 전하는 이까지를 업신여긴다. 하긴 말씀을 업신여기는 마당에 말씀 전하는 이를 업신여기지 않는다면 오히려 그것이 이상한 일일 것이다. 아무리 말씀을 전해도 아무런 소용이 없다고 예레미야는 이미 체념을 한 것처럼 보인다.

하나님의 백성들은 왜 그 지경에 빠졌을까? 예레미야는 '귀가 할례를 받지 못했기 때문'이라고 한다. 귀가 할례를 받지 못했다니, 일찍이 주님께서는 예레미야를 통해 이렇게 말씀하신 적이 있다.

유다인과 예루살렘 주민들아 너희는 스스로 할례를 행하여 너희 마음 가죽을 베고 나 여호와께 속하라 그리하지 아니하면 너희 악행으로 말미암아 나의 분노가 불 같이 일어나 사르리니 그것을 끌 자가 없으리라.(4:4)

포피를 베어내지 말고 마음 가죽을 베라고 하셨다. 잘못된 마음을 베어버리고 내게 속하라고, 너 자신을 내게 바치라 하신 것이다. 몸에 받는 할례가 할례의 전부가 아니다. 마음에 할례를 받아야 한다. 그런데 마음에 할례를 받기 전에 먼저 받아야 할 할례가 있다. 귀다. 귀에 할례를 받지 못하면 하나님의 말씀이 하나님의 말씀으로 들리지는 않는다. 들리기는 들려도 알아듣지를 못한다. 알아듣지를 못하니 업신여길 수밖에.

듣는 것과 관련한 우리말에 '귀담아 듣다'와 '귓등으로 듣다'는 표현이 있다. 같은 말을 들어도 듣는 태도와 마음에 따라 정말로 듣는지와 듣지 않는지가 달라진다. 사람이 볼 때는 모두 같은 모습으로 보여도 마음을 통찰하시는 분은 얼마든지 그것을 분간하신다.

하나님의 말씀을 듣기 위해서는 귀에 할례를 받아야 한다. 그래야 하나님의 말씀이 들린다. 귀가 거룩할 때 말씀이 거룩하게 들린다. 귀가 거룩해지지 않으면 아무리 하나님의 말씀이 천둥처럼 벼락처럼 들려와도 시끄럽다며 업신여길 뿐이다. 그런데도 귀걸이로 치장할 뿐 도무지 할례와는 거리가 먼 우리들의 귀라니!

우리는 그 길로 가지 않겠다

> 여호와께서 이같이 말씀하시되 너희는 길에 서서 보며 옛적 길 곧 선(善)한 길이 어디인지 알아보고 그리로 행(行)하라 너희 심령(心靈)이 평강(平康)을 얻으리라 하나 그들의 대답(對答)이 우리는 그리로 행(行)치 않겠노라 하였으며.(렘 6:16)

신학생 시절, 친구가 살던 한남동을 찾을 때마다 자주 들르던 찻집이 있었다. 2층에 자리 잡은 '태'(胎)라는 이름의 작은 찻집이었는데, 창가 쪽에 앉으면 플라타너스 나무 사이로 순천향대학병원 정문이 마주 보였다. 사람 얼굴만큼이나 큰 플라타너스 잎이 검붉게 물든 채 툭툭 떨어져 내리는 모습을 창문 밖으로 내다보는, 찬비 내리는 늦가을의 정취가 특히 인상적인 곳이었다. 후덕한 인상의 찻집 주인이 연극배우였는데, 그래서 그랬을까 나눌 이야기도 많았고 말도 잘 통했다.

당시만 해도 대개의 찻집에는 손님들을 위해 성냥이 준비되어 있었다. 가게 이름이 적힌 작은 종이상자 안에 성냥이 담긴 홍보용 선물이었다. 촛불 켜는 것을 좋아하던 내게는 유용한 물건이었다.

찻집 '태'의 성냥갑에는 한문으로 된 시 한 구절이 적혀 있었다. '居惡在 路惡在'란 글자였는데, 뜻을 알 수가 없었다. 모르는 글자는 없었지만 뜻을 짐작할 수가 없었다. 스스로 뜻을 헤아리느라 나름 많은 생각을 했다. 그런데도 한계, 마침내 항복을 하듯 주인에게 뜻을 물었다.

나는 읽는 것부터 잘못 읽고 있었다. 당연하다는 듯이 '거악재 노악재'로 읽었는데, '惡'은 '악'이 아니라 '오'로 읽어야 했다. '惡'을 많은 경우 '악'으로 읽지만 '증오'(憎惡) '혐오'(嫌惡) '오한'(惡寒) 등에서 보거니와 '오'로 읽어야 할 때가 있다. 그 구별이 어찌 쉽겠는가만, 마음과 관련된 글자일수록 '오'로 읽어야 하는 경우가 있는 것 같다. 주인께 들은 바로는, '거오재 노오재'는 옛 선시의 한 구절로 '머물 곳도 마땅치 않고, 갈 길도 마땅치 않다'는 뜻이었다.

찻집 주인을 통해 성냥갑에 적힌 글의 뜻을 듣는 순간, 머리가 환해지는 느낌이었다. 그 짧은 말로 우리 삶의 풍경을 그리도 선명하게 담아낼 수 있다니, 그것도 우리 마음속 복잡한 속내를 그리 명쾌하게 짚어 내다니, 감탄스러웠다. 잡다한 말이 사라진 곳에 명징한 생각이 오롯이 자리를 잡는 것이구나, 그윽한 가르침으로 다가왔다.

하나님이 당신의 백성들에게 '길'에 대해 말씀을 하신다. 마음과 영혼이 평강을 얻을 수 있는 길을 말씀하신다. 하나님의 백성으로서 당연히 누려야 했지만 어처구니없이 잃어버린, 마음속 평화를 누릴 길을 말씀하신다.

- 여호와께서 이와 같이 말씀하시되 너희는 길에 서서 보며 옛적 길 곧 선한 길이 어디인지 알아보고 그리로 가라 너희 심령이 평강을 얻으리라 하나 그들의 대답이 우리는 그리로 가지 않겠노라 하였으며.〈개역개정〉
- 나 주가 말한다. 나는 너희에게 일렀다. 가던 길을 멈추어서 살펴보고, 옛길이 어딘지, 가장 좋은 길이 어딘지 물어 보고, 그 길로 가라고 하였다. 그러면 너희의 영혼이 평안히 쉴 곳을 찾을 것이라고 하였다. 그런데도

너희는 여전히 그 길로는 가지 않겠다고 하였다.〈새번역〉

- 나 야훼가 말한다. 너희는 네거리에 서서 살펴보아라. 옛부터 있는 길을 물어보아라. 어떤 길이 나은 길인지 물어보고 그 길을 가거라. 그래야 평안을 얻으리라고 하였지만, 너희는 그대로 하기 싫다고 하였다.〈공동번역〉
- 주님께서 이렇게 말씀하신다. 갈림길에 서서 살펴보고 옛길을 물어보아라. 좋은 길이 어디냐고 물어 그 길을 걷고 너희 영혼이 쉴 곳을 찾아라. 그러나 그들은 '그 길을 가지 않겠습니다' 하였다.〈성경〉
- 다시 하나님의 메시지다. 갈림길에 서서 둘러보아라. 옛길, 이미 검증된 길이 어느 방향인지 묻고, 그 길로 가거라. 너희 영혼이 살 수 있는 바른 길을 찾아라. 그러나 그들은 말했다. '아니, 우리는 그 길로 가지 않을 것이다.'〈메시지〉

영혼이 편히 쉴 수 있는, 영혼이 살 수 있는 길을 찾기 위해서는 가던 길을 멈춰 서야 한다. 무엇보다도 멈춰 서는 것이 우선이다. 인디언들은 말을 타고 가다가 일부러 멈춰 선 뒤 말에서 내려 자기가 달려온 쪽을 한참 바라본다고 한다. 자신이 너무 빨리 달려 미처 자신의 영혼이 뒤쫓아 오지 못했을까 기다리는 것이라 한다. 가장 중요한 것을 언제 어디에다 잃어버린 줄도 모른 채 일과 시간에 쫓기며 살아가는 우리는 멈춰 서는 것을 잊어버렸다. 방향도 헤아리지 못한 채 다만 질주할 뿐, 브레이크가 고장 난 삶을 살고 있다.

멈춰 선 다음에는 옛부터 있던 길 중에서 가장 좋은 길이 어딘지를 물어야 한다. 옛길은 우리에게 좋은 도움을 준다. 누군가 먼저 걸어감으로 생긴 것이 옛길, 얼마든지 반면교사가 될 수가 있다. 잘못 걸어간 이의 발자국을 따르는 것은 오래 전에 토한 것을 도로 삼키는 것과 다를 바 없다. 얼른 피해야 한다. 옛길을 통해 우리가 찾아야 할 것은 '편한 길'이 아니라 '바른 길'이다.

충분히 검증이 된 좋은 길을 찾았다면 그리로 가야 한다. 길은 구경하라고 있는 것이 아니다. 길은 걸으라고 있다. 바른 길을 찾았으면서도 그 길을 걷지 않는다면, 바른 길을 두고도 딴 길을 간다면 무슨 소용이 있겠는가? 생각 따로 걸음 따로, 믿음 따로 삶 따로, 오늘 우리가 예수님을 가리켜 길이라 부르면서도 길을 잃은 까닭이 거기 있는 것이 아닐까? 오늘 우리들의 믿음이 '거오재 노오재'가 된 것 또한 같은 이유 아닐까?

당신의 백성들을 평강의 길로 이끌기 위해 세세하게 이르시는 하나님의 말씀을 들으면서도 하나님의 백성들이 기껏 하는 말이 '그 길로는 가지 않겠다'라면 그야말로 깜깜절벽, 더 이상 남아 있는 길은 어떤 길도 없는 것이다.

고기는 너희가 처먹어라

3장

너희가 예배를 드렸다는 이유로 내 목소리를 듣지 않고 제 멋대로 살다니, 차라리 그럴 거면 예배를 드리는 대신 등산이나 가라, 낚시나 해라, 여행을 가든지 골프를 쳐라…, 하나님은 지금도 예배와 삶의 거리를 인정하지 않는, 좁힐 생각을 하지 않는 이들을 향하여 차라리 고기는 너희가 처먹어라 하신다.

나는 싫다

> 시바에서 유향(乳香)과 원방(遠方)에서 향품(香品)을 내게로 가져옴은 어찜이요 나는 그들의 번제(燔祭)를 받지 아니하며 그들의 희생(犧牲)을 달게 여기지 않노라.(렘 6:20)

언젠가 잡지 〈리더스 다이제스트〉에서 본 짤막한 유머 한 토막이 있다. 가짜 휘발유를 만들 때 가장 많이 들어가는 재료가 무엇이겠는가를 묻는 질문이었다.

대뜸 떠올랐던 것이 물이었다. 하지만 그렇게 뻔한 대답이라면 유머 코너에 올라오진 않았을 것이다. 역시 정답은 의외였다. 진짜 휘발유였다.

정답을 대하는 순간 한 대 얻어맞은 기분이었다. 가짜 휘발유를 만들 때 가장 많이 들어가는 재료가 진짜 휘발유라는 말은 생각해보면 지당하다. 돈 벌 욕심에 물을 가장 많이 넣으면 대번 들통이 나고 말 것이다. 차는 시동도 걸리지 않고 불은 금방 꺼지고 말 것이다. 가짜를 만들 때에도 가짜라는 것을 숨기기 위해 진짜를 가장 많이 넣어야 한다는 말은 기가 막힌 역설로 다가왔다.

뜻밖의 이야기에 기분 좋게 웃으며 이게 무슨 이야기지 싶어 생각해 보았지만 선뜻 이야기가 담고 있는 뜻이 떠오르질 않았다. 몇날 며칠 그 이야기를 생각했다. 마침내 마음에 닿는 것이 있었다. 진짜와 가짜에 대한 생각이었다.

아무리 가짜라고 여기는 것들 속에도 실은 진짜가 더 많다. 우리가 쉽게 무시하고 부정하는 사람 안에도 내가 미처 알지 못했던 진짜가 더 많을 것이다. 누군가를 함부로 부정할 일은 아니다. 그러나 나를 향해서는 의미가 달라진다. 내 안에 아무리 진짜가 많다 하여도 방심은 금물이다. 왜냐하면 아무리 적은 양이라도 가짜가 내 안에 들어있다면 나는 가짜가 될 수밖에 없다. 나를 가짜로 만드는 것은 내가 무시하기 쉬운 적은 양의 가짜이기 때문이다.

본문 속에는 유향과 향품, 번제와 희생제물 등의 단어가 나온다. 모두가 훌륭한 믿음을 표현하는 말들이다.

'젖 유'(乳)와 '향기 향'(香)이 모인 유향(乳香)은 시바라는 나라에서 왔다. 시바는 남서 아라비아에 있는 나라로서 향과 향료 무역의 중심지였다. 향품(香品)도 가까운 곳에서 구한 것이 아니었다. 하나님께 바치는 것인데 어찌 흔한 것을 드릴까, 먼 나라에서 들여온 귀한 것을 바쳤다. 그런 점에서 유향과 향품은 여간해선 구하기 힘든, 매우 귀한 예물이라 할 수 있겠다.

번제(燔祭)는 희생제물인 동물 전체를 제단 위에서 불태워 바치는 이른바 전번제(全燔祭)였고, 희생제는 선택된 부분만 제단에 바치고 나머지는 제사장이 먹을 수 있는 제사였다.

제물도 제사도 모두가 지극한 정성으로 드린다. 그만한 정성도 드물겠다 싶은데 뭔가 이상하다. 그 귀한 제물과 제사를 두고 하나님은 싫다고, 마음에 들지 않는다고, 역겹다고, 전혀 즐겁지 않다고, 아무런 의미가 없다고 단호하게 말씀하시니 말이다.

- 스바에서 들여오는 향과 먼 땅에서 가져오는 향료가 나에게 무슨 소용이 있느냐? 너희가 바치는 온갖 번제물도 싫고 온갖 희생제물도 마음에 들지 않는다.〈새번역〉
- 세바에서 들여온 향가루, 먼 나라에서 들여온 향료가 나에게 무슨 소용이냐? 너희가 바치는 번제가 나는 싫다. 너희의 친교제도 역겹다. 〈공동번역〉
- 스바에서 들여온 향료와 먼 지방에서 가져온 향초 줄기가 나에게 무슨 소용이냐? 너희 번제물이 마음에 들지 않고 너희 제사가 나에게 기쁨이 되지 않는다. 〈성경〉
- 너희가 스바에서 들여오는 향과 이국에서 가져오는 진귀한 향료 같은 것들을 내가 좋아할 것 같으냐? 너희가 바치는 번제물, 나는 전혀 즐겁지 않다. 너희가 행하는 종교 의식들, 내게는 아무 의미가 없다. 〈메시지〉

무엇 때문일까? 그토록 귀한 제물과 제사를 하나님은 왜 싫다고 하시는 것일까?

오늘 우리도 수많은 제물을 드린다. 주일헌금, 십일조, 감사헌금, 선교헌금, 장학헌금, 건축헌금, 심방헌금, 일천번제헌금… 우리가 드리는 예배는 또 얼마나 많은가? 주일낮예배, 주일오후예배, 수요예배, 새벽예배, 심야기도회, 철야기도회, 수련회, 부흥회, 영성집회, 은사집회, 찬양집회, 열린 예배… 우리 생각에도 이만하면 부족할 것이 없다 싶을 만큼의 다양한 헌금과 적지 않은 예배를 드린다. 그런데도 왜 하나님은 그 모든 것이 싫다고, 역겹다고 하시는 것일까?

예물과 예배는 우리의 허물과 죄를 가리는 도구나 수단이 아니다. 죄와 허물을 덮거나 감추는 보자기도 아니고 포장지도 아니다. 더더군다나 하나님은 그런 꾸밈과 포장에 속아 넘어가는 분도 아니다. (그런데도 왜 우리는 큰 액수의 헌금이 큰 허물을 가린다고 생각하는 것일까? 무거운 죄를 속죄하기 위해 기도원에서 보내는 날 수를 흥정하듯 계산을 할까?)

지금 백성들은 하나님이 가라고 하는 길을 가지 않고 있다. 아예 그리로는 가지 않겠다고 한다.(6:16) 파수꾼의 나팔소리를 들으라 하지만 듣지 않고 있다. 아예 듣지 않겠다고 고집을 피운다.(6:17)

하나님의 말씀은 듣지 않고 지시하는 길은 걷지 않은 채 값비싼 예물을 가져오고 번지르르한 예배를 드리고 있으니 어찌 그것을 기쁘게 받으실 수 있을까. 그 모든 것들이 역겨우실 수밖에.

예배와 예물보다 중요한 것이 있다. 말씀에 귀를 기울이는 것, 바른 길을 걷는 것이다. 이것이 빠지면 아무리 귀한 예물을 드리고 아무리 많은 예배를 드려도 하나님은 받지 않으신다. 아니, 받으실 수가 없다. 가장 중요한 것이 빠지면, 그 부분을 가짜로 채우면 아무리 진짜가 많아도 우리의 믿음은 가짜가 되고 만다. 가짜 휘발유가 그런 것처럼!

사방의 두려움

여호와께서 이같이 말씀하시되 보라 한 민족(民族)이 북방(北方)에서 오며 큰 나라가 땅 끝에서부터 떨쳐 일어나나니 그들은 활과 창(槍)을 잡았고 잔인(殘忍)하여 자비(慈悲)가 없으며 그 목소리는 바다가 흉용(洶湧)함 같은 자(者)라 그들이 말을 타고 전사(戰士) 같이 다 항오(行伍)를 벌이고 딸 시온 너를 치려하느니라 하시도다 우리가 그 소문(所聞)을 들었으므로 손이 약(弱)하여졌고 고통(苦痛)이 우리를 잡았으므로 아픔이 해산(解産)하는 여인(女人) 같도다 너희는 밭에도 나가지 말라 길로도 행(行)치 말라 대적(對敵)의 칼이 있고 사방(四方)에 두려움이 있음이니라.(렘 6:22-25)

양은 왜 양떼를 떠나는 걸까? 무리를 떠나 왜 혼자가 되는 걸까? 자기도 모르게 그렇게 되는 경우도 있을 것이다. 풀을 뜯다보니 어느 새 낯선 곳이고, 깜박 잠이 들었다가 깨어보니 혼자일 때가 왜 없을까? 의도하지 않고서도 얼마든지 혼자가 될 수 있는 법이다.

하지만 일부러 그럴 수도 있지 않을까? 다함께 무리지어 목자의 뒤를 쫓아다니는 것이 싫어서, 통제를 벗어나고 싶어서, 쳇바퀴처럼 정해진 틀을 견딜 수 없어서, 나만의 자유를 누리고 싶어서…, 벗어나고 싶은 이유는 얼마든지 있을 것이다.

무리에서 벗어나 혼자가 된 양은 어떻게 될까? 그에게는 어떤 시간이 찾아올까? 모처럼 누리는 자유는 더없이 달콤할 것이다. 풀은 다 내 것 같고, 광야는 막힐 것 없는 내 세상, 목자도 개도 간섭하는 이가 없으니 내가 마음대로 내 시간과 일을 선택할 수 있고, 길을 갈 때도 잠을 잘 때도 다른 양들과 부대낄 필요도 없고, 이런 세상이 있었구나 싶을 만큼 벅찬 자유의 시간을 누릴 것이다.

그것이 혼자가 된 양이 누리는 시간의 전부라면 떼를 지어 목자를 따를 양들은 세상에 없을 것이다. 양은 무리를 떠날 때 전혀 짐작하지 못한 시간을 이내 맞이하고 만다. 당장 풀이 어디 있는지, 어디로 가야 물을 만날 수 있는지를 알지 못한다. 사나운 짐승이 숨어 있는 으슥한 공간과 자신을 노리는 무서운 눈빛을 알아차리지 못한다. 어디에 절벽이 있는지, 가시덤불이 있는지도 모른다. 어느 순간 동서남북을 분간할 수도 없다는 것은 짐작도 못했을 것이다. 결국 혼자된 양에게 찾아오는 것은 사방의 두려움이다.

설마 하나님이 우리를 버리실까, 안일하고 무지하고 교만한 마음으로 하나님께 등을 돌린 백성들 눈앞에 다가온 일을 주님이 말씀하신다. 북쪽 땅에서 떨쳐 일어날 큰 나라, 그들은 이미 활과 창을 잡았고, 잔인하여 자비가 없고, 바다처럼 요란한 소리를 내며, 떼를 지어 군마를 타고 달려올 것이라 하신다.

그 소식을 들은 백성들은 두 팔에 맥이 풀리고, 고통이 그들을 사로잡아 해산의 진통을 겪는 여인처럼 아파하게 될 것이다.

- 우리는 그 소식을 듣고, 두 팔에 맥이 풀렸습니다. 해산의 진통을 하는 여인처럼 불안하여 괴로워합니다.〈새번역〉
- 우리는 그 소식을 듣고 맥이 풀렸습니다. 해산하는 여인처럼 괴로워서 몸이 뒤틀렸습니다.〈공동번역〉

- 그 소식을 들은 우리, 맥이 탁 풀렸습니다. 두려움에 온 몸이 마비되었습니다. 공포에 목이 졸려 숨 쉴 수조차 없습니다.〈메시지〉

해산을 하는 여인이 괴로움에 온 몸이 뒤틀리듯이 감당하기 힘든 고통을 겪게 될 백성들에게 주님은 이렇게 이르신다.

- 너희는 밭에도 나가지 말라. 길로도 다니지 말라. 원수의 칼이 있고, 사방에 두려움이 있음이라.〈개역개정〉
- 너희는 들녘으로 나가지도 말고, 거리에서 돌아다니지도 말아라. 너희의 원수가 칼로 무장하고 있으니, 너희의 사방에 공포가 있을 뿐이다.〈새번역〉
- 들에 나가지 않으려거든 그만두려무나. 한길로 나가기 싫거든 그만두려무나. 원수가 칼을 빼어들면, 어디 간들 무섭지 않은 곳이 있겠느냐?〈공동번역 개정판〉
- 너희는 들로 나가지도 길을 걷지도 마라. 정녕 원수가 칼을 쥐고 있으니 사방이 공포뿐이다.〈성경〉
- 절대 문밖에 나가지 마라! 집을 나서지 마라! 죽음이 삼킬 것을 찾아 돌아다니고 있다. 도처에 위험이 도사리고 있다.〈메시지〉

하나님을 떠난 자의 결국, 그들에게 찾아오는 마지막 현실은 사방의 두려움이다. 사방의 두려움, 어디를 둘러보아도 두려움 외에는 보이는 것이 없다. 어디를 둘러보아도 희망이 보이지 않고, 누구를 불러보아도 도울 자와 위로할 자가 보이지 않는 사방의 두려움, 사방의 두려움을 경험한다는 것은 얼마나 끔찍한 공포일까?

멋진 신세계가 기다릴 줄 알고 보란 듯이 떠났지만 아버지 품을 떠난 아들은 거지꼴로 돌아온다. 떠날 때의 모습과 돌아올 때의 모습은 너무도 달랐다. 맘껏 자유를 누리며 넓은 세상에서 살고 싶어 하나님을 떠나지만, 하나님을 떠난 자에게 찾아오는 결국은 사방의 두려움뿐이다.

하나님이 버린 폐석

주(主)께서 가라사대 내가 이미 너로 내 백성(百姓) 중(中)에 살피는 자(者)와 요새(要塞)를 삼아 그들의 길을 알고 살피게 하였노라 그들은 다 심(甚)히 패역(悖逆)한 자(者)며 다니며 비방(誹謗)하는 자(者)며 그들은 놋과 철(鐵)이며 다 사악(邪惡)한 자(者)라 풀무를 맹렬(猛烈)히 불면 그 불에 납이 살라져서 단련(鍛鍊)하는 자(者)의 일이 헛되게 되느니라 이와 같이 악(惡)한 자(者)가 제(除)하여지지 아니하나니 사람들이 그들을 내어버린 은(銀)이라 칭(稱)하게 될 것은 나 여호와가 그들을 버렸음이니라.(렘 6:27-30)

자신을 쥐라고 생각하는 청년이 있었다. 어떤 까닭으로 그런 생각을 하게 된 것인지는 모르지만 청년은 그런 망상으로 인하여 정상적인 생활이 불가능했고, 마침내 정신병원에 입원을 하게 되었다. 의사는 열심히 치료를 했다. "어찌 당신이 쥐란 말입니까? 사람이지요." 하면 청년은 "아니에요, 나는 분명히 쥐입니다." 대답을 했다. 그것도 쥐 목소리로.

청년에게 아무런 변화가 없자 의사는 지쳐갔다. 그러던 중 의사가 생각을 바꿨다. "맞습니다. 당신은 쥐였습니다. 전에는 쥐였습니다." 의사의 말에 청년은 자신을 알아주고 이해해주는 사람을 만났다는 안도감을 느낄 수가 있었다. 의사는 청년에게 계속해서 말했다. "그러나 이젠 달라졌어요. 당신은 더 이상 쥐가 아닙니다. 당신은 마침내 사람이 되었으니까요." 의사의 설명을 듣고 청년도 자신의 생각을 조금씩 바꾸게 되었다.

청년은 마침내 완치가 되어 퇴원을 하게 되었다. 가벼운 걸음으로 병원을 나서는 청년을 의사는 흐뭇한 마음으로 바라보았다. 그런데 잠시 뒤 청년은 두려움이 가득한 얼굴로 의사에게로 뛰어 왔다.

"무슨 일이지요?" 의사가 놀라 물었을 때 청년은 벌벌 떨면서 말했다. "선생님, 병원 바로 앞에 고양이 한 마리가 있어요." "그게 무슨 문제지요? 당신은 더 이상 쥐가 아니라 사람인데요. 더 이상 고양이를 무서워할 필요가 없잖아요?" 그러나 청년은 의사의 눈치를 살피며 말했다. "저도 제가 달라졌다는 것을 압니다. 그런데 선생님, 고양이도 그 사실을 알까요?"

언젠지 모르게 찾아들고 한 번 찾아들면 좀체 버리기가 어려운 것이 있다. 그 중의 하나가 습관이다. 그래서 그럴까 습관을 두고는 '들다' 혹은 '배다'라는 말을 쓴다. 슬며시 찾아들어 아주 자리를 잡기 때문이다.

'습'(習)이라는 글자는 '익히다'와 '되풀이하다'라는 뜻을 가지고 있다. '깃 우'(羽)와 '흰 백'(白)이 합해졌는데, 새끼 새가 날갯죽지 밑의 흰 털을 보이면서 나는 것을 연습한다는 데서 생겨난 글자다. 다른 자료에 의하면 본래 '깃 우' 밑을 바치고 있는 글자는 '흰 백'(白)이 아니라 '날 일'(日)이었다고 한다. 새끼 새가 하늘을 날기 위해 매일 날갯짓을 하는 것을 나타낸다는 것이다.

'좋은 버릇은 들기 어렵고, 나쁜 버릇은 버리기 어렵다' '제 버릇 개 못 준다'는 속담이 있다. 한 번 배면 버리기 힘든 것이 습관이니, 나쁜 버릇은 들지 않도록, 좋은 버릇은 잘 배도록 애를 쓰는 것이 삶의 지혜일 것이다.

어느 날 하나님께서 예레미야에게 임무를 맡기신다.

- 내 백성을 시험해 보아라. 금속을 시험하듯 시험해서 도대체 그들의 정체가 무엇인지 밝혀 보아라.〈새번역〉
- 내 백성의 속을 떠보도록 너를 임명하였으니, 내 백성이 사는 꼴을 시험하여 보아라.〈공동번역〉
- 내가 너를 내 백성의 심사관으로 삼아, 그들의 삶을 심사하고 무게를 달아보게 했다.〈메시지〉

하나님께서 백성들의 속마음을 몰라서 예레미야에게 임무를 맡기는 것이 아니었다. 하나님께서는 이미 알고 계신 백성들의 정체를 예레미야에게 알게 하신다. 금속을 시험하듯 시험하여 드러날 하나님 백성들의 정체는 과연 무엇일까, 궁금해진다.

여느 금속은 풀무질을 세게 하면 불이 뜨거워져서 그 뜨거운 불 속에서 온갖 불순물이 타 없어지게 된다. 뜨거운 불 속에서 납이 녹고 불순물이 사라진다. 그런데 하나님 백성들의 마음은 완악하기가 놋쇠나 무쇠와 같은데다가 속속들이 썩어 있어, 그들의 불순물인 죄악은 도무지 제거되지가 않는다. 결국 하나님 백성들의 정체는 '내버린 은'으로 드러난다.

• 이제 그들은, 불순물을 제거할 수 없는 '내버린 은'일 뿐이다. 나 주가 그들을 내버렸기 때문이다.〈새번역〉

• 그런 자들을 나 야훼는 내버린다. 그러니 '내버린 은'이라고 불러주어라.〈공동번역〉

• 그들은 '버려진 은'이라 불리리니 주님께서 그들을 버리셨기 때문이다.〈성경〉

• 사람들은 그들을 포기하고, 그들의 하나님이 버린 '폐석'이라 부를 것이다.〈메시지〉

아무리 뜨거운 불로 태워도 불순물이 사라지지 않아 내버릴 수밖에 없는 은, 그런데도 은이라고, 내 안에 은이 있다고 자부심을 느끼거나 자랑을 한다면 그것이야 말로 진짜 '하나님이 버린 폐석'일 뿐이다.

우리는 두려운 마음으로 우리의 속마음을 살펴야 한다. 한 번 잘못된 생각이 찾아들면 그것을 버리기가 어렵고, 그렇게 자리 잡은 마음은 무엇으로도 태울 수가 없기 때문이다. 그에게 붙여질 이름은 하나님이 버린 폐석일 뿐이다.

빈말을 믿어 안심하지 말라

여호와께로서 예레미야에게 말씀이 임(臨)하니라 가라사대 너는 여호와의 집 문(門)에 서서 이 말을 선포(宣布)하여 이르기를 여호와께 경배(敬拜)하러 이 문(門)으로 들어가는 유다인(人)아 다 여호와의 말씀을 들으라 만군(萬軍)의 여호와 이스라엘의 하나님이 이같이 말씀하시되 너희 길과 행위(行爲)를 바르게 하라 그리하면 내가 너희로 이곳에 거(居)하게 하리라 너희는 이것이 여호와의 전(殿)이라 여호와의 전(殿)이라 여호와의 전(殿)이라 하는 거짓말을 믿지 말라 너희가 만일(萬一) 길과 행위(行爲)를 참으로 바르게 하여 이웃들 사이에 공의(公義)를 행(行)하며 이방인(異邦人)과 고아(孤兒)와 과부(寡婦)를 압제(壓制)하지 말며 무죄(無罪)한 자(者)의 피를 이곳에서 흘리지 아니하며 다른 신(神)들을 좇아 스스로 해(害)하지 아니하면 내가 너희를 이곳에 거(居)하게 하리니 곧 너희 조상(祖上)에게 영원(永遠) 무궁(無窮)히 준 이 땅에니라.(렘 7:1–7)

이따금씩 부천 시내에 있는 백화점을 찾는 이유는 백화점 안에 서점과 문구점이 있기 때문이다. 얼마든지 인터넷으로 구매가 가능하지만 그래도 책 사이를 거닐고 싶어서, 설교 원고를 적는 노트나 필기구를 직접 눈으로 보고 구하고 싶어 시간을 내곤 한다.

백화점 주차장으로 들어설 때면 한결같은 환대를 받는다. 주차장 초입은 물론 중간쯤에도 예쁜 제복을 갖춰 입은 여자 직원이 서서 환히 웃으면서 두 손을 들어 올려 마치 꽃가루가 떨어지듯 반짝반짝 두 손을 흔들며 맞아준다. 물론 기계적인 동작이어서 특별한 감흥은 느낄 수가 없지만 말이다.

언젠가 지방행사에 초대되어온 강사가 교회부흥에 대해 이야기를 하며 안내의 중요성을 말한 적이 있다. 교회도 백화점처럼 해야 한다는 것이었다. 젊고 예쁜 교인들을 골라 예쁜 옷을 입고 예배당 입구에 서서 반짝반짝 두 손을 윤기 있게 흔들어야 한다고 했다. 따라서 해보라 하더니, 그 보라고, 나이 많은 이들은 동작이 느려 터져 그러고 있는 동안 들어오던 교인도 딴 데로 가고 만다며 핀잔을 주기도 했다. 웃자고 하는 얘기였다면 어처구니가 없었고, 진심으로 하는 얘기였다면 화가 치미는 이야기였다.

어느 날 주님께서는 예레미야에게 주님의 집 문에 서서 주님께 경배하러 들어오는 자들에게 주님의 말씀을 외치라 하신다. 예배하러 성전 문으로 들어오는 이들에게 무엇을 외치라 하시는 걸까?

예쁜 옷차림으로 서서 화사하게 웃으며 두 손을 생동감 있게 흔들며 교우들을 맞이해야 교회가 부흥한다고 강사는 말했는데, 과연 주님은 주님의 집을 찾는 이들에게 무엇을 외치라 하셨을까 궁금해진다.

주님이 외치라 하신 것은 거짓된 말, 터무니없는 빈말에 속지 말라는 것이었다. 주님을 경배하기 위해 주님의 집을 찾아온 사람들, 분명 그들은 설레는 마음으로 주님의 집으로 들어서고 있을 터인데 그들을 향해 외치라 하신 말씀이 거짓말에 속지 말라는 것, 도대체 백성들은 어떤 말에 속고 있었던 것일까? 주님이 지적하는 거짓말은 "이곳은 하나님의 성전이다, 하나님의 성전이다, 하나님의 성전이다" 하는 말이다.

- '이것이 주님의 성전이다, 주님의 성전이다, 주님의 성전이다' 하고 속이는 말을, 너희는 의지하지 말아라.〈새번역〉
- 이것은 야훼의 성전이다, 야훼의 성전이다, 야훼의 성전이다, 한다마는 그런 빈말을 믿어 안심하지 말고.〈공동번역〉
- '이는 주님의 성전, 주님의 성전, 주님의 성전이다!' 하는 거짓된 말을 믿지 말라.〈성경〉
- "이곳은 하나님의 성전이다, 하나님의 성전이다, 하나님의 성전이다!" 이 말은 거짓이며 터무니없는 소리이다.〈메시지〉

"이곳은 하나님의 성전이다"라는 말을 주님은 거짓말이라 하신다. 속이는 말, 빈말, 거짓된 말, 터무니없는 소리라 하신다. 그러니 그 말을 믿지 말라는 것이다. "이곳은 하나님의 성전이다"라는 말은 세 번씩이나 반복된다. 같은 말이 반복되는 것은 마치 그 말이 너무나도 당연한 말이어서 주님의 집 어디에서도 흔하게 들을 수 있다는 느낌을 준다.

주님의 집으로 들어서는 이들에게 잘 오셨다고, 바로 이곳이 주님의 성전이라는 확신을 주어야 할 문 앞에서 어찌 그런 말을 선포하라는 것일까? 그리고 지당해 보이는 그 말이 어찌 거짓말이란 말인가? 지금도 교회에선 여전히 그 말을 다양한 방법으로 강조하고 있지 않은가.

주님의 집에 들어서는 것이 곧 성전에 들어서는 것이라 생각하는 이들에게 주님은 이렇게 말씀하신다.

너희의 길과 행위를 참으로 바르게 하라. 이웃들 사이에 공의를 행하라. 이방인과 고아와 과부를 압제하지 말라. 무죄한 자의 피를 흘리지 말라. 다른 신들을 좇지 말라.(렘 7:5-6)

주님의 뜻은 자명하다. 주님의 집에 들어서는 것이 곧 성전에 들어서는 것이 아니라는 것이다. 아무리 건물이 웅장하고, 아무리 환대가 따뜻하고, 아무리 찬양이 뜨거워도 예배당에 들어서는 것이 곧 성전에 들어서는 것이 아니다. 오히려 그렇게 말하고 그렇게 생각하는 것은 모두 거짓에 속는 것이다.

주님은 지금 주님을 경배하러 오는 이들에게 삶이 예배가 되어야 한다고 말씀하신다. 예배만 드리면 어떻게 살든지 상관 없는 것이 아니라, 제대로 살지 않으면 예배가 아무 소용이 없다 하신다. 하나님의 백성들이 바른 길을 걷고 바른 삶을 살기만 하면 얼마든지 주님은 주님의 백성들을 주님의 집에서 살게 하시겠다는 것이다. 그런 삶을 사는 곳이 곧 성전이라는 의미로도 다가온다.

잘못된 삶을 예배로 덮을 수 있다고 생각하는 것이 어디 예레미야 시대뿐일까?

돌아오는 주일, 예배당 문 앞에 서서 예배하러 들어서는 이들을 향하여 예레미야가 외쳤던 말을 그대로 외친다면 어떤 일이 벌어질까, 생각만으로도 으스스하다.

너희가 무익(無益)한 거짓말을 의뢰(依賴)하는도다 너희가 도적(盜賊)질하며 살인(殺人)하며 간음(姦淫)하며 거짓 맹세(盟誓)하며 바알에게 분향(焚香)하며 너희의 알지 못하는 다른 신(神)들을 좇으면서 내 이름으로 일컬음을 받는 이 집에 들어와서 내 앞에 서서 말하기를 우리가 구원(救援)을 얻었나이다 하느냐 이는 이 모든 가증(可憎)한 일을 행(行)하려 함이로다 내 이름으로 일컬음을 받는 이 집이 너희 눈에는 도적(盜賊)의 굴혈(窟穴)로 보이느냐 보라 나 곧 내가 그것을 보았노라 여호와의 말이니라.(렘 7:8–11)

주님의 탄식 중에서 그 중 마음 아프게 다가오는 것이 있다. "나의 성소에서 나를 멀리 떠나가게 하고 있다."(겔 8:6) 하시는 탄식이다. 시궁창과 같은 세상 속에서 온갖 더럽고 끔찍한 악을 행하는 이들 때문이 아니라, 주님의 성전 안에 있는 주님을 믿는 사람들 때문에 주님은 있을 곳을 잃어버리신다.

주님의 말씀을 따라 에스겔이 예루살렘의 담벽을 헐자 우상의 방이 나타난다. 벽이 허물어지면 그 뒤에 숨겨져 있던 것들이 드러난다. 우상이 가득한 방에서 일흔 명의 장로가 각각 자기가 섬기는 신에게 분향을 하고 있다. 어둠 속에서 그들은 이렇게 말한다. "여호와께서 우리를 보지 아니하시며."(겔 8:12)

장로들이 그랬으니 다른 이들은 오죽할까. 그들은 주님의 성전을 등지고, 얼굴을 동쪽으로 하고 서서, 동쪽 태양에게 절을 하고 있다.(겔

8:16) 성전을 등지고 태양에게 절을 했다.

주님을 섬기는 성전 안에서 주님의 백성들이 그런 일을 하고 있으니, 주님은 더 이상 그곳에 계실 수가 없다. 마치 못된 자식들을 더 이상 견딜 수가 없어 무작정 집을 나서는 노모처럼, 주님께서 주님의 성소를 떠나신다. 불쌍하신 주님!

예수님의 모습 중에 낯설게 여겨지는 모습이 있다. 병들고 가난하고 불쌍한 사람들을 보듬어 주시던 예수님의 모습과는 너무나도 다른 모습이다. 성전을 찾은 예수님은 성전 뜰에서 소와 양과 비둘기 파는 자들을 그 짐승과 함께 내쫓고, 돈 바꾸어 주는 사람들의 돈을 쏟아버리고 상을 둘러엎으신다. 평소에 알던 예수님의 모습이라 하기에는 지나칠 만큼 과격하고 거칠기 그지없다.

그게 전부가 아니다. 요한복음 2장에 의하면 예수님은 노끈으로 채찍을 만들어 채찍을 휘두르신다. 로마 병정이 아닌 예수님이 채찍을 휘둘러댔던 것이다. 그것도 성전에서.

예수님으로서는 견딜 수가 없는 일이 벌어지고 있었던 것이다. 성전을 이용하여 장사를 하며 자기의 이익을 챙기고 있다니! 불같은 분노로 모든 것을 뒤엎는 일 밖에는, 성전에서 일어나지 말아야 할 모든 것들을 가차 없이 쫓아내는 일 밖에는 달리 다른 길이 없었다.

그 모든 것들을 쫓아내신 예수님은 이렇게 선언하신다. "만민이 기도하는 내 집을 너희는 강도의 소굴로 만들었다." '기도하는 내 집'과 '강도의 소굴'이라는 말이 낮과 밤, 빛과 어둠처럼 거칠지만 극명하게 대비가 되고 있다.

'강도의 소굴'이란 무엇일까? 강도의 소굴은 강도들이 모여드는 곳이다. 남의 것을 강제로 빼앗은 뒤 시시덕거리면서 자기 몫을 나누는 곳이다. 어둠 속에서 온갖 악한 짓을 하면서도 굴 안에 있어 안전하다 생각하며 자신들이 하는 일을 즐긴다. 예수님 보시기에 성전에서 눈앞에 벌어지고 있는 그 모든 일들이 강도의 소굴에서 벌어지고 있는 일들과 다를 것이 없었던 것이다.

예레미야 당시에도 마찬가지였다. 주님의 백성들이 주님이 싫어하는 일만 하고 있다. 도둑질을 하고, 사람을 죽이고, 음행을 하고, 거짓으로 맹세를 하고, 부자가 된다면 얼마든지 바알을 섬기고, 알지도 못하는 다른 신들을 섬겼다.

그런데 그들에게는 그것보다 더 큰 문제가 있었다. 그렇게 살면서도 주님의 성전에 들어와서는 주님 앞에 서서 말하기를 "우리는 구원을 얻었나이다." 했던 것이다. 성전 밖에서 어떤 삶을 살았든지 성전 안에 들어오기만 하면 아무 문제가 없다고 주님 앞에서 그들 스스로 선언하고 있었던 것이다.

주님의 선물인 구원을 자기 스스로 선언을 한다. 성전을 찾았다는 그 단순한 이유 하나만으로 말이다. 주님 앞에 그런 모습은 성전을 도둑의 소굴로 만드는 것과 다를 것이 없었다.

- 그래, 내 이름으로 불리는 이 성전이, 너희의 눈에는 도둑들이 숨는 곳으로 보이느냐? 여기에서 벌어진 온갖 악을 나도 똑똑히 다 보았다. 나 주의 말이다.〈새번역〉
- 나의 이름으로 불리는 이 집이 너희 눈에는 도둑의 소굴로 보이느냐? 너

희가 하는 짓을 나는 이 눈으로 똑똑히 보았다. 내 말이니 잘 들어라. 〈공동번역〉

- 여기가 그런 범죄자 소굴이더냐? 너희는 나를 예배하는 곳으로 구별된 이 성전을, 그런 곳으로 바꾸어도 된다고 생각하느냐? 그렇다면 생각을 다시 하여라. 내가 보고 있다. 무슨 일이 벌어지고 있는지 내가 똑똑히 보고 있다.〈메시지〉

두렵다. 오늘 우리가 무엇이 다를까. 내 마음대로 살다가 면회하듯 주님의 집을 찾아 우리가 구원을 얻었다고 스스로 선언하고 기뻐하는. 하나님의 말씀에 의하면, 그렇게 사는 것은 예배당 건물이 아무리 크고 화려하다 할지라도 그곳을 강도의 소굴을 화려하게 꾸미는 것과 다를 것이 없는 일이다.

끙끙 앓는 하나님
누구보다도 당신이 불쌍합니다
우리가 암덩어리가 아니어야
당신 몸이 거뜬할 텐데

피둥피둥 회충떼처럼 불어나며
이리저리 힘차게 회오리치는
온몸이 혓바닥뿐인 벌건 욕망들

–최승호, 〈몸〉

기도하느라 시간을 낭비하지 말라

그런즉 너는 이 백성(百姓)을 위(爲)하여 기도(祈禱)하지 말라 그들을 위(爲)하여 부르짖어 구(求)하지 말라 내게 간구(懇求)하지 말라 내가 너를 듣지 아니하리라 너는 그들이 유다 성읍(城邑)들과 예루살렘 거리에서 행(行)하는 일을 보지 못하느냐 자식(子息)들은 나무를 줍고 아비들은 불을 피우며 부녀(婦女)들은 가루를 반죽하여 하늘 황후(皇后)를 위(爲)하여 과자(菓子)를 만들며 그들이 또 다른 신(神)들에게 전제(奠祭)를 부음으로 나의 노(怒)를 격동(激動)하느니라.(렘 7:16-18)

누군가의 말처럼 '기도'(祈禱)는 '기도'(企圖)이며 '기도'(氣道)이기도 하다. 기도를 드린다는 것은 마음의 소원을 아뢰는 조용한 행위만이 아니라 주님의 뜻을 이루려는 구체적인 계획이나 행동(企圖)을 말하며, 척추동물이 숨을 쉴 때 공기가 허파로 들어가는 통로 즉 숨구멍(氣道)처럼 주님을 향하여 숨구멍을 여는 것을 의미한다. 들숨과 날숨으로 주님의 숨을 함께 호흡하는 것이다.

성경은 끊임없이, 아무리 강조해도 지나침이 없다는 듯 우리에게 기도하라고 한다. "환난 날에 나를 부르라 내가 너를 건지리니 네가 나를 영화롭게 하리로다"(시 50:15), "너는 내게 부르짖으라 내가 네게 응답하겠고 네가 알지 못하는 크고 은밀한 일을 네게 보이리라"(렘 33:3)는 말씀은 많은 교인들이 좋아하며 암송을 하기도 하고 액자에 담아 벽에 걸어두기도 한다. 예수님은 제자들에게 "시험에 들지 않게 깨어 있어 기도하라 마음에는 원이로되 육신이 약하도다"(막 14:38) 하셨다. "쉬지 말고 기도하라"(살전 5:17)는 기도에 대한 가르침의 결정판일지 모른다.

기도는 영혼의 호흡이어서 사람이 숨을 쉬지 못하면 죽는 것 같이 (생각해 보니 우리는 사람이 죽는 것을 두고 '숨졌다'고 한다. 숨이 그치면 죽는 것이다.), 기도를 멈추면 그 영혼이 죽은 것과 진배없다는 말은 교회 안에 속담처럼 자리를 잡았다.

어느 날 하나님께서 예레미야에게 명하신다. 이 백성을 위하여 기도하지 말라. 그들을 위하여 부르짖어 구하지 말라. 백성을 위하여 기도하고 백성을 위하여 부르짖어 구하는 일은 모든 예언자에게 주어진 중요한 임무였다. 그런데 하나님은 그 일을 하지 말라고, 백성들을 위하여 기도하지 말라고 하신다.

- 그러므로 너 예레미야는 이 백성을 보살펴 달라고 기도하지 말아라. 너는 그들을 도와달라고 나에게 호소하거나 간구하지도 말고, 나에게 조르지도 말아라. 나는 이제 너의 말을 들어주지 않을 것이다.〈새번역〉
- 너는 이런 백성을 너그럽게 보아달라고 빌지 마라. 용서해 달라고 울며불며 기도하지도 말고, 떼를 쓰지도 마라. 나는 너의 소리를 들어주지 않으리라.〈공동번역〉
- 그러니 너는 이 백성을 위하여 기도하지 마라. 그들을 위하여 탄원도 기도도 올리지 말고 나에게 조르지도 마라. 나는 너의 말을 듣지 않을 것이다.〈성경〉

• 너 예레미야야, 이 백성을 위하여 기도하느라 네 시간을 낭비할 것 없다. 그들을 위해 간청하지 마라. 그들 일로 나에게 조르지 마라. 나는 듣지 않을 것이다.〈메시지〉

호소하지도 말고 조르지도 말고 울며불며 떼를 쓰지도 말라신다. 하나님의 입장이 얼마나 단호한지 비집고 들어갈 틈이 보이질 않는다. 도대체 왜 하나님은 마음을 굳게 닫으셨을까? 백성을 위한 기도를 두고서 어찌 시간을 낭비하는 일이라 단언하실까?

그럴만한 이유가 있었다. 백성들의 모습이었다. 자식들은 땔감을 줍고, 아버지들은 불을 피우고, 어머니들은 가루로 반죽을 하고 있다. 이런 일이 뭐가 잘못이란 말인가? 평범하고 단란한 가정의 일상처럼 보인다.

하지만 그렇지가 않다. 그 모든 일들은 하늘 황후(임금 皇, 임금 后)에게 줄 과자를 만들기 위함이었다. 하늘 황후란 옛 중동 지역에서 섬기던 여신 아스다롯을 가리키는 말로, 사람들은 그가 풍요를 가져다준다고 믿었다.

하늘 황후에게 바칠 과자를 만들기 위해 자식들과 아버지와 어머니가 모두 나선 것이다. 그들이 하는 일은 마땅해 보이고 행복해 보이지만 하나님께는 기도조차 받으실 수가 없는 역겨운 일이었다. 하나님의 백성들이 풍요를 바라 하나님 대신 하늘 황후를 섬기고 있으니, 그들을 위해 드리는 기도를 도무지 받으실 수가 없었던 것이다.

하나님은 우리에게 기도하라 하신다. 기도하면 들으시겠다고 하신다. 하지만 모든 기도를 들으시는 것은 아니다. 듣지 못하시는 기도가 있다. 들으려 해도 도무지 들으실 수가 없는 기도가 있다. 마음이 딴 데 있는 기도는 어느 누가 울며불며 드린다 하여도 그것은 시간만 낭비하는 일일 뿐이다.

고기는 너희가 처먹어라

만군(萬軍)의 여호와 이스라엘의 하나님이 이같이 말씀하시되 너희 희생(犧牲)에 번제물(燔祭物)을 아울러 그 고기를 먹으라 대저(大抵) 내가 너희 열조(列祖)를 애굽 땅에서 인도(引導)하여 낸 날에 번제(燔祭)나 희생(犧牲)에 대(對)하여 말하지 아니하며 명(命)하지 아니하고 오직 내가 이것으로 그들에게 명(命)하여 이르기를 너희는 내 목소리를 들으라 그리하면 나는 너희 하나님이 되겠고 너희는 내 백성(百姓)이 되리라 너희는 나의 명(命)한 모든 길로 행(行)하라 그리하면 복(福)을 받으리라 하였으나 그들이 청종(聽從)치 아니하며 귀를 기울이지도 아니하고 자기(自己)의 악(惡)한 마음의 꾀와 강퍅(剛愎)한 대로 행(行)하여 그 등을 내게로 향(向)하고 그 얼굴을 향(向)치 아니하였으며.(렘 7:21-24)

세상에 태어나 라디오를 처음으로 본 것은 나이가 짐작되지 않을 만큼 어린 시절이었다. 큰 형이 뭔가 이상한 것들을 모아(그게 진공관이라는 것을 나중에 알았다) 소리를 내는 기계를 만들었다. 그 이상하게 생긴 기계에서 사람 목소리가 들렸을 때 얼마나 놀랐던지. 저 작은 기계 안에 어떻게 사람이 들어갈 수가 있는 것인지, 얼마나 사람이 작으면 기계 안에 들어가 말을 할 수 있는 것인지, 라디오를 처음 본 아이로서는 그 어떤 것도 짐작을 할 수가 없었다.

성경공부를 할 때 교우들에게 묻는 질문이 있다. 자신의 믿음을 돌아보자는 취지에서다. 멀쩡한 라디오에서 소리가 들리지 않는다면 어떤 경우일까, 하는 질문이다. 전원이 빠져 있을 때, 주파수를 제대로 맞추지 않았을 때, 볼륨을 높이지 않았을 때, 주변이 몹시 시끄러울 때…, 충분한 이유가 되는 대답들이 이어진다. (책을 읽다가 주파수를 맞추면 잡음이 사라진다는 말에 밑줄을 그은 적이 있다.)

생각해 보면 빠뜨릴 수 없는 대답이 하나 있지 싶다. 다른 일에 열중할 때다. 다른 일에 마음을 빼앗기면 라디오 소리는 더 이상 들리지 않는다. 하나님께서 당신의 백성들에게 원하셨던 것은 매우 단순한 것이었다. 하나님의 목소리를 듣는 것이다. 그냥 듣는 것이 아니라 청종하는 것이다. '청종'이란 '들을 청'(聽)에 '좇을 종'(從)을 합한 말로, '이르는 대로 잘 들어 좇음'이라는 뜻이다. 귓등으로가 아니라 마음에 새기듯 귀담아 듣고, 들은 대로 따르는 것을 말한다.

그런 하나님의 바람과는 달리 백성들은 하나님의 목소리를 듣지 않는다. 얼굴 대신 등을 향한 채 귀를 기울이지 않는다. 악한 마음의 꾀와 강퍅한 대로 행한다. '강퍅'이라 쓰니 글자를 맞게 썼나 싶게 어색하다. 특히 '퍅'자가 그렇다. '강퍅'이란 '성미가 까다롭고 고집이 세다'라는 뜻으로, '굳셀 강'(剛)에 '괴팍할 퍅'(愎)이 합해진 말이다. 본문 속에는 한 가지 마음에 걸리는 부분이 있다. 왜 하나님은 고기는 너희가 먹으라고 하시는 걸까?

- 나 만군의 주 이스라엘의 하나님이 말한다. 내가 너희에게 받고 싶은 것은 제사가 아니다. 너희가 번제는 다 태워 내게 바치고 다른 제물은 너희가 먹는다고 하지만, 내가 허락할 터이니, 번제든 무슨 제사든 고기는 다 너희들이나 먹어라.〈새번역〉
- 나 만군의 야훼가 이스라엘의 하느님으로서 선언한다. 친교제에다가 번

제를 보태어 바치고, 그 고기를 처먹어라.〈공동번역〉

- 만군의 주 이스라엘의 하느님께서 이렇게 말씀하신다. 너희 번제물을 희생 제물에 섞어 먹어치워라.〈성경〉
- 만군의 하나님, 이스라엘의 하나님의 메시지다. 그래, 계속 그렇게 하여라! 너희 번제물에다가 희생제물까지, 너희나 실컷 먹어라. 분명히 말하는데, 나는 그것을 원치 않는다!〈메시지〉

'먹으라'는 말을 〈공동번역〉에서는 '처먹어라'로 옮겼다. 의미의 흐름을 따라 '먹으라'는 말 앞에 '처'라는 글자 하나를 붙이니 하나님의 심정이 선명하게 드러난다. '처먹으라'는 말은 '먹으라'는 말과 다르다. 글자로야 비슷해 보이지만 정서는 전혀 다르다. '처먹으라'는 거친 말 속에는 하나님의 불편한 심기가 담겨 있다.

번제는 희생제물을 모두 태워 바치는 제사다. 제물 모두를 하나님께 드리는 것이다. 그런데 왜 하나님은 당신이 받으셔야 할 고기를 백성들에게 먹으라고, 그것도 처먹으라고 하시는 것일까? 백성들은 고기를 바치는 것으로 하나님께 해야 할 도리를 다 했다고 생각했다. 주어진 의무를 다 했다 생각하며 더 이상 하나님의 목소리를 듣지 않았다. 그런 백성들을 향해 하나님께서는 차라리 그럴 바에는 고기는 너희가 먹어라, 너희가 처먹어라 하신 것이다.

예배는 하나님께 마음을 바치는 시간이다. 하나님의 목소리에 귀를 기울이는 시간이다. 하지만 예배를 드렸다는 행위 자체가 곧 하나님께 마음을 드리는 것을 보증하지는 않는다. 설교를 들었다는 것이 곧 하나님의 목소리를 듣는 것을 보증하는 것도 아니다.

예배를 드리면서도 얼마든지 마음을 딴 데 둘 수가 있다. 설교를 들으면서도 얼마든지 말씀과는 상관없는 길을 갈 수가 있다. 그런데도 예배를 드리고 설교를 들었으니 하나님의 목소리를 듣고 있고 하나님의 뜻대로 살고 있다고 자신을 정당화한다.

너희가 예배를 드렸다는 이유로 내 목소리를 듣지 않고 제 멋대로 살다니, 차라리 그럴 거면 예배를 드리는 대신 등산이나 가라, 낚시나 해라, 여행을 가든지 골프를 쳐라…, 하나님은 지금도 예배와 삶의 거리를 인정하지 않는, 좁힐 생각을 하지 않는 이들을 향하여 차라리 고기는 너희가 처먹어라 하신다. 처먹으라 하신 고기마저 하나님이 주신 것이라며 감사의 기도를 드리고 감지덕지 받아먹는다면, 그런 우리를 두고서는 또 뭐라 하실지 생각이 아뜩해진다.

> 너는 또 그들에게 말하기를 여호와의 말씀에 사람이 엎드러지면 어찌 일어나지 아니하겠으며 사람이 떠나갔으면 어찌 돌아오지 아니하겠느냐 이 예루살렘 백성(百姓)이 항상(恒常) 나를 떠나 물러감은 어찜이뇨 그들이 거짓을 고집(固執)하고 돌아오기를 거절(拒絕)하도다 내가 귀를 기울여 들은즉 그들이 정직(正直)을 말하지 아니하며 그 악(惡)을 뉘우쳐서 나의 행(行)한 것이 무엇인고 말하는 자(者)가 없고 전장(戰場)을 향(向)하여 달리는 말 같이 각각(各各) 그 길로 행(行)하도다 공중(空中)의 학(鶴)은 그 정(定)한 시기(時期)를 알고 반구(班鳩)와 제비와 두루미는 그 올 때를 지키거늘 내 백성(百姓)은 여호와의 규례(規例)를 알지 못하도다 하셨다 하라.(렘 8:4-7)

'오십 보 백 보'라는 말이 있다. '오십 보 도망친 사람이 백 보 도망친 사람을 보고 겁쟁이라고 비웃는다'는 데서 나온 말로, 조금 낫고 못한 차이는 있으나 크게 보면 서로 어슷비슷함을 이르는 말이다. 정도의 차이는 있으나 근본적으로는 별 차이가 없는, '그 놈이 그 놈'이라는 뜻이 되겠다.

'오십 보 백 보'라는 말은《맹자》'양혜왕'에 나오는 고사이다. 맹자가 양혜왕을 찾아왔을 때, 양혜왕은 어떻게 나라를 부강하게 할 수 있는지를 물었다. 맹자는 왕에겐 오직 인의(仁義)가 있을 뿐이라 대답함으로 나라가 부강해지는 것에 대한 관심을 은근히 질책하며 다음과 같은 예를 들었다.

전쟁에 나간 병사 중에 한 병사는 100보를 도망가고 또 한 병사는

50보를 도망갔는데, 50보를 도망간 병사가 100보를 도망간 병사를 겁이 많다고 비웃었다. 이 말을 들은 양혜왕은 도망간 것은 50보 도망간 병사도 마찬가지 아니냐고 하자, 맹자는 모든 왕들이 부국강병을 이야기하는 것은 도망한 병사들과 같으며 그러기에 왕은 오로지 인의로만 정치를 펴야 한다고 설득했던 것이다.

예레미야서 곳곳에는 하나님의 탄식이 담겨있어, 예레미야의 탄식과 만난다. 하늘의 탄식과 땅의 탄식이 만나는 것이다. 본문에서도 마찬가지이다.

- 사람이 엎드러지면 어찌 일어나지 아니하겠으며, 사람이 떠나갔으면 어찌 돌아오지 아니하겠느냐?〈개역개정〉
- 그런데도 예루살렘 백성은, 왜 늘 떠나가기만 하고, 거짓된 것에 사로잡혀서 돌아오기를 거절하느냐?〈새번역〉
- 그런데 이 백성은 나를 배반하고 돌아오지 않으려고 버티니, 될 말이냐? 돌아올 듯 돌아올 듯 하면서도 기어이 돌아오지 않는구나.〈공동번역〉
- 그런데 어찌하여 이 예루살렘 백성은 한 번 빗나가면 배반을 고집하느냐? 그들은 거짓에 사로잡혀 돌아오기를 마다한다.〈성경〉
- 그런데 어째서 이 백성은 길을 거꾸로 가면서도 계속 그 길을 고집하느냐? 거꾸로 된 그 길을! 그들은 한사코 거짓된 것을 따라가려 하고, 방향을 바꾸기를 거절한다.〈메시지〉

'항상'이라는 말이 마음에 걸린다. 어찌 내 백성들은 '항상' 나를 떠나갈 수가 있을까, 중간 중간 돌아설 법도 한데 어찌 한결같이 나를 떠나갈까, 그 점을 하나님은 탄식하신다.

거꾸로 길을 가면서도, 돌아올 듯 돌아올 듯 하면서도 항상 떠나가는 백성들의 모습은 공중의 학만도 못하고, 비둘기와 제비와 두루미만도 못하다. 하늘을 나는 새들도 제 때가 되면 어김없이 돌아오기 때문이다.

《천국의 열쇠》에서 크로닌은 다음과 같이 기도를 드린다.

"제발 행위로써가 아니라 그 지향을 보아 내 삶을 판단하소서."

행위(行爲)보다 중요한 것은 지향(指向), 방향이다. 비록 넘어지고 실수한다 할지라도 다시 일어나 바른 길을 가면 된다. 그러나 방향이 잘못되면 넘어지지 않아도 항상 잘못된 길을 가는 것이다.

그렇다면 어떻게 그런 일이 가능할까? 어떻게 해서 계속해서 떠나가기만 할 수 있단 말인가? 6절에서 그 이유를 보게 된다.

- 내가 귀를 기울이고 들어 보았으나, 그들은 진실한 말을 하지 않았다. '내가 이런 일을 하다니!' 하고 자책은 하면서도 자신의 악행을 뉘우치는 사람은 하나도 없었다. 그들은 모두 자기들의 그릇된 길로 갔다. 마치 전쟁터로 달려가는 군마들처럼 떠나갔다.〈새번역〉
- 내가 유심히 귀를 기울여 보아도, 전혀 들리지 않는다. 자책하는 소리, '이런 길을 가다니' 하는 후회의 소리 하나 없다. 그들은 그저 그 길을 계속 갈 뿐이다. 맹목적으로 가다가, 멍청하게 벽에 머리를 찧는다.〈메시지〉

'자책은 하면서도'라는 말이다. 떠나는 이들도 자책을 한다. 우리가 이래도 되는 걸까, 뉘우치기는 뉘우친다. 그런데 자책만 할 뿐 고치지는 않는다. 고칠 마음이 없다. 자책을 자신들의 잘못에 대한 면죄부로 삼았던 것이다. 바로 그 점이 '항상' 하나님을 떠났던 이유였다. 자책을 한다는 이유로 자신들은 괜찮다고 생각을 했다니, 마음이 아릿해진다. 그런 심정이 우리에게도 있기 때문이다.

> 겨울을 준비하는 두루미는 언제 남쪽으로 이동해야 하는지 안다. 울새, 휘파람새, 파랑새는 언제 다시 돌아와야 하는지 안다. 그러나 내 백성은 어떤가. 그들은 아무것도 모른다. 하나님과 그분의 법에 대해서는 낫 놓고 기역자도 모른다.〈메시지〉

자책이 전부일 수는 없다. 자책만 할 뿐 고치지 않는 것은 하나의 핑계일 뿐이다. 그럴듯한 고급 핑계이다. 자책하되 자신을 바로잡지 않는 것, 하나님을 떠나가는 이들의 뒷모습은 항상 그렇다.

눈물 밖에 없다

어찌하면 내 머리는 물이 되고 내 눈은 눈물 근원(根源)이 될꼬 그렇게 되면 살륙(殺戮) 당(當)한 딸 내 백성(百姓)을 위(爲)하여 주야(晝夜)로 곡읍(哭泣)하리로다.(렘 9:1)

우연히 헌책방에서 만난 권정생의 동화《강아지똥》을 읽은 뒤로 동화가 참 좋은 그릇이라는 것을 알게 되었고, 그 뒤로 동화를 찾아 읽고 써왔다. 동화는 나이 오십이 넘어서야 쓰는 것이라는 말도 좋았다. 인생에 대해서 뭔가를 안 다음에 써야 한다는 말이 그윽하게 들렸다. 그럼에도 젊은 시절부터 동화를 썼던 것은 그저 내 마음에 찾아온 이야기를 스케치하듯 남기고 싶었기 때문이었다.

내가 가장 먼저 쓴 동화는 〈소리새〉이다. 시대의 어지러움을 두고 아파하는 젊은이들을 보며 그들을 위로하고 싶어 쓴 동화였다. 짧게 이야기를 하면 다음과 같은 이야기이다.

새들이 모여 사는 마을 새터에 어느 날 이상한 소문이 번진다. 큰 폭풍이 찾아와 새터가 모두 무너지고 말 것이라는 소문이었다. 소문대로 강한 비바람이 닥쳐오자 많은 새들이 새터를 떠나가기 시작한다. 굵다란 나무까지 쓰러지자 모든 새들이 새터를 떠난다.

새터에 살던 새 중에 소리새가 있었다. 볼품없고 몸뚱이가 작은 새였다. 무엇보다도 그는 노래를 잘 못했다. 시시때때로 바뀌는 노래를 잘도 배워 부르는 새터의 새들을 두고, 소리새는 옛부터 조상들이 불렀던 느리고 구슬픈 노래를 반쯤은 쉰 듯한 목소리로 불렀다. 아무도 그의 노래를 좋아하지 않았다.

폭풍우가 찾아온 날 소리새는 새터를 떠날 수가 없었다. 특별한 이유가 있었던 것은 아니었다. 모두가 떠나면 어떡하나, 누구라도 남아야 하는 것 아닌가, 이유라면 그게 전부였다. 소리새는 새터에서 가장 높은 나무로 날아올라 노래를 불렀다. 소리새의 노래는 폭풍 속 새터를 떠나가는 새들의 마음속에 화살처럼 박혔다.

무슨 이유에선지 몇 년의 시간이 지난 뒤 새들이 하나둘 새터로 돌아오기 시작했다. 소문대로 새터는 모두 무너져 있었다. 어느 날 한 자리에 모인 새들이 자기가 새터로 돌아오게 된 이유를 말하기 시작했다. 새들은 깜짝 놀랐다. 모두의 이유가 같았기 때문이었다. 소리새 때문이었던 것이다. 불쑥 소리새의 노래가 마음에 떠올랐고, 그것이 마음을 가득 채워 견딜 수가 없어 그 노래를 따라 새터로 돌아왔던 것이었다.

마침내 새들은 소리새를 찾기로 한다. 새터를 모두 뒤진 끝에 쓰러진 나무 가지 끝에 매달려 죽은 소리새를 발견했다. 앙상하게 뼈만 남은 채 죽은 소리새 곁으로 모여든 새들은 소스라쳐 놀라고 만다. 소리새의 발목이 가지 끝에 철사 줄로 칭칭 동여매어 있었기 때문이었다. 하늘로 향한 소리새의 부리가 형편없이 부러져 있는 것을 보면 소리새의 발목을 철사로 묶은 건 소리새 스스로가 한 일이었다.

고이는 눈물을 참지 못하고 새들은 울음을 터뜨리고 말았다. 모두들

참 서럽게 울고 있을 때 어디선가 소리새의 노랫소리가 들려오기 시작했다. 자신들이 무시했던 노래, 그렇지만 자신들을 새터로 돌아오게 한 그 노래를 새들은 따라하기 시작했다. 새터엔 소리새의 노래가 울려 퍼졌다.

노래를 부르느라 아무도 보지 못했지만 새들이 노래를 부르는 동안 소리새는 어디론가 다시 날아올랐다. 그는 결코 죽지 않았던 것이다.

〈소리새〉는 한 신문에서 공모한 신인문예 동화부문 당선작이 되었는데, 당선소감을 "끝내 떠날 수 없는 땅이 있다면 내 나라 이 땅과 인간다움이라는 곳 아닐까"라고 썼다.

차라리 내 눈이 눈물의 근원, 눈물샘이 되었으면 좋겠다는 예레미야의 탄식이 애절하게 다가온다. '근원'(根源)이란 '물줄기가 흘러나오기 시작하는 곳' 혹은 '사물이 생겨나는 본바탕'을 의미한다. '뿌리 근'(根)에 '근원 원'(源)이 합해진 말이다. '源'은 '근원 원' '계속할 원'으로 새기는데, 물이 끊이지 않고 흐르는 모양을 나타낸다. 언덕 아래에서 샘이 솟아나는 형상에서 온 말이다.

곧 다가올 일을 바라보고 있는 예언자의 눈에는 유다 백성들이 바벨론으로 끌려가는 모습이 벌써 보인다. 아직 일어나지 않은 일이지만 충분히 예감을 한다. 틀림이 없는 예감, 그것이 하나님의 사람의 시선이며 마음이다.

그것을 생각하는 것만으로도 마음이 아프다. 예언자와 백성들 사이에는 어떤 틈도 보이지 않는다. 예언자는 백성들과 자기 자신을 동일시하고 있다. 그는 유다 백성을 '딸'이라 부르며, 사랑하는 딸이 당할 아픔과 수모에 온 몸과 마음을 떤다.

예언자의 가슴은 병이 들었고, 멍이 들었다.(8:18) 딸이 채찍을 맞는 모습을 바라보는 어미의 심정으로 자신이 상처를 입는다.(8:21) 상처를 치료하는데 도움이 되는 길르앗 지방의 향나무 진도 도움이 되지 않는다는 것을 깨닫고 절망한다.(8:22) 절망 끝에 예언자는 다만 탄식하며 밤낮으로 울 뿐이다.

'곡읍'은 울고 또 우는 것을 나타내듯 '울 곡'(哭)에 '울 읍'(泣)을 쓴다. '哭'은 '입 구'가 두 개 합해진 '부르짖을 현'(口口)에 '개 견'(犬)을 받친 글자로, 개가 울부짖듯이 사람이 슬픔을 견딜 수가 없어 소리 내어 운다는 뜻을 담고 있다. '哭'이라는 글자 자체가 머리를 풀어헤친 사람을 나타내고 있다고 이해하기도 한다. '泣'은 '물 수'(水)에 '설 립'(立)을 합한 글자로 강물 흐르듯 서서 눈물을 흘리는 모습을 담아내고 있다.

- 살해된 나의 백성, 나의 딸을 생각하면서, 내가 낮이나 밤이나 울 수 있도록, 누가 나의 머리를 물로 채워 주고, 나의 두 눈을 눈물샘이 되게 하여 주면 좋으련만!〈새번역〉
- 내 머리가 우물이라면, 내 눈이 눈물의 샘이라면, 밤낮으로 울 수 있으련만, 내 딸 내 백성의 죽음을 곡할 수 있으련만.〈공동번역〉
- 아, 내 머리가 물이라면 내 눈이 눈물의 샘이라면 살해된 내 딸 내 백성을 생각하며 밤낮없이 울 수 있으련만!〈성경〉
- 내 머리가 물 가득한 우물이었으면, 내 눈이 눈물의 샘이었으면 좋으련만. 그러면, 내 사랑하는 백성에게 닥친 재앙을 가슴 아파하며 밤낮으로 울 수 있을 텐데.〈메시지〉

눈물겹다. 백성들은 자신의 마음을 그토록 아프게 하는데, 자신이 전하는 하나님의 말씀에 귀를 막고 등을 돌리고 있는데, 예레미야는 오히려 그들을 위하여 운다. 그냥 울기만 하는 것이 아니다. 자신의 눈이 눈물샘이 되기를, 자신의 머리가 물 가득한 우물이 되기를, 흘릴 눈물이 마르지 않기를, 그래서 밤낮없이 울 수 있기를 원한다.

아픔과 실망으로 큰 상처를 준 백성들, 그럴수록 백성들과 어떤 간격도 보이지 않는 예레미야, 백성들과 같은 자리에 설 수 있는 건 결국 눈물 밖에는 없다고, 예레미야는 뜨거운 눈물로 우리에게 말을 건넨다.

자랑하고 싶거들랑

여호와께서 이같이 말씀하시되 지혜(智慧)로운 자(者)는 그 지혜(智慧)를 자랑치 말라 용사(勇士)는 그 용맹(勇猛)을 자랑치 말라 부자(富者)는 그 부(富)함을 자랑치 말라 자랑하는 자(者)는 이것으로 자랑할지니 곧 명철(明哲)하여 나를 아는 것과 나 여호와는 인애(仁愛)와 공평(公平)과 정직(正直)을 땅에 행(行)하는 자(者)인줄 깨닫는 것이라 나는 이 일을 기뻐하노라 여호와의 말이니라.(렘 9:23-24)

귀한 가르침으로 마음에 담아두고 있는 말 중에 '기자불립 과자불행'(企者不立 跨者不行)이라는 말이 있다. 《노자》에 나오는 말로, '까치발을 하고서는 오래 서 있지 못하고, 가랑이를 한껏 벌려서는 자기 길을 가지 못한다.'는 뜻이다.

발뒤꿈치를 들어 까치발을 하고 서면 뒤꿈치를 들고 있는 동안만큼은 남들보다 돋보일 것이다. 그러나 그런 상태로 오래 서 있을 수는 없는 노릇이다. 이내 쥐가 나고 말 것이기 때문이다. 길을 걸어가며 가랑이를 한껏 벌려서 걸으면 얼마든지 남들보다 앞설 것이다. 하지만 서너 걸음이면 모르겠거니와 그런 걸음으로는 먼 길을 갈 수 없다. 그러다간 이내 지쳐 주저앉고 말 것이기 때문이다.

남들보다 돋보이고 싶을 때 하는 것이 자기자랑이다. 자랑하고 싶은 마음은 아이나 어른이나 모두에게 있다. 우쭐하고 싶을 때, 허전할 때, 내 자신이 초라하다 여겨질 때 우리는 자기자랑을 한다. 빈 수레가 요란한 법, 자기를 드러내지 않아도 좋은 사람은 아무 티를 내지 않지만, 그렇지 못한 사람은 은연 중에 까치발을 들고 보폭을 넓히기 마련이다.

자기를 자랑하는 것 중에는 지식이나 지혜가 있다. 남보다 더 배운 것과 더 아는 것을 자랑한다. 자랑하기 위하여 더 많이 배우는 이들도 있다. 남의 이야기를 끝까지 듣지 못하고 불쑥 끼어드는 것은, 대화나 회의가 끝내 싸움으로 번지는 것은 대부분 내가 옳다는 생각 때문이다.

어떤 이들은 재물을 자랑한다. 남보다 더 가진 것을 자랑한다. 더 많은 소유가 더 큰 행복을 보장한다고 생각한다. 더 많은 것을 가지면 가질수록 더 헛헛하고 목이 마르다는 것을 그들은 알지 못한다. 어떤 이들은 힘을 자랑한다. 자신의 지위와 영향력을 자랑한다. 자신의 직함을 적기에 명함 앞뒷면이 모자를 때가 있고, 이야기를 할 때마다 자신이 어떤 유력한 사람을 알고 있는지를 거명하기를 좋아한다. 자신이 지금 어떤 삶을 살고 있는지 하고는 전혀 무관하게. 그런 이들을 두고 주님은 이렇게 말씀하신다.

- 오직 자랑하고 싶은 사람은 이것을 자랑하여라. 나를 아는 것과, 나 주가 긍휼과 공평과 공의를 세상에 실현하는 하나님인 것과, 내가 이런 일 하기를 좋아한다는 것을, 깨달아 알 만한 지혜를 가지게 되었음을 자랑하여라. 나 주의 말이다.〈새번역〉
- 자랑할 것이 있다면, 그것은 나의 뜻을 깨치고 사랑과 법과 정의를 세상에 펴는 일이다. 이것이 내가 기뻐하는 일이다. 야훼의 말이다.〈공동번역〉
- 자랑하려는 이는 이런 일을, 곧 나를 이해하고 알아 모시는 일을 자랑하여라. 나는 과연 자애를 실천하고 공정과 정의를 세상에 실천하는 주님으로

이런 일들을 기꺼워한다. 주님의 말씀이다.〈성경〉

• 자랑을 하려거든 내 뜻을 알고 나를 아는 것, 오직 그것만을 자랑하여라.〈메시지〉

인간이 자랑할 것이 있다면 오직 하나, 주님이 어떤 분인지를 아는 것, 그것뿐이다. 주님이 무엇을 기뻐하시는지를 깨닫고 주님이 기뻐하시는 삶을 살아가는 것, 그뿐인 것이다.

주님이 어떤 분인지를 아는 이와 묵묵히 그 뜻을 행하는 이는 굳이 그런 자신을 자랑하지 않는다. 그들은 릴케가 《기도시집》에서 노래한 것처럼 밀폐된 수도원의 골방마저도 웃음소리, 고함소리와 너무 가깝다고 여겨 땅속 깊이 파고 들어가 몸을 숨긴다. 결국 자기를 자랑한다는 것은 주님이 어떤 분인지를 모른다는 것을 스스로 나타내는 것이다.

그런데도 내가 다니는 교회를 자랑하고, 예배당 건물을 자랑하고, 교인 수나 예산을 자랑하고, 자신의 직분을 자랑하는 이들이 있다. 그 모든 것이 주님과의 거리가 한참 멀다는 것을 스스로 드러내는 것임을 까마득히 모르는 채….

때 늦은 후회

여호와여 내가 알거니와 인생(人生)의 길이 자기(自己)에게 있지 아니하니 걸음을 지도(指導)함이 걷는 자(者)에게 있지 아니 하니이다.(렘 10:23)

삶이 우리를 가르치는 방법 중에는 때늦은 후회라는 것이 있지 싶다. 일러주긴 일러주되 뒤늦게 후회하면서 깨닫게 하는 것이다. 건강의 소중함을 뒤늦게 깨닫기도 하고, 부모님의 은혜를 너무 늦게 깨닫기도 한다. 오죽하면 '어머니는 살아 서푼, 죽어 만 냥'이라 했을까.

《월든》의 작가 헨리 데이비드 소로우는 "오, 맙소사. 죽는 순간에 이르러서야 이제껏 한 번도 제대로 살아 본 일이 없었다는 사실을 깨닫다니!"라고 썼다. '철들자 망령'이라는 우리 속담도 있고, '물고기가 마지막으로 보는 것이 물이다'라는 말도 있다. 물에서 태어나 물에서 산 물고기가 죽을 때가 되어서야 비로소 물을 알게 된다는 말이 참으로 아프게 다가온다. 필시 그것은 물고기 이야기가 아니라 사람 이야기다 싶어서이다.

오래 전 단강에서 만난 분 중에 안갑순 집사님이 있다. 머리에는 온통 서리가 내린 백발의 할머니였지만, 일찍부터 유전면허증을 소지하고 있을 만큼 신여성의 삶을 살아왔던 분이다. 언젠가 집사님이 눈물로 들려주던 이야기가 지금도 생생하다.

집사님이 담배를 배운 것은 믿어지지 않을 만큼의 어린 나이 일곱 살 무렵부터였다. 배 안의 충(蟲)을 잡는다고 집안 어른들이 담배를 풀어 끓인 물을 마시게 한 것이 담배를 배우게 된 계기였다.

놀랍게도 집사님은 시집을 갈 때에도 몰래 담배를 챙겨갔다. 우연히 며느리가 담배 피운다는 사실을 알게 된 시아버지는 꾸중 대신 아무도 몰래 담배를 사다 은근히 담배를 전해주었다. 시아버지가 바깥출입을 한 뒤 서랍을 보면 언제나 담배 몇 갑이 들어있었던 것이다. 그것도 당시엔 가장 좋은 담배들로 말이다.

그렇게 일찍부터 담배를 피워오던 집사님이 어느 날 기적처럼 담배를 끊었다. 하늘에서 환한 빛이 자신을 향해 쏟아져 내리는 꿈을 이틀 연속으로 꾼 뒤 집사님은 스스로 교회를 찾아왔다. 꿈을 하나님의 부르심으로 이해했던 것이다. 그리고는 세례를 받던 날 담배를 끊었다. 끊으려고 작심을 한 것이 아니라, 그 좋던 담배가 갑자기 역해졌다. 담배 연기를 맡는 것조차도 그렇게 역겨울 수가 없었다.

담배를 끊은 뒤 집사님이 눈물로 후회를 한 것이 있었다. 돌아가신 당신의 어머니 생각이 났다. 담배를 피우지 않는 어머니는 딸이 피우는 담배를 면전에서 바라보았다. 딸이 내뿜는 담배 연기를 덩달아 마신 것은 당연지사, 그런데 그 때만 해도 딸은 몰랐던 것이었다. 담배를 피우지 않는 사람에게 담배 냄새가 얼마나 역한 것인지를 말이다. 어머니는 그동안 싫단 말 한 번 안 하시고 그 견디기 힘든 순간을 참으며 보냈다는 것을 집사님은 담배를 끊고서야 뒤늦게 깨달았던 것이다. 어머니가 돌아가시도록 짐작조차 못했던 어머니의 마음을 백발의 할머니가 되어서야 딸은 뒤늦게 눈물로 후회를 하며 알게 된 것이었다.

그렇듯 삶이 우리를 가르치는 방법 중에는 때늦은 후회라는 것이 있다. 결국 삶의 지혜란 때늦은 후회를 줄이는 것 아닐까 싶다. 뒤늦게 아무리 후회한다 하여도 결국은 되돌릴 수 없는 것이 우리 삶엔 너무도 많기 때문이다.

어느 날 예레미야가 주님 앞에서 고백한다. "제가 이제야 깨닫습니다." 이제야 깨닫다니 그동안은 몰랐었다는 이야기인데, 예레미야가 그동안 몰랐다가 뒤늦게 깨닫게 된 것은 무엇일까?

- 여호와여 내가 알거니와 사람의 길이 자신에게 있지 아니하니 걸음을 지도함이 걷는 자에게 있지 아니하니이다.〈개역개정〉
- 주님, 사람이 자기 운명의 주인이 아니라는 것을, 제가 이제 깨달았습니다. 아무도 자기 생명을 조종하지 못한다는 것도, 제가 이제 알았습니다.〈새번역〉
- 야훼께서도 아시다시피, 사람이 산다는 것이 제 마음대로 됩니까? 사람이 한 발짝인들 제 힘으로 내디딜 수 있습니까?〈공동번역〉
- 주님, 저는 압니다. 사람은 제 길의 주인이 아니라는 사실을. 인간은 그 길을 걸으면서도 자신의 발걸음을 가눌 수 없습니다.〈성경〉
- 하나님, 저는 압니다. 죽을 인생들인 저희는 인생의 주인이 될 수 없다는 것을, 그럴만한 능력이 저희에게 없다는 것을.〈메시지〉

주님의 뜻을 몰랐을 때에는 자신의 생각대로 되지 않는다고 원망도

하고 항의도 했지만, 주님 앞에서 인간이라는 존재가 어떤 것인지를 알고 나니, 얼마나 한계가 뻔한 미약한 존재인지를 알고 나니 더는 할 말이 없어지고 만 것이다.

예레미야의 깨달음이 우리의 뒤늦은 깨달음이 아니기를. 이 땅의 교회들이 뒤늦게 가슴을 치며 후회하는 일이 아니기를. 내가 내 운명의 주인이 아니라는 것, 내가 내 생명을 조종할 수 없다는 것, 한 발짝인들 내 힘으로 내디딜 수 없다는 것, 내가 내 길의 주인이 아니라는 것, 길을 걷는 이가 자기 길을 자기가 지도할 수 없다는 것, 그럴만한 능력이 우리에게 없다는 것을 너무 늦게 후회하며 깨닫는 일이 부디 없기를….

주님은 그저 신기루입니다

4장

이 떠나지 않는 고통은 왜입니까? 어찌하여 이 상처는 나아질 가망 없이 점점 심해져만 가는지요? 하나님, 주님은 그저 신기루입니다. 멀리서 보면 아름다운 오아시스지만, 실제로는 아무것도 아닙니다.

어떻게 말과 경주하겠느냐?

여호와여 내가 주(主)와 쟁변(爭辯)할 때에는 주(主)는 의(義)로우시니이다 그러나 내가 주(主)께 질문(質問)하옵나니 악(惡)한 자(者)의 길이 형통(亨通)하며 패역(悖逆)한 자(者)가 다 안락(安樂)함은 무슨 연고(緣故)니이까 주(主)께서 그들을 심으시므로 그들이 뿌리가 박히고 장성(長成)하여 열매를 맺었거늘 그들의 입은 주(主)께 가까우나 그 마음은 머니이다 여호와여 주(主)께서 나를 아시고 나를 보시며 내 마음이 주(主)를 향(向)하여 어떠함을 감찰(鑑察)하시오니 양(羊)을 잡으려고 끌어냄과 같이 그들을 끌어내시되 죽일 날을 위(爲)하여 그들을 예비(豫備)하옵소서 언제까지 이 땅이 슬퍼하며 온 지방(地方)의 채소(菜蔬)가 마르리이까 짐승과 새들도 멸절(滅絕)하게 되었사오니 이는 이 땅 거민(居民)이 악(惡)하여 스스로 말하기를 그가 우리의 결국(結局)을 보지 못하리라 함이니이다 네가 보행자(步行者)와 함께 달려도 피곤(疲困)하면 어찌 능(能)히 말과 경주(競走)하겠느냐 네가 평안(平安)한 땅에서는 무사(無事)하려니와 요단의 창일(漲溢)한 중(中)에서는 어찌하겠느냐.(렘 12:1–5)

신학교에 들어간 뒤 적지 않은 날들을 혼란 속에서 보냈다. 강의실에서 만난 교수님들은 신입생으로 들어온 우리들을 신학이라는 나무 위에 올려놓고선 마구 흔들어대는 것 같았다. 우리 마음에 배어 있는 순진함을 벗겨내려 한다는 것은 짐작했지만, 그것들은 내내 지켜온 순결처럼 결코 포기하고 싶지 않은 것들이었다. 어지러워 떨어질 것 같았고, 바닥에 떨어지면 그동안 지켜왔던 신앙이 산산조각이 날 것 같았다. 그러면 목회는커녕 믿음마저 모두 잃어버리게 될 것처럼 여겨졌다.

고등학교를 막 졸업하고 기도와 성경공부 등 단순한 경건훈련만을 생각하고 신학교에 들어간 내게 처음으로 대면하는 신학의 세계는 그토록 낯설고 위험해 보이기까지 했다. 도무지 맞지 않는 제복을 걸친 듯 거북하고 어색하게 여겨졌다.

다행히 학교에는 나와 비슷한 혼란을 느끼는 어리바리한 친구들이 있었다. 우리는 강의를 듣다말고 슬그머니 눈짓을 주고받고는 도망치듯 강의실을 빠져나와 우리가 믿던 '하나님'은 누구고 교수가 교실에서 말하는 '하느님'은 누구인지에 대해 많은 이야기를 나눴다. 교실 대신 찻집이나 공원에서 이어지던 그런 토론은 제법 진지했고, 그러다가 날이 저문 날도 제법 많았다.

순진한 믿음만으로는 받아들이기 힘들었던 신학의 입문과정들, 그때 큰 위로와 지침이 되었던 책이 폴 틸리히의 설교집이었다. 《흔들리는 터전》, 《새로운 존재》, 《영원한 지금》 등 작은 문고판 설교집을 찾아 열심히 읽었다. 그의 설교에는 신학공부로 인해 혼란스러웠던 마음을 정돈시켜 주는 깊이와 힘이 있었다. 폴 틸리히의 설교를 읽으며 마음에 닿는 구절들에 열심히 밑줄을 그었는데, 그 중에는 다음과 같은 것이 있다.

"신앙이란 의심을 제거하는 것이 아니고, 의심을 신앙의 한 요소로 받아들임으로써 의심을 극복하는 용기입니다."

목청껏 기도하며 의심의 찌꺼기까지도 내어버리는 것이 바른 신앙이라 배워왔던 터에, 정직하고 용기 있게 질문을 하는 것이 얼마든지 신앙에 도움이 될 수 있다는 생각을 갖게 해 준 것은 그 한 마디였다.

예의였을까, 주님의 의로우심을 인정하면서 예레미야는 조심스레 질문을 한다. 주님의 공정성에 관한 질문이다. '악(惡)한 자(者)의 길이 형통(亨通)하며 패역(悖逆)한 자(者)가 다 안락(安樂)함은 무슨 연고(緣故)'〔1절〕인지를 묻는다. 형식은 질문이지만 내용은 항의에 가깝다. 이래도 되느냐며 따지는 형국이다.

> 오 하나님, 주님은 의로우신 분, 모든 일을 바로잡으시는 분입니다. 이에 대해서는 이의가 없습니다. 그런데 제게 질문이 있습니다. 어째서 나쁜 인간들이 잘되고, 사기꾼들이 성공하여 잘사는 것입니까?〈메시지〉

'주(主)께서 그들을 심으시므로 그들이 뿌리가 박히고 장성(長成)하여 열매를 맺었다'(2절) 하는 걸 보면 그 모든 책임이 주님께 있다며 주님을 추궁하고 있는 듯하다.

예레미야는 한 걸음 더 나아가 주님이 전혀 알지 못하고 있는 비밀을 일러주기라도 하듯이 '그들의 입은 주(主)께 가까우나 그 마음은 머니이다'(2절) 한다. '마음은 멀다'라는 말을 직역하면 '콩팥들에서는 멀다'라는 뜻이다. 마치 자신이 사람들의 콩팥까지도 꿰뚫어보고 있다는 투다.

'양(羊)을 잡으려고 끌어냄과 같이 그들을 끌어내시되 죽일 날을 위(爲)하여 그들을 예비(豫備)하옵소서'(3절)라는 말은 얼마든지 기도로 보이지만, 앞으로 하실 일을 자상하게 알려드리는 조언처럼 여겨지기도 한다. 어째 하시는 일이 도통 시원치 않은 주님께 항의도 하고, 책임도 추궁하고, 주님이 알지 못하시는 것을 알려드리기도 하고, 이렇게 하시는 게 좋겠다며 충고를 아끼지 않는 모습이다.

이런 예레미야의 모습은 낯설다. 더없이 철없고 사뭇 교만하게 여겨진다. 하지만 그렇지가 않다. 왜냐하면 예레미야의 이런 모습이야말로 어김없는 우리들의 모습이기 때문이다. 예레미야의 모습 하나하나는 주님 앞 우리들의 모습과 다를 것이 없다. 예레미야가 하는 말 하나하나를 생각해 보면 세상을 살아가며 우리가 수없이 반복하고 있는 생각들이다. 예레미야의 이야기를 들으신 주님께서 대답하신다. 그런데 주님의 대답이 기가 막히다.

- 네가 사람과 달리기를 해도 피곤하면, 어떻게 말과 달리기를 하겠느냐? 네가 조용한 땅에서만 안전하게 살 수 있다면, 요단강의 창일한 물속에서는 어찌하겠느냐?〈새번역〉
- 네가 사람과 달리기를 하다가 지쳐버린다면, 어떻게 말과 달리기를 하겠느냐? 편안한 곳에서나 마음 놓고 살 수 있다면 요르단 강 가 깊은 숲 속에서는 어떻게 살겠느냐?〈공동번역〉
- 네가 사람들과 달리기를 하다가 먼저 지쳤다면 어찌 말들과 겨루겠느냐? 네가 안전한 땅에만 의지한다면 요르단의 울창한 숲 속에서는 어찌하겠느냐?〈성경〉
- 예레미야야, 네가 사람들과의 경주에서도 이렇게 피곤해하면, 앞으로 말들과는 어떻게 경주하겠느냐? 평온한 시절에도 정신을 가누지 못하면 앞으로 고난이 홍수 때의 요단강처럼 물밀 듯 닥쳐올 때는 어떻게 하려느냐?〈메시지〉

지금과는 비교할 수도 없는 훨씬 더 어려운 상황이 닥칠 터인데 지금 눈앞에 펼쳐진 일 때문에 마음이 흔들리고 약해진다면 장차 나타날 일을 어찌 견디겠느냐고 하신다. 지금 아무리 힘들고 어렵다 할지라도 그것은 사람들과의 달리기일 뿐, 곧 닥쳐올 일은 말들과 달리기를 해야 할 일들이다. 사람과의 달리기와 말과의 달리기는 비교불가, 사람과의 달리기에서 지친다면 어떻게 말들과의 달리기를 감당할 수가 있겠느냐 하시는 것이다.

하나님의 사람은 흔들림이 없어야 한다. 쉽게 낙심하고 절망해서는 안 된다. 지금과는 비교할 수도 없는 더 큰 일이 얼마든지 닥쳐올 수 있기 때문이다. 지금의 일로 낙심하는 것이 아니라 어떤 일이 닥쳐온다 하여도 능히 감당할 수 있는 힘을 비축하고 있어야 한다. 주변의 일과 사람들 때문에 실망하고 지쳐 쓰러지는 것은 혹 사람에게는 동정을 살 수 있을지 몰라도 하나님의 사람으로는 어울리는 모습이 아니다. 무릇 하나님의 사람이란 절망의 땅을 단숨에 천리를 내달리고서도 그 이상을 견딜 수 있는 숨이 여전히 남아있어야 한다.

모조리 박살날 것이다

그러므로 너는 이 말로 그들에게 이르기를 이스라엘의 하나님 여호와의 말씀에 모든 병(瓶)이 포도주(葡萄酒)로 차리라 하셨다 하라 그리하면 그들이 네게 이르기를 모든 병(瓶)이 포도주(葡萄酒)로 찰 줄을 우리가 어찌 알지 못하리요 하리니 너는 다시 그들에게 이르기를 여호와의 말씀에 보라 내가 이 땅의 모든 거민(居民)과 다윗의 위에 앉은 왕(王)들과 제사장(祭司長)들과 선지자(先知者)들과 예루살렘 모든 거민(居民)으로 잔뜩 취(醉)하게 하고 또 그들로 피차(彼此) 충돌(衝突)하여 상(傷)하게 하되 부자간(父子間)에도 그러하게 할 것이라 내가 그들을 불쌍히 여기지 아니하며 관용(寬容)치 아니하며 아끼지 아니하고 멸(滅)하리라 하셨다 하라 여호와의 말이니라.(렘 13:12-14)

주님의 말씀이 싱겁게 여겨질 때가 있다. 너무 밋밋하게, 뻔하게 여겨질 때도 있다. 지진이 일어나는 것처럼 놀랍고, 마른하늘에 무지개가 걸리는 것처럼 오묘하고, 수직으로 내리꽂히는 벼락처럼 두려운 말씀이 아닐 때가 있다. 그럴 때마다 사람들은 주님의 말씀을 대수롭지 않게 여긴다.

어느 날 주님께서 예레미야를 통해 당신의 뜻을 백성들에게 알리신다. 그런데 그 전하라 하시는 말씀이 뭔가 밋밋하다. 너무도 당연한 것을 전하라 하신다. "모든 병이 포도주로 가득 찰 것이다"라고 말하라니 말이다.

그 말을 들은 백성들의 반응도 주님은 예상하고 계시다. "항아리에 포도주가 담긴다는 것을 우리가 어찌 모르겠느냐?"(《새번역》) 병에, 항아리에, 술독에 포도주가 차는 것은 너무도 당연한 일, 그게 무슨 주님의 말씀이냐고 반문을 하는 것이다.

그런데 정작 주님이 하고 싶은 말씀은 따로 있다. 모든 병을 포도주로 채우겠다는 것은 그 땅에 사는 사람들 모두를 취하게 하겠다는 뜻이다. 모두를 취하게 하여 서로 충돌하여 서로 상하게 하겠다는 것이다. 누구도 예외가 없다. 모든 주민과 왕들, 제사장들과 선지자들, 예루살렘 성 주변에 사는 예루살렘 주민들까지 예외가 없다. 심지어는 아버지와 아들 사이에도 서로 부딪쳐 서로 깨지게 될 것이라 하신다.

- 그러면 너는 그들에게 이렇게 대답하여라. '나 주가 말한다. 내가, 이 땅의 모든 주민과, 다윗의 왕위에 앉은 왕들과, 제사장들과, 예언자들과, 예루살렘의 모든 주민을, 술에 잔뜩 취하게 하여, 그들이 서로 부딪쳐서 깨지게 하고, 아버지와 자녀 사이에도 서로 부딪쳐서 깨지게 하겠다. 나는 그들을 불쌍히 여기지도 않으며, 동정도 하지 않으며, 사정없이 멸망시킬 것이다. 나 주의 말이다.'〈새번역〉
- 그러거든, '야훼의 말씀이다.' 하고 이렇게 일러주어라. '나는 이제 이 땅에 사는 모든 사람들을, 다윗의 왕위를 잇는 왕들이건, 사제들이건, 예언자들이건, 예루살렘 주민이건 모두 다 술독으로 만들어버리겠다. 그러면 모두 술에 취하여 비틀거리며 아비 아들 할 것 없이 서로 부딪쳐 깨어지리라. 내 말이니, 잘 들어라. 나는 사정없이 용서하지 않고 모두 멸하여 버리리라.'〈공동번역〉
- 그러면 너는 이렇게 대답하여라. '하나님께서 이렇게 말씀하신다. 잘 보아라. 나는 이 나라에 사는 모든 자를-다윗 보좌에 앉아 다스리는 왕과

제사장과 예언자와 예루살렘 주민 모두를-포도주로 가득 채워 취하게 만들 것이다. 그런 다음에, 그들 곧 포도주로 가득한 병들을 박살낼 것이다. 오래된 것이든 새 것이든 가리지 않을 것이다. 그 무엇도 나를 막지 못할 것이다. 눈곱만큼의 동정이나 자비나 긍휼도 베풀지 않을 것이다. 그 술 취한 모든 병들, 최후의 하나까지 모조리 박살날 것이다.'〈메시지〉

백성들과 통치자가 모두 취하여, 예언자와 선지자가 모두 취하여, 믿는 자와 안 믿는 자가 모두 취하여, 아버지와 아들이 모두 취하여 피차 충돌하여 서로 상하게 하는 것, 서로 부딪쳐 서로 깨지는 것, 그것이 주님으로부터 등을 돌린 이들을 향한 주님의 심판이었다.

그러고 보니 오늘 이 땅에서 일어나는 일들이 괜한 일이 아니다 싶다. 모두가 취한 상태다. 나라를 이끄는 지도자들부터 백성들까지 모두가 취했다. 취하지 않았다면 할 수 없는 일들이 버젓이 벌어진다. 신앙의 지도자들이라고 예외가 아니다. 취하지 않았다면 상상할 수 없는 일들이 천하에 드러난다. 믿는 자와 안 믿는 자 모두가 예외 없이 취했다. 취하지 않았다면 어찌 믿는 자와 안 믿는 자가 구별되지 않을까. 부모가 자식을 죽이기도 하고 자식이 부모를 죽이기도 하니, 취해도 아예 정신을 잃을 만큼 취한 것이 분명하다. 어디에서도 염치(廉恥)를 찾아볼 수 없는 것은 필시 모두가 취했기 때문, 얼굴을 들 수 없는 부끄러움도 더 이상은 부끄러움이 아니다.

모두가 취했기에 분별력을 잃어버리고 서로 부딪친다. 서로가 서로에게 상처와 실망을 준다. 정치를 하는 이들이 백성들에게 큰 아픔을 주고, 신앙의 지도자들이 사람들의 마음을 절망케 하고, 믿는 자들이 실망스러운 삶으로 신뢰의 둑을 무너뜨린다. 그러면서도 깨닫지를 못한다. 모든 병에 포도주를 채우겠다니, 그게 무슨 주님의 말씀이냐고, 항아리마다 포도주로 차면 좋은 것 아니냐고 주님의 뜻을 무시하거나 왜곡한다.

그런 이들을 두고 주님께서는 불쌍히 여기지 아니하며, 관용치 아니하며, 멸하겠다고 하신다. '멸망한 멸'(滅)이라는 글자는 '물 수'(水)에 '불 꺼질 멸'(烕)을 합한 글자로, '물로 불을 끄듯이 없어진다'는 뜻이다. 주님은 주님께 등을 돌린 사람들을 모두 취하여 서로가 서로를 쳐서 상하게 함으로 물로 불을 끄듯 소멸시키겠다고 하시는 것이다.

그런데도 끝내 사람들은 알아듣지를 못한다. 항아리에 포도주가 차는 것은 당연한 일, 오히려 좋고 감사한 일, 이 땅을 향한 주님의 뜻을 전혀 알아차리지 못한다. 항아리를 포도주로 채우기도 전에 이미 포도주 냄새에 취해버린 탓인지도 모른다.

가뭄 끝은 있다고 속담은 말하지만

가뭄에 대(對)하여 예레미야에게 임(臨)한 여호와의 말씀이라 유다가 슬퍼하며 성문(城門)의 무리가 곤비(困憊)하여 땅에 앉아 애통(哀痛)하니 예루살렘의 부르짖음이 위에 오르도다 귀인(貴人)들은 자기(自己) 사환(使喚)들을 보내어 물을 길으라 하나 그들이 우물에 갔어도 물을 얻지 못하여 빈 그릇으로 돌아오니 부끄럽고 근심하여 그 머리를 가리우며 땅에 비가 없어 지면(地面)이 갈라지니 밭가는 자(者)가 부끄러워서 그 머리를 가리는도다 들의 암사슴은 새끼를 낳아도 풀이 없으므로 내어버리며 들 나귀들은 자산 위에 서서 시랑(豺狼)같이 헐떡이며 풀이 없으므로 눈이 아득하여 하는도다.(렘 14:1–6)

'가뭄 끝은 있어도 장마 끝은 없다'는 속담이 있다. 속담이 오랜 경험에서 비롯된 것이라 한다면, 가뭄의 피해보다는 장마의 피해가 더 크다는 것을 나타내는 말이겠다 싶다. 아무리 큰 가뭄이라도 약간의 곡식은 거둘 수 있지만, 큰 장마에는 농작물은 물론 농토까지 유실되기 때문에 장마의 피해가 훨씬 크다고 생각한 것 같다.

그러나 가뭄을 겪어본 이는 이 속담 앞에 고개를 저을 지도 모른다. 차라리 장마는 아무리 피해가 커도 잠깐 지나간다. 하지만 가뭄은 다르다. 허구한 날 마른하늘이면 논밭보다도 농부의 가슴이 타들어간다. 자식 죽는 것은 보아도 곡식 죽는 것은 못 보는 것이 농부의 마음, 시뻘겋게 타 죽어가는 곡식을 볼 때면 농부의 가슴은 그 어떤 곡식보다도 더 새까맣게 타들어간다.

밥과 반찬을 나눠먹으며 인심 좋게 지내던 이웃끼리도 가문 날 자기 논에 대는 물을 두고서는 고성을 지르며 멱살을 움켜잡기도 하고, 그러다간 낫을 들고 싸우기도 한다. 그게 가뭄이다. 가뭄이 얼마나 무서운지는 겪어본 이들만 안다. 계속되는 가뭄을 두고서 주님께서 예레미야에게 말씀하신다. 유다 백성들이 가뭄으로 인해 겪고 있는 고통을 주님은 알고 계신다.

성읍마다 백성들이 곤비하여 땅에 앉아 있다. '곤비'(困憊)는 '괴로울 곤'(困)에 '피곤할 비'(憊)를 쓴다. '困'이라는 글자는 '에울 위'(囗) 안에 '나무 목'(木)이 들어간 글자로, '사방이 둘러싸인 곳에서는 나무가 자라기 곤란하다'는 뜻을 담고 있다. 지금 백성들은 가뭄으로 인하여 괴롭고 피곤하여 땅에 주저앉아 슬퍼하고 있는 것이다. 그들의 울부짖는 소리가 하늘로 치솟고 있다.

가뭄이 찾아오면 고통을 겪는 것에 귀천이 따로 없다. 아무리 돈이 많은 귀인들이라 하여도 어려움을 겪기는 매한가지다. 어디에 가서라도 제발 물을 구해오라고 자기 사환들을 보내지만 극심한 가뭄에는 우물에서도 물을 구할 수가 없다. 샘의 근원이 마른 탓이다. 물을 구하지 못한 종들은 빈 그릇으로 돌아오는 것이 부끄럽고 죄송하여 머리를 가린다.

- 세도가는 머슴들을 시켜 물을 길어다 먹으려고 하지만, 이 우물 저 우물을 찾아다녀도 물은 마르고 머슴들은 상전을 볼 낯이 없어 빈병 들고 고개 떨어뜨린 채 돌아온다.〈공동번역〉
- 부유한 자들이 물을 구해 오라고 종들을 보낸다. 그들이 우물에 가보지

만, 우물은 바싹 말랐다. 그들은 빈 그릇을 들고 돌아온다. 가슴을 쥐어뜯으며, 고개를 떨어뜨린 채 돌아온다.〈메시지〉

비가 오지 않으면 가장 큰 고통을 받는 것이 농부이다. 자라던 곡식은 모두 말라 죽고, 씨를 다시 뿌릴 수도 없다. 먼지가 나는 땅에 씨를 뿌려도 아무 소용이 없기 때문이다. 마음이 상한 농부는 애를 태우며 어찌할 바를 모른다.

가뭄으로 인한 고통은 사람에게만 한정되지 않는다. 자연도 짐승들도 똑같이 고통을 받는다. 새끼를 낳은 들녘의 암사슴은 풀이 없어서 결국은 새끼를 포기한다. 들 나귀는 마실 물이 없어 '자산'(赭山)에서 '시랑'(豺狼)처럼 헐떡인다. '자산'(赭山)이란 '붉은 흙 자'(赭)에 '메 산'(山), 어디에도 풀이 없다보니 지금 들 나귀는 풀 한 포기 보이지 않는 벌거숭이 언덕에 서 있다. '시랑'(豺狼)은 '승냥이 시'(豺)에 '이리 랑'(狼)이다. 그 중 가뭄에 강하고 물 냄새를 잘 맡는 나귀도 소용이 없다. 다만 승냥이와 이리처럼 헐떡거릴 뿐이다. 어디에도 뜯어먹을 풀이 없다보니 나귀의 눈이 흐려질 정도이다. 이처럼 극심한 가뭄은 왜, 어디에서 왔을까?

하나님 백성들의 죄와 교만 때문이었다. 주님은 백성들의 교만을 두고서 "내가 그들을 사막 바람에 불려가는 검불 같이 흩으리로다"(13:24) 말씀하셨다. 바람에 불려가는 사막의 검불에서는 물기 한 점을 찾아볼 수가 없다.

백성들은 뒤늦게 아우성을 친다. 주님은 이스라엘의 희망이시라고, 환란을 당할 때 구해 주시는 분이라고, 그런데 어찌 나그네처럼 행하

시고 하룻밤을 묵으러 들른 행인처럼 행하시냐고 부르짖는다.(14:7-9)

하지만 주님은 전혀 듣지를 않으신다. 오히려 예레미야에게 경고를 하신다. 백성들이 금식을 한다 해도 듣지 않을 것이니 너는 백성들에게 은혜를 베풀어달라 기도하지 말라는 것이다.(14:11-12)

결국 극심한 가뭄을 불러들인 것은 하나님 백성들의 죄와 교만이었다. 인간이 불러들인 가뭄으로 인해 땅과 짐승들이 함께 고통을 받는 것이었다.

어찌 예레미야 시대뿐일까? 곤비함에 지친 사람들의 탄식소리는 하늘로 치솟고 있고, 사람도 짐승도 새끼까지 포기를 하는 일들이 오늘도 벌어지고 있다. 자연은 함부로 파헤쳐지고 그 안에서 건강하게 살던 온갖 생명들은 신음을 하며 고통을 받는다.

이 시대를 지배하는 극심한 가뭄의 이유가 무엇인지 주님의 백성인 우리는 정말 모르는 것인지, 애써 모르는 척 하는 것인지 모르겠다. 가뭄 끝은 있다고 속담은 말하지만 주님의 백성인 우리의 죄와 교만이 사라지지 않는 한 이 땅의 가뭄은 끝내 사라지지 않을 것이다.

주님은 그저 신기루입니다

나의 고통(苦痛)이 계속(繼續)하며 상처(傷處)가 중(重)하여 낫지 아니함은 어찜이니이까 주(主)께서는 내게 대(對)하여 물이 말라서 속이는 시내 같으시리이까.(렘 15:18)

주님 앞에 진솔했던 적이 언제였는지, 마음속에 있는 것을 다 숨김없이 털어놓은 것이 언제였는지 모르겠다. 주님을 '사람의 마음을 통찰하시는 분' '사람 속을 꿰뚫어 보시는 분'이라 고백을 하면서도, 그 분 앞에 솔직하기란 얼마나 어려운지. 말하지 않아도 모든 것을 아시는 분 앞에 때로는 충분히 정직하지 않은 말로, 때로는 일부러 말하지 않음으로 마음을 가리는 어리석음을 범하고는 한다.

그날의 새벽기도를 잊지 못한다. 단강에서 목회를 시작할 때였으니 오래 전의 일이다. 새벽예배를 마친 뒤 집사님의 기도가 시작됐다. 처음 예배당이 두세 평 되는 작은 사랑방이었던지라 집사님의 기도는 바로 옆에서 이야기를 하는 것처럼 들려왔다. 집사님의 기도는 이렇게 시작이 되었다.

"하나님, 해두해두 너무 하십니다."

어떻게든 자식들 키워보려고 혼자 발버둥을 치며 농사를 지었는데, 어찌 된서리를 내려 곡식들을 다 태워죽일 수가 있느냐는 것이었다. 아무 것도 거둘 것이 남아 있지 않으니 도시로 식모살이라도 떠나야겠다고 했다. 울먹울먹 감정이 북받쳐 뚝뚝 끊기면서도 구구절절 이어진 집사님의 기도는 기도라기보다는 항변에 가까웠다.

집사님의 형편과 사정을 잘 아는 터라 집사님의 기도를 들으며 시방 하나님의 가슴이 뜨끔하겠는 걸 싶었다. 그러거나 말거나 나도 한 마디를 보탰다.

"하나님, 뜨끔한 걸로 끝내서는 안 돼요."

예레미야가 전하는 말은 백성들에게 인기가 없었다. 백성들이 원하는 말 대신 주님이 전하라 하신 말씀을 있는 그대로 전했기 때문이다. 백성들은 복과 평안을 원했지만, 예레미야는 주님의 심판을 경고했다. 그런 예레미야를 백성들은 저주하기까지 한다.(15:10) 백성들에게 수모를 당하면서도(15절) 예레미야는 그것을 기꺼이 받아들이지만(16절) 결국은 외톨이가 되고 만다.(17절)

고통이 계속 되며 상처가 낫지 않는 현실 앞에서 예레미야는 자기의 답답하고 괴로운 심정을 있는 그대로 드러낸다.

- 어찌하여 저의 고통은 그치지 않습니까? 어찌하여 저의 상처는 낫지 않습니까? 주님께서는, 흐르다가도 마르고 마르다가도 흐르는 여름철의 시냇물처럼, 도무지 믿을 수 없는 분이 되셨습니다.〈새번역〉
- 이 괴로움은 왜 끝이 없습니까? 마음의 상처는 나을 것 같지 않습니다. 주께서는 물이 마르다가도 흐르고, 흐르다가도 마르는 도무지 믿을 수 없는 도랑같이 되셨습니다.〈공동번역〉
- 어찌하여 제 고통은 끝이 없고 제 상처는 치유를 마다하고 깊어만 갑니

까? 당신께서는 저에게 가짜 시냇물처럼, 믿을 수 없는 물처럼 되었습니다.〈성경〉

지금 예레미야에게 있어 주님은 도무지 믿을 수 없는 존재가 되고 말았다. 흐르다가도 마르고 마르다가도 흐르는, 비가 오면 물이 보이다가도 비가 그치면 이내 흔적도 없이 사라지는 여름 시내와 다를 것이 없다. 유진 피터슨 목사는 예레미야의 탄식을 이렇게 실감나게 옮겼다.

그러나 이 떠나지 않는 고통은 왜입니까? 어찌하여 이 상처는 나아질 가망 없이 점점 심해져만 가는지요? 하나님, 주님은 그저 신기루입니다. 멀리서 보면 아름다운 오아시스지만, 실제로는 아무것도 아닙니다.〈메시지〉

주님은 그저 신기루라니, 멀리서 보면 아름다운 오아시스지만 실제로는 아무것도 아니라니, 예레미야의 고백이 차라리 시원하고 솔직하다. 어느 것도 꾸미거나 감추지 않는다. 눈치를 보는 것도 아니다. 있는 그대로를 다 털어놓고 있다. 이만한 탄식이 어디 있을까 싶다. 이만한 신뢰가 또 어디 있을까 싶다.

네가 돌아가면 안 된다

여호와께서 이같이 말씀하시되 네가 만일(萬一) 돌아오면 내가 너를 다시 이끌어서 내 앞에 세울 것이며 네가 만일(萬一) 천(賤)한 것에서 귀(貴)한 것을 취(取)할 것 같으면 너는 내 입 같이 될 것이라 그들은 네게로 돌아오려니와 너는 그들에게로 돌아가지 말지니라.(렘 15:19)

같은 자리에 있다고, 같은 모습을 하고 있다고 마음까지 같은 것은 아니다. 겉으로야 아무런 차이가 없다 하여도 마음이 같은 것은 아니다. 같은 시간 엇비슷한 모습으로 있다 해도 생각은 얼마든지 다를 수가 있다.

예레미야는 주님께서 맡기신 일을 감당하다가 겪는 어려움을 불평과 원망으로 쏟아놓았다. 그치지 않는 고통과 낫지 않는 상처를 두고서 주님은 흐르다가도 마르고 마르다가도 흐르는 여름철의 시냇물처럼 도무지 믿을 수 없는 분이 되었다고 내뱉는다. 주님은 그저 신기루와 같아서 멀리서 보면 아름다운 오아시스일지 모르지만 실제로는 아무 것도 아니라고 한다. 얼마나 힘들고 고통스러웠으면 그랬을까, 예레미야의 심정을 헤아리게 된다.

그런데 주님은 그런 예레미야에게 이렇게 대답을 하신다. "네가 돌아오면 내가 너를 다시 내 앞에 세울 것이다." 이 말은 히브리어로 '네가 돌아오면 내가 너를 돌아오게 하리라'는 뜻이다. 예레미야는 주님을 떠난 적이 없다. 백성들이라면 몰라도 예레미야는 줄곧 주님 편에서 고난과 무시와 멸시를 당해 왔다. 그런데도 주님은 '네가 돌아오면 내가 너를 돌아오게 하리라' 하신다.

이 대목에서 아프게 돌아보게 되는 것이 있다. '예언자가 직무 수행의 과정에서 겪는 엄청난 어려움 때문에 야훼께 부르짖는 것은 어떤 점에서 야훼를 떠나간 것으로 볼 수 있다'는 것이다.(박동현)

그것이 원망이든 불평이든 주님께 두었던 신뢰에 금이 가는 것은, 그것이 기도든 하소연이든 부르짖음이든 주님께 거리를 두고 외치는 것은 주님을 떠나가는 것이다. 주님으로부터 멀어지는 것이다. 그러기에 주님은 그 작은 틈을 두고서 '돌아오라' 하시는 것이다. 아무리 같은 자리 같은 모습으로 서 있다 하여도 주님은 속마음을 꿰뚫어보신다. 결국 주님이 원하신 것은 주님의 사람이 주님과 그 어떤 틈과 간격도 생기지 않는 것이었다. 내게로 돌아오라 하신 주님께서 예레미야에게 한 가지 더 이르시는 것이 있다. '그들은 네게 돌아오려니와 너는 그들에게로 돌아가지 말라' 하신다.

- 너에게로 돌아와야 할 사람들은 그들이다. 네가 그들에게 돌아가서는 안 된다.〈새번역〉
- 백성이 너에게로 돌아와야지 네가 백성에게로 돌아가서는 안 된다.〈공동번역〉
- 그들이 너에게 돌아올망정 네가 그들에게로 돌아가서는 안 된다.〈성경〉
- 그들에게 맞추느라 말을 바꾸지 말고, 너의 말이 그들을 바꾸게 하여라.〈메시지〉

힘들고 어려우면 포기하고 싶은 마음이 든다. 외로워도 그렇다. 나의 최선이 원하지 않은 결과로 나타날 때에도 마찬가지다. 다 소용없다며 그동안 애써 지켜오던 것들을 그만두고 싶어진다.

목회를 하다보면 적당히 어울려 살아가는 것이 좋지 않을까 싶은 생각이 들 때가 있다. 성에 안 차도 맘에 안 들어도 남들 하는 것 얼추 따라하면서 대충 어울려 지내는 것이 편하지 않을까 싶을 때가 있다.

그렇게 하는 것이 보기에도 좋고 다른 이들과 어색함 없이 지내는 길 아닐까, 관계를 무난하게 유지하는 것 아닐까 싶을 때가 있다. 중뿔나게 의로운 척 하면서 홀로 외로움을 견디는 것보다는 마음고생을 덜 하는 길 아닐까 싶을 생각이 목젖까지 차오를 때가 있다.

주님은 예레미야의 마음을 헤아리며 말씀하신다. 외톨이처럼 느껴진다고 해서 약해지지 말라고, 그들에게로 돌아가지 말라고, 네가 네 자리를 끝까지 지켜서 돌아온다면 그들이 네게 돌아오게 해야지 네가 그들에게로 돌아가면 안 된다고 하신다.

힘들고 어려워도 주님의 말씀이 든든한 버팀목이 되었으면. '그럴듯한 한 마디 말은 천 년 동안 나귀를 묶어두는 말뚝과 같다'는데, 예레미야에게 하신 말씀이 오늘 이 시대 우리를 붙잡았으면. 아무리 힘들고 외로워도 결국 돌아와야 할 것은 세상, 타협하듯 세상으로 돌아가는 일이 없었으면….

만물(萬物)보다 거짓되고 심(甚)히 부패(腐敗)한 것은 마음이라 누가 능(能)히 이를 알리요마는 나 여호와는 심장(心腸)을 살피며 폐부(肺腑)를 시험(試驗)하고 각각(各各) 그 행위(行爲)와 그 행실(行實)대로 보응(報應)하나니.(렘 17:9-10)

이 세상에서 제일 좋은 냄새를 우리 옛 어른들은 '석 달 가뭄 끝에 하늘에서 떨어지는 빗방울이 흙먼지를 적실 때 나는 냄새'라고 했다. 생각해보면 그보다 좋은 냄새가 어디 있을까 싶다.

가뭄이 석 달이나 지속되면 모든 것이 타들어간다. 온갖 곡식들은 벌겋게 죽어갈 것이고, 논바닥은 거북이 등짝처럼 갈라질 것이다. 일이 그렇게 되면 무엇보다 더 타들어가는 것은 농부의 가슴이다. 거둘 것이 없으면 식구들이 먹을 것이 없고 살아갈 방도가 없다. 마른하늘을 바라보는 농부의 마음은 기도 이상으로 간절할 것이다.

예쁜 여학생이 지나가며 바람결에 남긴 비누냄새, 오솔길을 걷다가 만난 코끝을 찌르는 찔레꽃 향기, 며칠 굶은 이에게 전해진 밥 냄새, 배고파 우는 아기에게 다가온 엄마 젖 냄새, 바다에서 표류하던 이에게 어디선가 실려 온 흙냄새, 세상에 좋은 냄새가 어디 한 둘일까 마는 석 달 가뭄 끝에 하늘에서 떨어지는 빗방울이 흙먼지를 적실 때 나는 냄새에 비길 바는 못 된다 싶다.

세상에는 그렇게 기분 좋은 냄새만 있는 것이 아니다. 역겨운 냄새도 있다. 마음을 언짢게 하여 코를 틀어막게 하는 나쁜 냄새도 얼마든지 있다.

지난해였다. 산골짜기 외진 곳에 자리 잡은 흙집 '인우재'(隣愚齋)를 오랜만에 찾아 냉장고 문을 열다말고 깜짝 놀랐다. 악취가 진동을 했던 것이다. 먼저 다녀간 누군가가 남은 음식을 냉장고에 넣어둔 모양인데, 아무도 없는 동안 전기 차단기가 내려가 냉장고가 작동을 하지 않아 모두가 썩고 만 것이었다.

냉장고 안에서 상한 음식 중에는 고기도 있었다. 고기 썩은 냄새는 유난히 지독해서 별 별 것으로 씻고 닦아내도 쉬 지워지지가 않았다. 썩은 것들을 치우는 동안 속이 다 울렁거려 헛구역질을 여러 번 했다. 세상에 이렇게 고약한 냄새가 다 있구나 싶었다. 그런데 성경은 이렇게 말씀한다.

- 만물보다 더 거짓되고 아주 썩은 것은 사람의 마음이니, 누가 그 속을 알 수 있습니까?〈새번역〉
- 사람의 마음은 천길 물속이라, 아무도 알 수 없지만.〈공동번역〉
- 사람의 마음은 만물보다 더 교활하여 치유될 가망이 없으니 누가 그 마음을 알리오?〈성경〉
- 사람의 마음이란 형편없이 시커멓고 기만적이어서, 아무도 풀 수 없는 퍼즐 같다.〈메시지〉

세상 그 어떤 것보다도 심히 부패한 것이 사람의 마음인데, '부패'라는 글자의 '부'(腐)는 '썩을 부'이다. 이는 '곳집 부'(府)에 '고기 육'(肉)을 받친 글자이다. 곳간에 오래둔 고기는 결국은 썩는다는 뜻을 담고 있다. 〈공동번역 개정판〉에서는 '사람의 마음은 천길 물속이라'고 옮겼다. 우리 속담에 '열길 물속은 알아도 한 길 사람 속은 모른다'는 속담이 있거니와, 사람의 마음을 두고 천길 물속과 같다고 했다. 한길 속도 모르는데 천길 속이라면, 그야말로 '오리무중'(伍里霧中)과 다를 것이 없을 것이다. 이런 사람의 마음을 두고 〈메시지〉에서는 '아무도 풀 수 없는 퍼즐 같다'고 옮기고 있다.

세상 그 무엇보다도 거짓되고 심하게 썩은 사람의 마음, 그런데 다행인지 불행인지 마음은 눈에 보이지 않는다. 보이지 않다 보니 속을 들여다보려고 하지 않는다. 얼마나 썩어 있는지를 살피려 하지 않는다. 간혹 살핀다 해도 무시하고 만다. 다들 모를 것이라 생각하기 때문이다. 그러나 이어지는 본문은 다음과 같다.

- 각 사람의 마음을 살피고, 심장을 감찰하며, 각 사람의 행실과 행동에 따라 보상하는 이는 바로 나 주다.〈새번역〉
- 이 야훼만은 그 마음을 꿰뚫어 보고 뱃속까지 환히 들여다본다. 그래서 누구나 그 행실을 따라 그 소행대로 갚아주리라.〈공동번역〉
- 내가 바로 마음을 살피고 속을 떠보는 주님이다. 나는 사람마다 제 길에 따라, 제 행실의 결과에 따라 갚는다.〈성경〉
- 그러나 나 하나님은 사람의 마음을 탐색하고, 그 생각을 살핀다. 나는 사람의 중심과 사태의 근원을 꿰뚫는다. 나는 사람의 겉모습이 아니라, 그 실상을 본다.〈메시지〉

안에서 썩어 부패한 마음을 나는 모른 척 하고, 다른 사람은 어느 누구도 눈치를 채지 못한다 해도 아무도 모르는 것이 아니다. 주님은 심장을 꿰뚫어 보고 폐부를 시험하신다. 마음을 꿰뚫어 보고 뱃속까지 환히 들여다보신다. 마음은 물론 마음의 동기까지도 훤히 살피시기에 주님은 누구나 그의 행실을 따라 소행대로 갚아주신다.

시치미를 떼고 손바닥으로 가린다고 진동하는 썩은 냄새까지 감출 수 없는 법, 심히 썩은 마음을 주님 앞에서 감출 수 있다고 생각하는 그 마음이야 말로 심히 썩은 마음과 진배없는 마음이다.

희망과 경고

나 여호와가 이르노라 이스라엘 족속(族屬)아 이 토기장(土器匠)이의 하는 것 같이 내가 능(能)히 너희에게 행(行)하지 못하겠느냐 이스라엘 족속(族屬)아 진흙이 토기장(土器匠)이의 손에 있음같이 너희가 내 손에 있느니라.(렘 18:6)

'하나님을 크게 웃기려거든 너의 계획을 이야기하라.'는 말이 있다. 가만 생각해 보면 웃음이 난다. 무엇보다도 지당하다 싶다. 계획이 멋지면 멋질수록, 치밀하면 치밀할수록, 자신감이 넘치면 넘칠수록 하나님의 웃음소리는 더 커지실 것 같다. 세운 계획을 장담하면 장담할수록 하나님은 아무 말 없이 껄껄 웃으실 것 같다.

어느 날 주님께서 예레미야를 토기장이의 집으로 내려가라 하신다. 거기에서 하실 말씀이 있다는 것이다. 주님은 성전에서만 말씀하지 않는다. 어디에서나 말씀하신다. 예배 중 설교시간을 통해서만 말씀하는 것도 아니다. 생활 속 언제든 말씀하신다. 전할 말이 있으니 내려가라 한 곳은 토기장이의 집이다. 주님은 얼마든지 이웃이 일하며 살아가는 일상의 삶을 통해서도 말씀하신다. 주님이 '지시'하는 곳으로 '내려갈 수만' 있다면 어디서든 주님의 음성을 들을 수가 있다.

'하나님은 일하는 농부들의 호미 끝에 계시고, 공부하는 학생들의 연필 끝에 계시고, 탄을 캐는 광부들의 곡괭이 자루 끝에 계시고, 밥 짓는 여인들의 젖은 손끝에 계심을 기억하라'는 떼이야르 드 샤르댕의 말도 같은 뜻을 담고 있을 것이다.

예레미야가 토기장이의 집으로 내려갔을 때 토기장이는 녹로로 일을 하고 있었다. 녹로란 오지그릇을 만드는 데 쓰는 둥근판으로, 흔히 물레라고 부르는 도구다. 토기장이가 돌림판물레를 돌려 그릇을 만들고 있었던 것이다. 당시에 그릇은 매우 중요한 생활필수품, 흙으로 그릇을 만드는 일은 어느 마을에서나 필요한 중요한 일이었고 흙으로 그릇을 만드는 이는 누구나 알고 있는 장인이었을 것이다.

토기장이가 그릇을 만드는 모습이야 자주 보았을 터이지만 주님께서 내려가라 하신 일, 토기장이를 바라보는 예레미야의 눈과 마음은 예전과는 달랐을 것이다. 흙을 이겨 반죽한 뒤 물레 위에서 그릇을 빚어내는 토기장이의 모습 속에서 예레미야는 창조주 하나님의 모습을 떠올리지 않았을까. 자신이, 이스라엘이 하나님의 손에 쥐어진 한 줌의 흙이라는 사실을 새삼 깨닫게 되지 않았을까.

그런데 이게 웬일, 토기장이의 손에서 만들어지던 그릇이 그만 터지고 만다. 만들던 그릇이 망가지고 만 것이다. 그릇이 망가졌으니 이제 어떻게 될 것인가, 그 모습 또한 예레미야에게는 중요한 관심사였을 것이다.

토기장이는 망가진 흙을 버리지 않았다. 망가진 흙을 버리는 대신 다시 반죽하여 새로운 그릇을 만들었다. 그 모습을 바라보는 예레미야의 가슴은 뭔가 뜨겁지 않았을까 싶다. 어쩌면 바로 이 모습을 보라고 나를 토기장이의 집으로 보내신 것은 아니었을까, 그렇게 생각하고 싶은 예레미야에게 주님의 말씀이 임한다.

- 이스라엘 백성아, 내가 이 토기장이와 같이 너희를 다룰 수가 없겠느냐? 나 주의 말이다. 이스라엘 백성아, 진흙이 토기장이의 손 안에 있듯이, 너희도 내 손 안에 있다.〈새번역〉
- 진흙이 옹기장이의 손에 달렸듯이 너희 이스라엘 가문이 내 손에 달린 줄 모르느냐? 이스라엘 가문아, 내가 이 옹기장이만큼 너희를 주무르지 못할 것 같으냐? 야훼가 하는 말이다. 진흙이 토기장이 안에 있듯이 너희도 내 안에 있다.〈공동번역〉
- 그 때 하나님의 메시지가 내게 임했다. "이스라엘 백성들아, 내가 이 토기장이처럼 너희에게 할 수 없겠느냐?" 하나님의 포고다! "이 토기장이를 잘 보아라. 나는 그가 자기 진흙을 다루는 방식으로 너희 이스라엘 백성을 다룬다."〈메시지〉

유진 피터슨의 말대로 '희망과 경고'가 이 메시지에서 서로 손잡고 있다. 토기장이의 손에서 망가진 그릇이 당신의 백성들을 향한 경고라면, 망가진 흙으로 다시 빚는 그릇은 희망이 된다.

주님은 토기장이, 각자 개인의 삶은 물론 민족까지도 빚으신다. 어떤 그릇으로 빚을지는 오직 토기장이만 아신다. 진흙이 물레 위에 놓여 있다 하여도 그릇의 크기나 용도를 정하는 것은 전적으로 토기장이의 몫이기 때문이다. 진흙이 어찌 저 스스로 그릇이 되겠는가? 토기장이 주님이 빚으신다. 맨 처음의 한 날, 흙으로 사람을 빚으시던 그 손으로 주님은 지금도 우리의 삶을 빚어 가신다.

진흙인 우리에게는 모든 것을 토기장이에게 맡기는 믿음과, 다 빚으실 때까지 기다리는 믿음, 나를 왜 이렇게 빚으셨냐고 원망하지 않는 믿음, 무엇보다도 완악함으로 굳어지지 않는 믿음이 필요하다. 아무리 유능한 토기장이라도 굳어버린 흙으로는 어떤 그릇도 만들 수가 없기 때문이다.

혀로 그를 치자

그들이 말하기를 오라 우리가 꾀를 내어 예레미야를 치자 제사장(祭司長)에게서 율법(律法)이, 지혜(智慧)로운 자(者)에게서 모략(謀略)이, 선지자(先知者)에게서 말씀이 끊어지지 아니할 것이니 오라 우리가 혀로 그를 치고 그의 아무 말에도 주의(注意)치 말자 하나이다.(렘 18:18)

누구에게나 감당하기 어려운 치명적인 부분이 있다. 그것을 건드리면 그를 단번에 쓰러뜨릴 수 있는 감정과 존재의 아킬레스건이 있다. 사회적 약자를 돌보며 이웃의 고통을 함께 나누려 애쓰는 사람을 '빨갱이'라 한다든지, 부정과 불의에 대해서 이건 아니라고 외치는 사람에게 '종북'이라 한다든지, 타종교에 대해서 마음의 문을 열고 존중하며 대화하려는 사람에게 '다원주의자'라 한다든지 하는 경우이다. 복잡할 것도 없고, 어려울 것도 없다. 그런 말 한 마디면 충분하다. 말 한 마디로 누군가의 가치와 존재를 얼마든지 부정할 수가 있다.

이상하게도 불의한 자들은 의로운 자들의 아킬레스건을 잘 알고 있고, 자신에게 불리하거나 위험한 순간이 찾아오면 그 아킬레스건을 건드린다. 그렇게 함으로써 자칫 드러날 뻔 했던 자신의 치부를 그럴듯하게 감추고 가린다. 자신에게 쏟아지는 불편한 관심을 다른 곳으로 돌리면서, 어느새 자신은 진리의 수호자 자리를 차지한다. 그런 것이 통하거나 통할 수 있다고 생각하는 사회는 분명 부정한 사회이다.

예레미야를 통해 전해지는 주님의 말씀은 백성들의 귀에 더없이 쓴 소리였다. 가시가 돋친 거북한 말이었고, 못 들은 척 외면하고 싶은 불편한 말이었다. 그런 백성들에게 한 가지 다행스러운 것은 달콤한 소리를 들을 곳이 얼마든지 있었다는 점이다. 자신들이 어떻게 살든 그들이 원하는 소리를 들려주었던 이른바 선복(宣福) 예언자들, 그들은 백성들이 원하는 소리만을 들려주었다.

괜찮다, 잘 될 것이다, 주님이 우리를 버리실 리가 없다, 듣기 좋고 기분 좋고 고마운 이야기를 전하는 예언자들은 백성들 사이에서 인기를 얻었다. 불안하고 찜찜하던 차에 마음을 편하게 하는 이야기를 들으니 얼마나 고마웠겠는가? 백성들의 걸음과 마음이 듣기 좋은 말을 하는 이들을 향하는 것은 지당한 일이었다. 그들은 그런 말을 외치는 이들에게 위안의 대가를 기꺼이 지불했을 것이다.

그들에 비해 예레미야는 배척을 당한다. 미움을 받는다. 노골적으로 침을 뱉고 욕을 하는 이들이 왜 없었을까? 네가 무슨 예언자냐는 소리를 한두 번 들었을까? 그럴 때마다 느꼈을 예레미야의 고독과 고통이 얼마나 큰 것이었을지 어렵지 않게 짐작이 된다.

주님의 말씀에 귀를 기울이기보다는 자기들 맘에 드는 말만 골라 듣던 백성들의 완악함은 한 걸음 더 나아간다. 아예 예레미야의 존재를 지우려고 한다. 예레미야를 없애려 한다. 예레미야를 죽이자는 것이다. 예레미야가 없어도 얼마든지 주님 말씀을 전해 줄 제사장과 선지자가 있으니 아예 말씀의 근원을 없애자고 한다. 그런데 백성들이 예레미야를 없애기 위한 방법이 기가 막히다.

- 백성이 나를 두고 이르기를 "이제 예레미야를 죽일 계획을 세우자. 이 사람이 없어도 우리에게는 율법을 가르쳐 줄 제사장이 있고, 지혜를 가르쳐 줄 현자가 있으며, 말씀을 전하여 줄 예언자가 있다. 그러니 어서 우리의 혀로 그를 헐뜯자. 그가 하는 모든 말을 무시하여 버리자" 합니다. 〈새번역〉
- 그 말을 듣고 이 백성은 수군거립니다. '예레미야를 없애야겠는데 무슨 좋은 계책이 없을까? 이 사람이 없어도 법을 가르쳐줄 사제가 있고 정책을 세울 현자가 있고 하느님의 말씀을 들려줄 예언자가 있다. 그러니 이 자를 그가 한 말로 때려잡자. 이 자의 말마디마다 조심하여 듣자.'고 합니다.〈공동번역〉
- 그들이 이렇게 말하였습니다. "자, 예레미야를 없앨 음모를 꾸미자. 그 자가 없어도 언제든지 사제에게서 가르침을, 현자에게서 조언을, 예언자에게서 말씀을 얻을 수 있다. 어서 혀로 그를 치고, 그가 하는 말은 무엇이든지 무시해버리자."〈성경〉
- 그들은 저를 잡아 족치려고 혈안입니다. 이미 제 목을 조르고 있습니다! 그러나 하나님, 주님은 알고 계십니다. 그들이 저를 죽이기로 작정했음을, 주님은 알고 계십니다.〈메시지〉

칼로 찔러야만 예언자를 없애는 것이 아니다. 돌을 던지는 것만이 예언자를 제거하는 것이 아니다. 제단에서 끌어내려야만 예언자의 입을 막는 것도 아니다. 백성들은 참말을 전하는 예언자를 없앨 수 있는 방법을 너무도 잘 알고 있다. 모두가 예언자를 비방하고 헐뜯으면 된다. 아무도 그의 말에 귀를 기울이지 않으면 된다. 굳이 피를 흘리지 않고도 예언자를 죽일 수 있으니 얼마나 쉽고 얼마나 간단한 일인가. 이미 그들의 말과 생각에는 피가 묻어 있다.

백성들은 예레미야를 없앨 수 있는 아킬레스건을 알고 있다. 자기 믿음의 아킬레스건이 끊어져 있음은 까마득히 모르는 채….

당신 이름은 사면초가

이에 바스훌이 선지자(先知者) 예레미야를 때리고 여호와의 집 베냐민의 윗문(門)에 있는 착고(着錮)에 채웠더니 다음날 바스훌이 예레미야를 착고(着錮)에서 놓아 주매 예레미야가 그에게 이르되 여호와께서 네 이름을 바스훌이라 아니하시고 마골 밋사빕이라 하시느니라.(렘 20:2-3)

성전 뜰에 선 예레미야는 백성들에게 주님의 뜻을 외친다.

나 만군의 주 이스라엘의 하나님이 말한다. 이 백성이 고집을 부려 나의 말에 순종하지 않았으므로, 이제 내가 이미 선포한 그 모든 재앙을 이 도성과 거기에 딸린 모든 성읍 위에 내리겠다.(19:15)

예언자란 말씀의 통로, 주님이 맡기신 말씀을 받은 대로 전할 뿐이다. 해석(解釋)도 번역(飜譯)도 없고, 반역(反逆)은 더욱 있을 수 없다. 백성들의 상태나 기대에 따라 주님의 말씀을 더하거나 뺄 수가 없다.

예레미야가 전하는 예언을 제사장 임멜의 아들 바스훌이 들었다. 바스훌은 여호와의 집 유사장이다. 유사장이란 호칭이 낯선데, 성전의 총감독을 의미한다. 성전을 책임지는 자가 듣기에 예레미야가 전한 말은 더없이 거북한 말이었다. 성전을 찾는 이들에게 축복이 아니라 심판을 외치다니, 바스훌이 보기에 예레미야는 몹시 위험한 인물이었다.

바수훌은 예레미야를 때리고 목에 착고를 채운다. 착고란 기다란 나무토막을 맞대고 그 사이에 구멍을 파서 머리와 손과 발을 구멍에 넣고 잠가두는 형구를 말한다. 착고로 채우면 머리는 물론 손과 발을 꼼짝할 수가 없다.

바스훌이 예레미야를 착고에 채웠던 것은 예레미야가 성전의 질서를 깨뜨린다고 생각했기 때문이었을 것이다. 결국 예레미야는 주님의 말씀을 전하다가 맞고, 묶이고, 갇힌다. 주님의 말씀을 전하는 이가 걷는 길이 어떤 것인지를 여실히 보여준다.

그만하면 벌이 충분하다고 생각했을까, 그 정도 고생과 수치를 당했으면 다시는 같은 짓거리(?)를 하지 않을 것이라 생각한 것일까, 하룻밤이 지나자 바스훌은 예레미야를 착고에서 풀어준다. 착고에서 풀려났을 때 예레미야는 바스훌에게 이렇게 말한다.

- 주님께서 이제는 당신의 이름을 바스훌이라 부르시지 않고, 마골밋사빕이라고 부르실 것이오.〈새번역〉
- 다음날 아침에 바스훌이 차꼬를 풀어주자 예레미야는 이렇게 말하였다. "야훼께서는 그대의 이름을 사면초가라 부르실 것이오. 다시는 바스훌이라고 부르시지 않기로 하셨소."〈공동번역〉
- 다음날 바스훌이 와서 그를 풀어주자, 예레미야가 그에게 말했다. "하나님께서 당신에게 새 이름을 지어 주셨소. 이제 당신 이름은 바스훌이 아니라 '사면초가'요."〈메시지〉

성경적인 의미로 보자면 이름을 짓는다는 것은 고유한 삶을 허락받는다는 뜻이다. 다른 것과는 구별되는, 다른 것으로 대체할 수 없는 고유한 삶을 허락받는 것이다. 그런 점에서 이름이 달라진다는 것은 단지 호칭이 달라지는 것이 아니라, 그 사람의 존재와 운명이 달라지는 것을 의미한다.

'바스훌'은 '형통하다' '즐겁다'는 뜻이다. 반면 '마골밋사빕'은 '사방에 두려움이 있다' 즉 '사면초가'라는 뜻이다. 본래의 이름은 '형통하다'는 뜻이지만, 바스훌의 존재는 사방에 두려움이 있는 존재로 바뀌게 되고 만다. 이름이 바뀌는 것도 꺼림칙한데 이어지는 4절에서 주님은 바스훌에게 이렇게 말씀하신다.

내가 너로 너와 네 모든 친구에게 두려움이 되게 하리라.

바스훌의 주변에 두려움이 있는 것이 아니다. 바스훌 자체가 두려움이 되는 것이다. 그의 존재 자체가 자기 자신에게는 물론 모든 친구들에게도 두려움이 되는 것이다. 그가 가는 곳마다 두려움이 따라간다. 그가 만나는 사람마다 두려움을 느낀다. 결국 바스훌의 삶은 '걸어 다니는 두려움', '옮겨 다니는 두려움'이 되고 만 것이니 이보다 끔찍하고 불행한 삶이 또 어디 있을까 싶다.

제 아무리 바스훌이 '형통'한 자라 우겨도 그는 '걸어 다니는 두려움'일 뿐이다. 주님은 주님의 말씀을 무시하는 자의 이름을 바꾸신다.

여호와여 주(主)께서 나를 권유(勸誘)하시므로 내가 그 권유(勸誘)를 받았사오며 주(主)께서 나보다 강(强)하사 이기셨으므로 내가 조롱(嘲弄)거리가 되니 사람마다 종일(終日)토록 나를 조롱(嘲弄)하나이다 대저(大抵) 내가 말할 때마다 외치며 강포(强暴)와 멸망(滅亡)을 부르짖으오니 여호와의 말씀으로 하여 내가 종일(終日)토록 치욕(恥辱)과 모욕(侮辱)거리가 됨이니이다 내가 다시는 여호와를 선포(宣布)하지 아니하며 그 이름으로 말하지 아니하리라 하면 나의 중심(中心)이 불붙는 것 같아서 골수(骨髓)에 사무치니 답답(沓沓)하여 견딜 수 없나이다.(렘 20:7–9)

'주께서 나를 권유하시므로'(7절) 할 때의 '권유'(勸誘)라는 말은 설득하다 혹은 유혹하다는 뜻을 가진 말이다. '권유'의 '권'(勸)은 '권할 권'이고, '유'(誘)는 '꾈 유'인데, '꾈 유'라는 글자가 재미있다. '말씀 언'(言)에 '빼어날 수' '아름다울 수'(秀)를 짝지은 글자로, 아름답고 그럴듯한 말로 상대방을 꾀어낸다는 뜻을 가지고 있다. 하와에게 건넨 뱀의 말이 그러했듯 대개의 유혹은 아름다운 말로 시작이 된다. 그런 의미를 담아 〈새번역성경〉은 '권유하시므로'라는 말을 '속이다'로 번역했다.

주님께서 나를 속이셨으므로, 내가 주님께 속았습니다.(렘 20:7)

주님께서 나를 속이셨으므로 내가 주님께 속았다니, 예레미야는 지금 무슨 말을 하고 있는 것일까? 주님이 자기에게 무언가를 숨겼다는 것인지, 예레미야 자신이 너무 어수룩했다는 말인지, 속임인 줄 알면서도 속이시는 분이 주님이시기에 속아 넘어갔다고 말하고 있는 것인지 짐작하기가 어렵다.

예레미야의 심정을 제대로 헤아리기 어렵지만 예레미야는 주님의 속임에 넘어갔다. 주님의 강함에 지고 말았다. 언감생심 주님을 이기리라 생각한 것은 아니었겠지만, 어느 순간 되돌아보니 자신은 주님께 속은 것이었고 주님께 진 것이었다. 왜 그랬을까? 무엇 때문에 그렇게 느낀 것일까?

예레미야는 사람들의 조롱거리가 되고 말았다. 사람들은 그를 종일 조롱했다. 성격이 괴팍한 몇몇 사람이 조롱하고, 어쩌다가 조롱하는 것이 아니었다. 예레미야라는 존재 자체가 조롱거리, 사람마다 종일토록 조롱을 했다. 주님을 따르겠다고 마음을 먹었을 때 자신이 감내해야 할 대가가 있다는 것을 왜 생각하지 않았을까? 하지만 그런 결과가 주어질 줄은 몰랐던 것이 아닐까? 아무리 참는다 해도 그런 것까지 참는 것은 너무 지나친 일이 아니었을까?

사람들로부터 싫도록 조롱을 받는 예레미야는 다짐을 한다. 이제는 주님을 말하지 말아야지, 다시는 주님의 이름으로 외치지 말아야지 하고 말이다. 돌아올 반응을 뻔히 알면서도 조롱당할 말을 더 이상은 입 밖에 내고 싶지 않았을 것이다.

빛이 모두 사라진 동굴 깊은 곳으로 숨어들어 더 이상은 예레미야의 마음을 어느 누구도 바꿀 수가 없을 것처럼 보이는데, 예레미야는 차마 그럴 수가 없었다. 아무리 다짐에 다짐을 해도 소용이 없었다. 다시는 외치지 않겠다고 다짐할 때마다 뭔가 뜨거운 것이 자신의 내부 깊은 곳으로부터 불처럼 솟아오르기 때문이었다.

- '이제는 주님을 말하지 않겠다. 다시는 주님의 이름으로 외치지 않겠다' 하고 결심하여 보지만, 그 때마다, 주님의 말씀이 나의 심장 속에서 불처럼 타올라 뼛속에까지 타들어 가니, 나는 견디다 못해 그만 항복하고 맙니다.〈새번역〉
- '다시는 주의 이름을 입 밖에 내지 말자. 주의 이름으로 하던 말을 이제는 그만두자.' 하여도, 뼛속에 갇혀 있는 주의 말씀이 심장 속에서 불처럼 타올라 견디다 못해 저는 손을 들고 맙니다.〈공동번역〉
- 그러나 "이제 그만! 더 이상은 하나님의 메시지를 전하지 않으리라!" 하고 마음먹으면, 말씀이 제 뱃속에서 불처럼 타오르며 뼛속까지 태웁니다. 참아보려고 했지만, 이제 지쳤습니다. 더는 견딜 수 없습니다! 〈메시지〉

주님의 말씀을 외면하려 하지만 그러면 그럴수록 외면하려고 하는 주님의 말씀은 자신의 심장 속에서 타올라 뼛속까지 타들어갔다. 모른 척 하면 할 수록 외면하려는 말씀은 자신의 내부에서 뜨거운 불이 되고, 그 뜨거운 불은 더 이상 하나님의 말씀을 외치지 않겠다는 다짐까지도 모두 태우고 만다. 감당할 수 없는 불, 결국 예레미야는 그 뜨거운 불 앞에 더는 견디지 못하고 항복을 하고 만다.

주님의 사람이란 주님께 항복한 사람인지도 모른다. 너무 쉽게, 너무 당연히, 아무런 고민이나 통증도 없이, 무얼 항복하는 줄도 모르고 백기를 드는 것이 아니라, 주님으로부터 도망치려 했고, 외면하려 했던 마음까지를, 실은 주님 앞에서 숨고 싶은 그 모든 것에 대해서조차 항복을 한 사람 말이다.

'행복'과 가장 가까운 말은 '항복'이라 한다. 항복하면 행복해진다는 것이다. 기회가 된다면 예레미야에게 묻고 싶다. 항복하니 행복했냐고?

정답은 우리에게 있지 않다

5장

우리의 생각이 아무리 지당하게 여겨질 때에도 우리의 생각을 주님의 뜻과 동일시할 수는 없다. 주님의 계획은 우리의 계획과 다르다. 주님의 일정 또한 우리가 생각하는 일정과는 다르다. 우리가 증오하며 거들떠보지도 않는 그 땅에 주님께서는 텃밭을 만들라고 하신다. 우리를 괴롭히는 이들을 위해 복을 빌라 하신다.

기도로도 막을 수 없는 일

바벨론 왕(王) 느부갓네살이 우리를 치니 청(請)컨대 너는 우리를 위(爲)하여 여호와께 간구(懇求)하라 여호와께서 혹시(或時) 그 모든 기사(奇事)로 우리를 도와 행(行)하시면 그가 우리를 떠나리라.(렘 21:2)

아기가 아기가
가겟집에 가서
"영감님 영감님
엄마가 시방
몇 시냐구요."
"넉 점 반이다."

"넉 점 반
넉 점 반."
아기는 오다가 물 먹는 닭
한참 서서 구경하고.

"넉 점 반
넉 점 반."
아기는 오다가 개미 거둥

한참 앉아 구경하고.

"넉 점 반
넉 점 반."
아기는 오다가 잠자리 따라
한참 돌아다니고.

"넉 점 반
넉 점 반."
아기는 오다가
분꽃 따 물고 니나니 나니나
해가 꼴딱 져 돌아왔다.

"엄마
시방 넉 점 반이래."

-윤석중, 〈넉 점 반〉

고향교회에선 새벽마다 종을 쳤다. 고향교회의 새벽종은 교인들만을 위한 것이 아니었다. 마을의 시계 역할을 했다. 종소리를 듣고 어머니들은 자리에서 일어나 새벽밥을 지었다. 새벽 종소리를 듣지 못하면 마을 앞을 지나가는 통근 기차를 놓치기 십상이었다.

엄마가 아기에게 심부름을 시킨다. 가겟집 할아버지께 가서 지금 몇

시쯤 되었는지를 묻고 오라는 것이다. 엄마가 심부름을 시키면 아기는 신이 나는 법, 필시 뛸 듯이 달려갔을 것이다.

가겟집 할아버지가 넉 점 반이라 알려준다. 반복하지 않으면 금방 잊는다는 것을 아기는 알고 있다. 대개가 그렇지만 돌아오는 길이 문제였다. 오던 길에 아기는 물먹는 닭도 보고, 줄 지어 지나가는 개미 거둥도 보고, 잠자리를 좇기도 하고, 분꽃을 따서 불며 자기만의 연주를 한다. 그러는 사이 어느 새 해가 꼴딱 진다. 아기는 서둘러 집으로 돌아와 엄마에게 자신 있게 말한다. 시방 넉 점 반이래. 그러고 보면 아기는 늘 시방을 사는 존재다.

엄마는 그런 아기가 얼마나 사랑스러웠을까. 또랑또랑한 목소리로 넉 점 반을 알리는 아기를 떠올리면 절로 웃음이 난다. 하지만 오래 웃을 수가 없다. 그런 아기에게야 얼마든지 웃을 수 있지만 인생의 해가 다 지도록 넉 점 반만을 반복하고 있는 우리들의 모습을 생각하면 웃음이 뚝 끊기고 만다.

예레미야 21장은 19-20장에서 다루던 사건들이 일어난 지 10여 년의 세월이 지난 후의 일에 해당한다. 정황으로 볼 때 바벨론의 느부갓네살이 거느린 군대가 이미 예루살렘을 에워싼 것으로 보인다. 아마도 BC588년의 상황이 될 것 같다.

어떤 일이 벌어질 지에 대해 오래 전부터 예레미야가 예언을 했지만, 사람들은 예레미야의 말을 믿지 않았다. 오히려 예레미야를 불편하게 여겨 외면하였고, 미워하였고, 심지어는 죽이려고까지 했다.

그런데 막상 예레미야가 했던 예언이 현실로 다가오자 왕과 백성들은 당황하기 시작한다. 시드기야 왕은 사람을 보내어 예레미야에게 기도를 청한다. 우리를 위하여 주님께 기도를 해 달라는 요청이었다. 혹시 주님께서 그 기도를 들으시고 기적을 행하시면 적들이 떠날 수도 있지 않겠느냐는 것이었다.

- 바빌론 왕 느부갓네살이 싸움을 걸어왔소. 기적을 베푸시어 적을 물리치시고 우리를 건져주십사고 야훼께 빌어주시오.〈공동번역〉
- 바빌론 왕 느부갓네살이 우리를 치려고 전쟁을 일으켰소. 우리를 위해 하나님께 기도해 주시오. 그분께 도움을 청해 주시오. 어쩌면 하나님께서 기적을 일으켜서 그를 물리쳐 주실지 모르니 말이오.〈메시지〉

기도를 청하기는 하지만 이미 때늦은 일이었다. 이미 하나님의 심판은 시작이 되었다. 결코 돌이킬 수가 없는 일이었다. 거듭 심판을 경고할 때는 귀를 막고 등을 돌려 무시하더니 막상 심판이 임하자 허겁지겁 도움을 청하는 시드기야 왕의 모습 속에 오늘 우리들의 모습이 고스란히 담겨 있는 것은 아닐까 싶다.

때늦은 후회를 기도로 막을 수는 없다. 때늦은 후회를 되돌리는 것이 기도가 아니다. 그것이 가능하다고 생각하는 것이야말로 우리의 가장 때늦은 후회가 되고 말 것이다.

화려한 왕궁과 쓰레기

네가 백향목(柏香木)으로 집짓기를 경쟁(競爭)하므로 왕(王)이 될 수 있겠느냐 네 아비가 먹으며 마시지 아니하였으며 공평(公平)과 의리(義理)를 행(行)치 아니하였느냐 그때에 그가 형통(亨通)하였었느니라 그는 가난한 자(者)와 궁핍(窮乏)한 자(者)를 신원(伸寃)하고 형통(亨通)하였나니 이것이 나를 앎이 아니냐 여호와의 말이니라.(렘 22:15–16)

봄꽃의 아름다움이 유별한 것은 잎보다도 먼저 꽃이 핀다는데 있다. 산수유, 개나리, 진달래, 벚꽃, 목련 등 잎을 잊은 채 꽃으로만 피어난 봄꽃을 보노라면 순수한 열정을 생각하게 된다. 다른 것 다 잊고 오직 한 가지 생각으로 불타오를 때가 언제였던가를 돌아보게 된다.

봄꽃 앞에 선다는 것은 안도현이 〈너에게 묻는다〉에서 물었던, '연탄재 함부로 발로 차지 마라 너는 누구에게 한 번이라도 뜨거운 사람이었느냐'라는 질문 앞에 서는 것인지도 모른다. 봄꽃이 웃음으로 던지는 질문이 엄중하다 싶다.

봄꽃은 금방 진다. 꽃은 지면서도 꽃, 진 뒤에도 꽃이다. 발에 밟히면서도 자신의 빛깔과 향기를 자기를 밟는 발에 전한다. 끝까지 아름답기는 쉽지 않은 일, 그 쉽지 않은 일이 어떻게 가능한지를 봄꽃은 보여준다.

언제인가 아는 사람이 담쟁이덩굴 이야기를 했다. 담벼락에 붙어 있는 담쟁이덩굴을 보고는 너무도 신기했다는 것이다. 바닥 아래쪽 부분은 여전히 시커먼 빛깔인데, 꼭대기 부근엔 파랗게 윤기 나는 싹이 돋아나 있더라는 것이었다.

마침 이야기를 나누는 자리가 감나무 아래였다. 담쟁이덩굴 이야기를 하는 이에게 감나무 이파리를 가리켰다. 막 감나무에서도 아기 손톱 같은 이파리가 돋아나고 있던 터였다. 감나무를 바라보던 이가 깜짝 놀라며 감탄을 했다. "어? 감나무도 마찬가지네요!"

담쟁이덩굴이 그러하듯 감나무도 가지 끝에서부터 잎이 나고 있었던 것이다. 겨울이 지나 봄이 되면 나무마다 물이 오르는데, 나무는 가지 끝에서부터 물을 채운다고 한다. 밑동에서부터 채워오는 것이 아니라 가지 끝부터 물을 채우기에 피어나는 이파리도 가지 끝에서부터 돋기 시작한다는 것이다.

《맹자》에 '불영과불행'(不盈科不行)이라는 말이 있다. '물은 웅덩이를 채우지 않고는 앞으로 나아가지 않는다'는 뜻이다. 흐르는 물이 웅덩이를 만나면 당연한 듯 웅덩이를 채운 뒤 앞으로 흘러간다. 바쁘다고 귀찮다고 건너뛰는 법이 없다. 웅덩이를 채우지 않고는 한 걸음도 나아가지 않는다.

봄이 되면 가지 끝에서부터 물을 채우는 나무들과 웅덩이를 채운 뒤에야 앞으로 흘러가는 물은 우리에게 무엇인가를 말한다. 우리가 앞으로 나아가기 위해서는 구석진 곳부터 채워야 한다. 그곳을 채우지 않는 한, 우리는 한 걸음도 앞으로 나아갈 수가 없기 때문이다.

당시 유다는 한 치 앞도 내다볼 수 없는 상황으로 빠져들고 있었다.

그나마 주님의 말씀대로 살려고 안간힘을 쓴 요시야 왕 덕에 무너져가던 나라가 얼마간 버틸 수 있었지만, 결국 요시야는 전쟁에서 전사하고 만다.

앗시리아를 도우려고 유프라테스 강변의 갈그미스로 올라가는 이집트의 느고 왕과 므깃도에서 전투를 벌이다가 전사를 당하고 만 것이다.(왕하 23:29-30) 요시야의 시체는 병거에 실려 예루살렘으로 돌아오는데, 온 백성은 요시야의 죽음을 애도하며 슬퍼했다.(대하 35:24-25)

요시야의 뒤를 이어 왕위에 오른 이는 그의 아들 여호아하스였다. 하지만 이집트의 느고 왕은 여호아하스를 왕위에서 끌어내린 뒤, 이집트로 유배를 보낸다.(왕하 23:31-34) 여호아하스가 왕위에 오른 지 석 달 만의 일이었다.

이집트로 끌려간 여호아하스는 이름이 '살룸'으로 바뀌게 되는데, 이는 유다가 이집트의 속국으로 전락했다는 것을 의미한다. 여호아하스가 본국으로 돌아오지 못한 채 이집트에서 종말을 맞게 될 것은 이미 예레미야가 예언을 한 바 있다.(렘 22:10-12)

느고 왕은 여호아하스를 대신하여 요시야의 아들 엘리아김을 왕으로 세우며 그의 이름을 여호야김으로 바꾸었다. 이제 유다는 이집트에 과중한 공물을 바치는 무거운 멍에를 짊어질 수밖에 없었다.

숨 가쁜 일들이 벌어지고 있는 와중에 여호야김 왕은 어떤 삶을 살았을까? 예레미야 22장은 여호야김 왕이 한 일을 이렇게 말한다.(13절)

> 불의로 궁전을 짓고, 불법으로 누각을 쌓으며, 동족을 고용하고도, 품삯을 주지 않는 너에게 화가 미칠 것이.〈새번역〉

〈공동번역〉에서는 좀 더 직설적으로 번역했다.

부정한 수법으로 제 집을 짓고 사취한 돈으로 제 누각을 짓는 이 몹쓸 놈아! 동족에게 일을 시키고, 품값을 주지 않다니!

지금 나라는 위태하게 기울어가고 있다. 강대국들의 힘겨루기 속에서 나라의 운명이 그야말로 바람 앞의 촛불과 다를 것이 없는 상황이다. 이런 와중에 유다의 왕 여호야김이 했던 일은 불의로 궁전을 짓고 불법으로 누각을 쌓는 일이었다. 뿐만이 아니다. 동족에게 일을 시키면서 품삯은 주지도 않았다.

'내가 살 집을 넓게 지어야지. 누각도 크게 만들어야지' 하면서, 집에 창문을 만들어 달고, 백향목 판자로 그 집을 단장하고, 붉은 색을 칠한다.(14절)

여호야김의 생각 속엔 오로지 궁궐과 누각을 더 좋은 재료로 더 크게 짓는 것밖엔 없다. 그런 여호야김을 두고 주님은 이렇게 말씀하신다.

네가 남보다 백향목을 더 많이 써서, 집짓기를 경쟁한다고 해서, 네가 더 좋은 왕이 될 수 있겠느냐?(15절)

궁궐을 크게 짓는다고, 더 좋은 재료를 사용한다고 더 좋은 왕이 될 수 있겠느냐고 물으신다. 온통 건축하는 일에 마음을 빼앗긴 여호야김에게 그의 아버지 요시야 왕에 관한 이야기를 들려주신다. 그가 공평

(公平)과 의리(義理)를 행할 때 형통(亨通)하였다는 것이다. 중요한 것은 주님의 뜻대로 사는 것이지, 건축 사업을 벌이는 것이 아니라는 것을 일깨우신다.

그는 가난한 사람과 억압받는 사람의 사정을 헤아려서 처리해 주면서, 잘 살지 않았느냐? 바로 이것이 나를 아는 것이 아니겠느냐?(16절)

나라가 기울어가건 말건 가난하고 힘없는 백성들을 이용하여 자신의 부를 늘리며 공적을 쌓기에 급급한 지도자는 어느 시대에나 있다. 그들은 자신이 업적을 크게 이루면 이룰수록 좋은 지도자가 된다고 생각을 한다. 백성들을 생각할 겨를이 없고, 하늘의 뜻을 받들 여지가 없다. 하지만 그들의 결국에 대해 주님은 이렇게 말씀하신다.

- 그러므로 주님께서 유다 왕 요시야의 아들 여호야김을 두고 이렇게 말씀하신다. "아무도 여호야김의 죽음을 애도하지 않을 것이다. 남자들도 '슬프다!' 하지 않고 여자들도 '애석하다!' 하지 않을 것이다. '슬픕니다, 임금님! 슬픕니다, 폐하!' 하며 애곡할 사람도 없을 것이다. 사람들은 그를 끌어다가 예루살렘 성문 밖으로 멀리 내던지고, 마치 나귀처럼 묻어 버릴 것이다."(18-19절)〈새번역〉
- 유다 왕 요시야의 아들 여호야김에 대한 하나님의 판결이다. "이 자에게 화가 있으리라! 아무도 그를 위해 '가련한 형제여!' 하고 울어 주지 않는다. 아무도 그를 위해 '가련한 폐하!' 하고 울어 주지 않는다. 그들은 죽은 노새에게 하듯 그의 장례를 치르고, 성문 밖으로 끌어다가 쓰레기처

럼 던져 버릴 것이다."〈메시지〉

화려한 왕궁과 쓰레기가 묘한 대조를 이룬다. 대단한 업적을 이루지만, 최후는 너무도 초라한 이들이 있다. 이룬 업적이 화려하면 할수록, 그 끝이 허망한 이들이 있다. 말씀을 읽으면서 내내 한국의 화려하고 거대한 예배당 건물이 떠오르는 것은 나만의 기우일까?

채우지 않으면 꽃 피우지 못한다. 채우지 않으면 앞으로 나갈 수가 없다. 무책임과 무관심으로 텅 빈 곳을, 화려하고 거창한 건물로 채울 수는 없는 노릇이다.

> 나 여호와가 말하노라 몽사(夢事)를 얻은 선지자(先知者)는 몽사(夢事)를 말할 것이요 내 말을 받은 자(者)는 성실(誠實)함으로 내 말을 말할 것이라 겨와 밀을 어찌 비교(比較)하겠느냐 나 여호와가 말하노라 내 말이 불 같지 아니하냐 반석(磐石)을 쳐서 부스러뜨리는 방망이 같지 아니하냐.(렘 23:28-29)

'사이비'는 어디에나 있다. '사이비'(似而非)라는 말은 '같을 사'(似)와 '아닐 비'(非)를 '그러나'라는 뜻을 가진 '말 이을 이'(而)가 연결을 하고 있다. '비슷하지만 아닌' 것이 사이비다.

그러고 보면 사이비의 중요한 특징은 '비슷함'에 있다. 분명 가짜인데 진짜와 너무도 비슷하다. 그러기 때문에 구분이 잘 안 된다. 처음부터 확연히 다르다면 누가 사이비에 속아 넘어가겠는가? '이단'(異端)도 마찬가지다. '다를 이'(異)에 '바를 단' '끝 단'(端)을 쓴다. 바른 것과 다른 것, 끝이 다른 것이 이단인 것이다.

가을 산에 올랐다가 먹음직한 버섯을 보게 되면 마음이 흔들린다. 분명히 내가 아는 버섯을 닮았다. 게다가 언젠가 먹어본 적도 있는 것 같다. 산중에서 만난 버섯이니 확실한 자연산, 영양도 좋고 맛도 좋지 않겠는가, 자신도 모르게 손이 가기가 쉽다.

사람을 죽게 만드는 독버섯이라고 그 색깔이 유난스럽게 알록달록하거나 모양이 울퉁불퉁 흉측하여 대번 티가 나는 것만 있는 게 아니다. 빛깔이며 모양이며 먹는 버섯과 무엇 하나 다를 게 없어 얌전해 보이는 것들이 적지 않다.

사이비 종교도 그렇다. 하나님을 이야기하고, 성령과 성경을 이야기한다. 눈곱만큼의 의심도 자리 잡을 틈이 없는 확고한 믿음을 내세운다. 말씀의 숨은 비밀을 알려주기도 하고, 숨은 계시라도 되는 양 심오한 해석을 들려주기도 한다. 이 말씀 저 말씀이 짝을 이루며 톱니바퀴 돌아가듯 들어맞는다. 대개는 들어보지도 못하고 생각해 본 적도 없는 신기하고 오묘한 말씀들, 지금까지 내가 헛 것을 믿었다는 회의감을 갖기에 충분하다.

예레미야 23장에는 당시 종교 지도자들의 실상이 가감 없이 담겨 있다. 병들고 비뚤어진, 얼굴이 화끈거릴 만큼 낯부끄러운 모습들이다.

그들은 양 떼를 죽이고 흩어 버린 목자들이다. 그것도 주님의 목장에서.(1절) 예언자도 썩고 제사장도 썩어 성전 안에서조차 악행을 저지른다.(11절) 사마리아의 예언자들은 바알의 이름으로 예언을 하여 하나님의 백성들을 그릇된 곳으로 인도한다.(13절) 예루살렘의 예언자들이라고 다르지가 않아 간음을 하고 거짓말을 하고 악행을 저지르는 자들을 돕는다. 악행 하는 자들을 도와줌으로 그들이 죄악에서 떠날 수 없도록 만든다. 그러다 보니 하나님 백성들의 삶이 소돔과 고모라 사람들과 다를 것이 없게 되고 만다.(14절)

그들은 주님의 말씀을 전하는 것이 아니라 자기의 마음속에서 나온 환상을 말할 뿐이다.(16절) 주님의 말씀을 멸시하는 자들에게도 만사가 형통할 것이라고 외친다. 너희에게는 어떠한 재앙도 내리지 않을 것이

다 말한다.(17절)

주님께서 보내지 않았는데도 스스로 달려 나가 주님이 하시지도 않은 말을 예언이라며 전한다.(21절) 내가 꿈에 보았다, 내가 꿈에 계시를 받았다 주장을 한다.(25절) 혼자만 그러는 것이 아니다. 서로 꿈 이야기를 함으로 주님의 백성들이 주님의 이름을 잊어버리도록 계략을 꾸민다.(27절)

주님의 말씀에 붙잡혀 '심장이 속에서 터지고, 모든 뼈가 떨리고, 취한 사람처럼 되고, 포도주에 곯아떨어진 사람처럼 되어버린'(9절) 예레미야만 안쓰러울 뿐이다. 이런 상황 속에서 더 이상 하나님의 말씀을 가감 없이 전하는 것이 무슨 의미가 있을까 싶을 때, 주님은 이렇게 말씀하신다.(28절)

- 꿈을 꾼 예언자가 꿈 이야기를 하더라도, 내 말을 받은 예언자는 충실하게 내 말만 전하여라. 알곡과 쭉정이가 서로 무슨 상관이 있느냐? 나 주의 말이다.〈새번역〉
- 꿈이나 꾸는 예언자는 꿈 이야기나 하여라. 그러나 내 말을 받은 예언자는 내 말을 성실하게 전하여라. 내가 똑똑히 말한다. 검불과 밀알을 어찌 비교하겠느냐?〈공동번역〉
- 꿈이나 꾸는 너희 예언자들, 계속 그렇게 얼빠진 꿈 이야기나 하고 다녀라. 그러나 나의 메시지를 받은 예언자들은 충실하고 성실하게 그것을 전하여라. 알곡과 쭉정이가 서로 무슨 상관이 있느냐?〈메시지〉

거짓 예언자들이 얼빠진 꿈 이야기를 한다 하여도 주님의 메시지를 받은 예언자들은 충실하게 주님의 말씀을 전하라고, 쭉정이와 알곡은 전혀 상관이 없는 것이니 알곡이 쭉정이 때문에 알곡이기를 포기하면 안 된다 하신다. 그 말로는 부족하다 여기신 것일까, 주님의 말씀은 이어진다.(29절)

- 내 말은 맹렬하게 타는 불이다. 바위를 부수는 망치다. 나 주의 말이다. 〈새번역〉
- 내 말은 정녕 불같이 타오른다. 망치처럼 바위라도 부순다. 똑똑히 들어라.〈공동번역〉
- 나의 메시지는 불같지 않느냐? 하나님의 포고다. 바위를 깨부수는 거대한 쇠망치 같지 않느냐?〈메시지〉

마치 주님은 이렇게 말씀하시는 것 같다. 쭉정이들이 세상을 다 덮는 것 같아도 나는 그들을 한 순간에 태우는 불이라고, 가짜 예언자들의 거짓과 위선이 바위처럼 견고해 보인다 하여도 나는 그 모든 것들을 단번에 깨부수는 거대한 쇠뭉치라고 말이다.

주님의 말씀은 맹렬하게 타는 불이요 바위라도 부수는 쇠망치다. 타지 않을 것이 없고, 깨지지 않을 것이 없다. 그것을 인정하지 않는 것이야말로 검불과 다를 것이 없는 어리석음일 터이다.

부담이 되는 말씀

너는 또 말하기를 너희는 서로 이웃과 형제(兄弟)에게 묻기를 여호와께서 무엇이라 응답(應答)하셨으며 무엇이라 말씀하셨느뇨 하고 다시는 여호와의 엄중(嚴重)한 말씀이라 말하지 말라 각(各) 사람의 말이 자기(自己)에게 중벌(重罰)이 되리니 이는 너희가 사시는 하나님 만군(萬軍)의 여호와 우리 하나님의 말씀을 망령(妄靈)되이 씀이니라 하고.(렘 23:36)

교우들과 말씀을 나누는 시간, 가끔씩 엉뚱한 질문을 할 때가 있다. 비유가 아니면 말씀하지 않으셨다(막 4:34)는 주님의 심정을 헤아리면서 말이다.

한 번은 교우들에게 자전거와 신앙생활에 대해서 물었다. "자전거를 타는 것과 신앙생활 하는 것, 두 가지 중에서 어느 것이 더 어려울까요?" 질문을 받은 교우들은 갸우뚱했다. 자전거 타기가 아무리 어렵다 해도 어디 신앙생활에 비길까, 신앙생활의 어려움을 세상 그 무엇에 비길까, 어찌 말도 안 되는 것을 묻느냐는 표정들이었다.

그런 교우들에게 내 의중을 말했다. "제 생각에는 자전거 타기가 훨씬 더 어려운 것 같아요. 자전거는 페달을 열심히 밟지 않으면 금방 티가 나서 바로 넘어지고 말잖아요. 그런데 신앙생활은 열심히 안 해도 티가 별로 안 나서 다른 사람들이 모를 때가 많거든요."

이렇게 물은 적도 있다. "여러분에게 하나님의 말씀은 꿀처럼 단 가요, 아니면 쓰디쓴가요?" 대부분의 교우들은 "달다"고 대답을 했는데, 아마도 다음과 같은 말씀을 떠올렸기 때문일 것이다.

> 주의 말씀의 맛이 내게 어찌 그리 단지요 내 입에 꿀보다 더 다니이다.
> (시 119:103)

그런 교우들에게 목사인 내게는 주님의 말씀이 소태처럼 쓸 때가 너무도 많다고 속내를 밝힌다. 목사가 주님의 말씀을 쓰다 하다니, 그렇게 말하는 목사를 바라보는 교우들의 표정에 의아함과 걱정이 담기는 것을 느낄 수가 있었다.

주님께서는 어느 누구도 주님의 말씀을 가리켜 '엄중한 말씀'이라 말하지 말라고 엄히 경고를 하신다. '엄중한 말씀'이라 말하는 자를 주님께서 버리겠다고(33절), 벌하겠다고(34절), 그의 말이 중벌이 되게 하겠다고(36절) 거듭해서 경고하신다.

'엄중한 말씀'으로 옮긴 히브리어 '맛사'는 '말' '말씀'이라는 뜻과 함께 '부담' '짐'이라는 뜻을 가지고 있다. 한 단어가 '말씀'이란 뜻과 '부담'이란 뜻을 동시에 가지고 있다는 것이 묘한 의미로 다가온다.

말씀을 들으면서도 아무런 무게감이나 부담감을 느낄 수 없다면 그것은 그저 귓가를 간질이는 가벼운 위로나 농담일지도 모른다. 얼마든지 편하게 웃으며 들을 수 있는 재미있는 말씀들은 주변엔 많다. 잘 웃기는 강사가 인기를 얻기도 한다.

모세는 산에 올라 들은 하나님의 말씀을 백성들에게 전할 때 하나님의 말씀을 '설명'하거나 '권면'을 하지 않고 '명령'을 한다.(출 34:32)

그러고 보면 말씀을 듣는다는 것은 명령을 받는다는 것이다. '말씀'과 '부담'이 같은 단어에서 비롯되었다는 의미를 살려 〈새번역〉은 33절을 이렇게 옮겼다.

이 백성 가운데 어느 한 사람이나 예언자나 제사장이 너에게 와서 '부담이 되는 주님의 말씀'이 있느냐고 묻거든, 너는 그들에게 대답하여라. '부담이 되는 주님의 말씀'이라고 하였느냐? 나 주가 말한다. 너희가 바로 나에게 부담이 된다. 그래서 내가 이제 너희를 버리겠다 말하였다고 하여라.

주님의 말씀을 부담스럽다고 말하는 이들이 오히려 주님께 부담이 된다고, 결국 주님은 부담이 되는 이들을 버리시겠다고 한다. 이런 주님의 뜻은 너무도 분명하여 36절에서 다시 한 번 반복하신다.

- '부담이 되는 주님의 말씀'이라는 표현을 너희가 다시는 써서는 안 된다. 누구든지 그런 말을 쓰는 사람에게는 그 말이 그에게 정말 부담이 될 것이라고 하여라. '그렇게 말하는 것은 살아 계신 하나님, 우리의 하나님, 만군의 주의 말씀을 왜곡하는 것이기 때문'이라고 말하여라.〈새번역〉
- 야훼의 말씀은 짐스럽다, 하는 말은 입 밖에도 내지 말 일이다. 그런 말을 하는 사람은 바로 그 말이 짐이 되리라. 그렇게 말하는 것은 살아 있는 이 하느님의 말, 저희들의 하느님 만군의 주 야훼의 말을 뒤엎는 것이다.〈공동번역〉
- 더 이상 "주님의 짐이다" 하고 말해서는 안 된다. 저마다 그 말이 자신에게 짐이 되기 때문이다. 너희는 살아 계신 하느님, 만군의 주 우리 하느

님의 말씀을 왜곡하였다.〈성경〉

- 하나님이 뭐라고 말씀하는지 안다고 주장할 것이 아니라, '이 일에 있어 하나님의 뜻이 무엇일까' 하고 서로 물어보아라. 다 안다는 듯 '하나님이 내게 이렇게 말씀하셨다. 이렇게도 말씀하셨다' 말하지 마라. 나는 그런 소리를 더 이상 듣고 싶지 않다. 오직 내가 권한을 부여한 자만이 나를 대변할 수 있다. 그렇지 않은 모든 자는 나의 메시지, 곧 살아 있는 만군의 하나님의 메시지를 왜곡하는 자다.〈메시지〉

주님의 말씀이 부담스럽다는 말은 아예 입 밖에도 내지 말라고, 그렇게 말하면 그 말이 정말로 말하는 자에게 부담이 될 것이라고, 주님의 말씀을 두고 그렇게 말하는 것은 살아 계신 하나님의 말씀을 '망령되이 쓰는' 일이라 하신다.

'망령되이 쓰다'는 것은 '뒤집다' '제 맘대로 고쳐 쓰다'라는 의미이니, 주님의 말씀을 짐으로 여기는 것이야말로 주님의 말씀을 제 멋대로 뒤집고 왜곡하는 것과 다르지 않은 일이다.

주님의 말씀 앞에서 우리가 가져야 할 마땅한 태도가 있다. 주님께서 무엇이라고 응답을 하셨는지, 주님께서 무엇이라 말씀을 하셨는지 다만 그것을 묻는 것이다. 주님의 말씀에 내 생각을 보태거나, 주님의 말씀에서 내 생각과 다른 것을 빼내는 것은 망령된 일, 아니 망령된 짓이다.

좋은 말씀이기는 하나 삶으로 실천하기엔 부담스럽고 짐스러워 슬쩍 밀어둔 말씀들이 우리에겐 적지 않다. 주님의 말씀이 송이꿀처럼 달다고 한 것은 말씀이 본래 꿀처럼 달아서가 아니다. 주님의 말씀은 소태처럼 쓰다. 하지만 그것이 주님의 말씀이기에 있는 그대로를 받아들일 때, 그 때 비로소 소태같이 쓴 말씀이 송이꿀이었음을 삶으로 깨닫게 되는 것이다.

두 종류의 무화과

이스라엘의 하나님 여호와가 이같이 말하노라 내가 이곳에서 옮겨 갈대아인(人)의 땅에 이르게 한 유다 포로(捕虜)를 이 좋은 무화과(無花果)같이 보아 좋게 할 것이라 내가 그들을 돌아보아 좋게 하여 다시 이 땅으로 인도(引導)하고 세우고 헐지 아니하며 심고 뽑지 아니하겠고 내가 여호와인 줄 아는 마음을 그들에게 주어서 그들로 전심(全心)으로 내게 돌아오게 하리니 그들은 내 백성(百姓)이 되겠고 나는 그들의 하나님이 되리라.(렘 24:5-7)

《탈무드》에 굴뚝청소에 대한 이야기가 있다. 굴뚝청소를 하러 두 사람이 올라갔는데 청소를 마치고나니 한 사람은 얼굴이 시커멓고 한 사람은 깨끗했다면, 두 사람 중에서 누가 얼굴을 씻겠는가 하는 이야기이다.

얼굴을 씻는다면 당연히 얼굴이 시커먼 사람이 아닐까 싶지만 그렇지가 않다. 탈무드에 의하면 얼굴이 깨끗한 사람이 씻는다. 청소를 마친 두 사람은 서로의 얼굴을 바라본다. 얼굴이 시커먼 사람은 깨끗한 사람 얼굴을 보며 자신도 깨끗한 줄로 생각한다. 반면 얼굴이 깨끗한 사람은 얼굴이 시커먼 사람을 보면서 자신도 시커먼 줄로 안다.

그런 일은 책에 나오는 이야기만이 아니다. 얼굴이 시커먼 사람이 얼굴 씻는 일과 무관한 삶을 살고, 얼굴이 깨끗한 사람이 열심히 얼굴을 씻는 일은 우리의 삶 속에서 어렵지 않게 보는 일이다.

《기독교는 왜》라는 책을 쓴 그렉 쿠클은 이렇게 말한다.

"슬픈 사실이 있다. 일요일마다 교회는 그리스도인이 아닌 '신자들'로 가득 찬다. 그들의 교리에는 아무 결함이 없지만, 그들은 하나님과 완전히 분리되어 있다. 그들은 예수에 대해 알고, 예수에게 동의하지만, 예수를 신뢰한 적이 한 번도 없다. 그들의 살아가는 방식에서 그 사실이 분명히 드러난다."

믿음의 모양은 있지만 삶의 방식을 보면 믿음과 전혀 상관이 없는, 우리들의 아픈 자화상이다 싶어 마음이 무거워진다.

어느 날 주님께서 예레미야에게 두 개의 광주리를 보여주신다. 주님께서 보여주시는 광주리가 성전 앞에 놓여 있는데, 한 광주리에는 처음 익은 무화과처럼 아주 좋은 무화과가 담겨 있고, 다른 광주리에는 너무 나빠서 먹을 수도 없는 무화과가 담겨 있었다. 성경에서 무화과나무는 포도나무와 감람나무와 함께 이스라엘을 나타내는 나무다. 24장에서 '무화과'가 늘 복수로 나오는 것은 그런 이유일 것이다. 무화과를 보여주신 주님께서 예레미야에게 말씀하신다.

내가 이곳에서 옮겨 갈대아인의 땅에 이르게 한 유다의 포로들을 이 좋은 무화과같이 보아 좋게 할 것이라. 포로로 끌려간 곳에서 다시 이곳으로 데리고 와서 그들을 세우고 헐지 않겠다고, 심고 뽑지 않겠다고 하신다. 주님을 알아볼 수 있는 마음을 주어 그들은 나의 백성이 되고 나는 그들의 하나님이 될 것이라고도 하신다. 나쁜 무화과에 대해서도 말씀하신다. 예루살렘과 이 땅에 남아 있는 사람들과 이집트 땅으로 간 사람들은 아주 나빠서 먹

을 수 없는 무화과처럼 만들어 주겠다.(5-8절)

그들을 세계 만국으로 흩어 혐오의 대상이 되게 하며, 그곳에서 수치와 조롱을 당하고, 비웃음과 저주를 받게 할 것이라 하신다.

나라를 빼앗긴 뒤 유다 백성들은 서로 다른 환경에서 살아가고 있었다. 바벨론의 느부갓네살 왕은 예루살렘을 포위한 뒤 그 성에 사는 모든 백성과 모든 지도자와 모든 용사와 모든 장인과 대장장이를 사로잡아 갔다.(왕하 24:14) 그 결과 예루살렘에는 비천한 자 외에는 남은 자가 없었는데, 그들은 나중에 바벨론 사람을 두려워하여 이집트로 피신을 간다.(왕하 25:26)

그렇다면 두 개의 광주리에 담긴 서로 다른 무화과는 무슨 뜻을 담고 있을까? 나라를 빼앗기고 바벨론에 포로로 끌려간 일은 사람의 눈으로 보자면 비극 중의 비극이다. 형벌로 치자면 가장 무섭고 무거운 형벌일 수 있다.

그러나 주님은 예루살렘에 남는 것은 죽음의 길이고, 항복하는 것이 생명의 길이라고 예레미야를 통해 일러주었다.(21:1-10) 그러기에 주님은 그들이 바벨론 땅에 이른 것을 두고 '붙잡혀 갔다' 하지 않고, '내가 이곳에서 옮겼다'고 하신다.(5절) 포로로 붙잡혀 간 것이 자의든 타의든 그들은 주님이 제시한 길을 걸은 사람들이었다.

그에 비해 여전히 예루살렘에 남아 있거나 이집트로 도망을 간 이들은 사람이 볼 때는 그나마 다행스러운 일이었지만, 주님의 말씀에 비춰 생각해보면 살 길을 스스로가 찾은 사람들이었다.

이 대목에서 드는 생각이 있다. 나라를 빼앗긴 뒤에도 예루살렘에 남아 있는 이들은 붙잡혀가지 않은 것을 주님께서 보살펴 주신 덕분이라고 생각하지 않았을까? 그러면서 붙잡혀간 이들을 주님께 심판을 받은 사람들이라 여기지 않았을까?

반면 바벨론으로 붙잡혀간 이들은 자신들이 겪고 있는 현실을 얼마나 큰 불행으로 여겼을까? 두렵고 무서운 심판으로 여겼을 것이다. 하지만 그들은 그런 고난을 통하여 비로소 자신들을 뼈아프게 돌아보는 시간을 가졌을 것이다. 그동안 지었던 모든 죄를 정직하게 뉘우치며 주님이 어떤 분이신지를 깨달아 전심으로 돌아오는 시간을 가졌을 것이다.(7절)

두 개의 광주리에 담긴 서로 다른 무화과, 사람이 볼 때는 포로로 붙잡혀간 이들이 당연히 나쁜 무화과요, 예루살렘에 남아 있거나 안전한 땅 이집트로 피한 이들이 좋은 무화과로 보이지만 주님이 보시기에는 그렇지 않았다. 정반대였다.

오늘 우리가 서 있는 자리가 교회요 기독교라는 울타리 안이라 하여 안심하고 우리 밖에 있는 이들을 걱정하고 정죄한다면, 그러느라 정작 회개할 줄 모르고 주님께 돌아갈 마음을 갖지 못한다면 우린 영락없는 나쁜 무화과일 뿐이다.

주님으로부터 멀리 떠나왔음을 아프게 깨달으며 참된 마음으로 돌아갈 마음을 가지고 있는 이가 땅 끝에 있다면 아무리 그가 멀리 있다 하여도 그는 좋은 무화과이다. 사람의 판단과 주님의 판단이 이리도 다르다는 것이 마음을 두렵게 한다.

깡그리 끔찍한 폐허

내가 그들 중(中)에서 기뻐하는 소리와 즐거워하는 소리와 신랑(新郎)의 소리와 신부(新婦)의 소리와 맷돌소리와 등(燈)불 빛이 끊쳐지게 하리니 이 온 땅이 황폐(荒廢)하여 놀램이 될 것이며 이 나라들은 칠십년(七十年) 동안 바벨론 왕(王)을 섬기리라.(렘 25:10-11)

신혼 초의 일이다. 부엌을 지나가다 창문가에 유리잔이 하나 놓여 있는 것을 보았는데, 같은 높이의 파란 싹들이 아우성을 치듯 앙증맞게 담겨 있었다. 아내에게 물어보니 뜻밖에도 콩나물이라 했다. 반찬을 하면서 콩나물을 한 움큼 꽂아둔 것이었다. 콩나물이 빛을 쬐니 화초처럼 잎이 파랗게 바뀐 것이었다. (그러고 보면 콩나물은 빛을 차단함으로써 콩나물이 된다. 우리가 그분의 도구가 되는 것도 마찬가지겠다 싶다. 모두를 누리는 것이 아니라 무엇인가를 차단해야 한다.)

며칠 뒤였다. 싹이 담긴 유리잔에 물이 거반 줄어 있었다. 물을 떠다가 채워 주는데 이상하게도 물은 밖으로 샜다. 잔에 물이 아직 다 차지를 않았는데 새다니, 무슨 일인가 보니 그럴 만도 했다. 유리잔의 뒷부분이 깨져 있었다. 나중에 알았지만 아내가 설거지를 하다 잔의 한쪽이 깨지자 그냥 버리기가 아까워 콩나물을 담아둔 것이었다. 깨진 쪽을 뒤쪽으로 하여 몰랐던 것이었다.

순간 마음이 맑아지는 것 같았다. 아무리 잔이 커도 잔에 물을 채울 수 있는 높이는 깨진 부분까지였다. 아무리 멀쩡해 보여도 보이지 않는 곳이 깨져 있으면 거기까지가 잔으로써의 한계였다.

나중에 알았지만, '리비히법칙'이라는 것이 있다. 리비히는 독일의 식물학자로 1840년 질소, 인산, 칼리 등 식물성장에 필요한 필수 영양소 중 성장을 좌우하는 것은 넘치는 영양소가 아니라 가장 부족한 영양소에 의해서 결정이 된다는 사실을 발표했다.

'나무통 법칙'이라는 말도 있다. 높이가 다른 여러 개의 나무판자를 연결해서 통을 만들 경우, 통에 담을 수 있는 물의 양은 나무통을 이루고 있는 가장 긴 나무판자에 의해 결정되는 것이 아니라 가장 짧은 나무판자에 의해 결정이 된다는 뜻이다.

일부가 깨진 유리잔이든, '리비히법칙'이든, '나무통 법칙'이든, 부르는 이름은 다르다 할지라도 모두가 우리의 삶을 돌아보게 한다. 아무리 그릇이 커도 소용이 없다. 아무리 그럴듯해 보여도 마찬가지다. 눈에 띄지 않는 어딘가에 한계를 가지고 있다면 그것이 그의 한계가 된다. 더 이상은 채울 수가 없게 된다.

당신의 백성들이 당신에게 등을 돌렸을 때, 악을 그치고 돌아오라고, 그러면 내가 너희를 이제라도 용서하겠다고, 너희가 손으로 만든 것으로 나를 격노하게 하지 말라고 거듭해서 전한 경고의 말을 끝내 듣지를 않았을 때(25:1-7), 결국 주님은 그들을 벌하기로 하신다.

바벨론의 왕 느부갓네살을 시켜서 북녘의 모든 민족을 불러다가 당신의 백성들이 사는 땅과 백성들을 치기로 하신다. 놀랍게도 주님은 느부갓네살을 '내 종'이라 하신다. 당신의 백성을 치기 위하여 이방 왕을 당신의 종으로 삼는 심정은 어떠셨을까.

백성들이 살던 땅을 쳐서 영원한 폐허가 되면, 주님의 백성들은 이방 사람들 앞에 놀라움과 빈정거림과 조롱거리가 되고 만다. 주님을 섬기는 선택받은 사람들이라는 자부심은 온데간데없이 사라지고 한순간에 비참한 존재로 전락하고 만다.

주님의 백성들이 살던 땅이 폐허가 될 때, 그 땅에서 사라지는 것들이 있다. '흥겨워하는 소리, 기뻐하는 소리, 즐거워하는 신랑 신부의 목소리, 맷돌질하는 소리, 등불 빛'이 그것이다.(10절)

- 기뻐서 노래하며 흥겹게 노는 소리도, 즐거운 신랑 신부의 소리도, 맷돌질 소리도 더 이상 나지 않으리라. 다시는 등불이 켜지지 않으리라. 〈공동번역〉
- 기쁨의 소리란 소리는 모조리 걷어낼 것이다. 노랫소리, 웃음소리, 결혼축하연소리, 일꾼들의 흥겨운 소리, 등불을 켜고 저녁식사를 즐기는 소리가 모두 사라질 것이다.〈메시지〉

살고 있는 곳에서 기쁨의 소리란 소리는 모두 사라지게 하겠다고, 모조리 걷어내겠다고 하신다. 기쁨의 노래, 웃음소리, 사랑과 꿈을 나누는 신랑 신부의 목소리, 맛있는 음식을 만드는 맷돌질 소리…, 삶을 기쁨으로 채우던 모든 소리들이 사라진다는 것이다.

기쁨의 소리가 모두 사라지는 것도 끔찍한데, 사라지는 것은 소리들만이 아니다. 빛도 사라진다. 저녁이 되고 밤이 되어도 등불 빛이 보이지를 않는다. 어둠이 찾아와도 어둠을 밝힐 빛을 어디에서도 찾아볼 수가 없으니 사방 어둠뿐이다.

결국 폐허의 땅이란 마땅히 있어야 할 소리와 빛이 모두 사라진 땅이다. 기쁨의 소리와 빛이 사라진 땅은 '깡그리 끔찍한 폐허'일 뿐이고, 끔찍한 폐허의 삶은 원치 않았던 종과 노예의 시간으로 이어진다.

예로부터 잘 되는 집에서는 세 가지 소리가 담을 넘는다고 했다. 글 읽는 소리, 일하는 소리, 아이들 웃는 소리가 그것이다. 생각해 보면 세 가지 소리 중 어느 하나가 빠져도 그 집은 허전할 수밖에 없다. 그런데 기쁨의 소리와 빛이 사라지다니, 그보다 더 비참한 상황은 없을 것이다.

주님을 등진 삶은 끔찍한 폐허일 뿐이다. 말씀을 듣지 않을 때 모든 기쁨의 소리가 사라진다. 말씀 앞에서 돌이키지 않을 때 어둠이 덮인다. 여전히 많은 것이 남아 있다고 해도 주님을 등진 삶은 더 이상 기쁨이 없는, 더 이상 빛을 볼 수 없는, 다만 빈 껍데기 삶일 뿐이다.

정답은 우리에게 있지 않다

만군(萬軍)의 여호와 이스라엘의 하나님 내가 예루살렘에서 바벨론으로 사로잡혀 가게 한 모든 포로(捕虜)에게 이같이 이르노라 너희는 집을 짓고 거기 거(居)하며 전원(田園)을 만들고 그 열매를 먹으라 아내를 취(娶)하여 자녀(子女)를 생산(生産)하며 너희 아들로 아내를 취(娶)하며 너희 딸로 남편(男便)을 맞아 그들로 자녀(子女)를 생산(生産)케 하여 너희로 거기서 번성(蕃盛)하고 쇠잔(衰殘)하지 않게 하라 너희는 내가 사로잡혀 가게 한 그 성읍(城邑)의 평안(平安)하기를 힘쓰고 위(爲)하여 여호와께 기도(祈禱)하라 이는 그 성(城)이 평안(平安)함으로 너희도 평안(平安)할 것임이니라 만군(萬軍)의 여호와 이스라엘의 하나님이 이같이 말하노라 너희 중(中) 선지자(先知者)들에게와 복술(卜術)에게 혹(惑)하지 말며 너희가 꾼바 꿈도 신청(信聽)하지 말라 내가 그들을 보내지 아니하였어도 그들이 내 이름으로 거짓을 예언(豫言)함이니라 여호와의 말이니라.(렘 29:4–9)

《하느님을 기다리는 시간》을 쓴 토마시 할리크는 자신이 프라하 지하철역 벽에서 본 낙서 이야기를 들려준다. 누군가가 "예수가 해답이다."라고 쓴 낙서를 본 것이다. 믿음이 뜨거운 누군가가 다른 이들에게 예수를 전하려고 쓴 글이었을 것이다. 그런데 그 바로 옆에는 이런 낙서가 적혀 있었다는 것이다. "그런데 문제는 뭐였지?" 순간 그는 철학자 에릭 푀겔린의 말이 떠올랐다고 했다. "오늘날 그리스도인들의 가장 큰 문제는 정답을 갖고 있지 못한 게 아니라, 그 답에 대한 질문을 잊은 것이다."

예레미야가 편지를 써서 보낸다. 발신인은 예레미야요, 수신인은 바벨론에 포로로 끌려간 이스라엘의 장로들과 제사장들과 예언자들과 온 백성이다. 주님은 말을 통해서도, 편지(글)를 통해서도 주님의 뜻을 전하신다. 들을 귀만 있다면 무엇을 통해서도 주님의 음성을 들을 수가 있다.

> 하늘은 하나님의 영광을 드러내고, 창공은 그의 솜씨를 알려 준다. 낮은 낮에게 말씀을 전해 주고, 밤은 밤에게 지식을 알려 준다. 그 이야기 그 말소리, 비록 아무 소리가 들리지 않아도 그 소리 온 누리에 울려 퍼지고, 그 말씀 세상 끝까지 번져 간다.(시 19:1-4)

예레미야는 말을 통해서도, 글을 통해서도 주님의 뜻을 전하는 도구가 된다. 모든 것이 끝난 것처럼 여겨지는 그 때에도 하나님의 사람에게는 해야 할 일이 여전히 남아 있다. 편지에는 포로로 끌려간 이스라엘 백성들이 끌려간 땅에서 어떤 삶을 살아야 하는지에 대한 주님의 뜻이 담겨 있다. 과연 주님은 포로로 끌려간 당신의 백성들이 포로지에서 어떤 삶을 살기를 원하셨을까, 편지의 내용은 다음과 같다.(5-6절)

> 너희는 집을 짓고 거기에 살며 텃밭을 만들고 그 열매를 먹으라. 아내를 맞이하여 자녀를 낳으며, 너희 아들이 아내를 맞이하며 너희 딸이 남편을 맞아 그들로 자녀를 낳게 하여 너희가 거기에서 번성하고 줄어들지 않게 하여라.〈새번역〉

편지에 적힌 내용은 이스라엘 백성들이 기대했던 것과는 전혀 다른 것이었다. 그들은 어서 빨리 포로생활을 마치고 고국으로 돌아오기를 원했을 것이다. 포로로 끌려온 땅이니 안간힘을 써서라도 몸과 마음이 그 땅에 뿌리 내리지 않도록 자신들을 지키는 것이 필요하다 여겼을 것이다.

그런데 주님은 집을 짓고 텃밭을 만들라 하신다. 잠깐 머무르려 하지 말고 제대로 머물 채비를 하라 하신다. 아들과 딸들도 결혼을 시켜 번성하여 줄어들지 않도록 하라 하신다. 어쩔 수 없이 잠깐 참으며 지낼 생각을 말고, 그 땅에서 오랫동안 살 생각을 하라 하신다. 편지의 내용은 계속 이어진다.(7절)

> 바빌론의 번창을 위해 기도하여라. 바빌론이 잘 되는 것이 너희에게도 좋은 일로 여겨라.〈메시지〉

이럴 수가! 이 또한 이스라엘 백성들의 생각과는 너무도 다른 것이었다. 다를 정도가 아니라 큰 충격으로 들렸을 것이다. 분명 이스라엘 백성들은 바벨론이 어서 망하게 해달라고, 그래야 자신들이 고국으로 돌아갈 수가 있다고, 고국으로 돌아갈 수 있는 길을 속히 열어 달라고 기도했을 터였다.

그런데 주님은 바벨론이 평안해야 너희도 평안할 수 있다며, 바벨론이 잘 되기를 위해서 기도하라 하신다. 자신들을 망하게 한 원수인데 원수를 위해 기도하라니, 이스라엘 백성들로서는 얼마나 기가 막힌 이야기였을까. 포로로 끌려간 이들에게 편지로 전하시는 또 한 가지 당

부가 있다.(8절)

너희는 지금 너희 가운데 있는 예언자들에게 속지 말고, 점쟁이들에게도 속지 말고, 꿈쟁이들의 꿈 이야기도 곧이듣지 말아라.〈새번역〉

백성들이 포로로 끌려온 것은 거짓 예언자들과 점쟁이들과 꿈쟁이들의 말을 들었기 때문이었다. 그런데 거짓 예언자들과 점쟁이들과 꿈쟁이들은 포로로 끌려간 땅에도 여전히 있고, 여전히 백성들에게 거짓 예언과 거짓 꿈을 이야기하고 있다. 포로로 끌려온 땅에도 거짓을 선동하고 주도하는 이들이 있다는 사실이 두렵다. 거짓을 필요로 하는 이들이 있는 곳에는 어김없이 거짓이 자리를 잡는다.

거짓 예언자들과 점쟁이들과 꿈쟁이들은 어떤 말을 했을까? 주님께서 전하시는 편지의 내용을 볼 때 짐작하게 되는 것이 있다. 곧 돌아갈 거라고, 그러니 집을 살 필요도, 땅을 일굴 필요도, 시집 장가를 갈 필요도 없다고, 우리가 해야 할 일은 어서 속히 바벨론이 망하게 해달라고 기도하는 것이라고, 그것이 곧 주님의 뜻이라 했을 것이다.

그런 말은 백성들에게 얼마나 지당한 말로 들렸을까? 위로도 되고, 소망도 되고, 그런 말을 들으며 용기도 얻었을 것이다. 그러나 예레미야의 편지를 통해 전해진 주님의 뜻은 백성들의 생각과는 너무도 달랐다.

우리의 생각이 아무리 지당하게 여겨질 때에도 우리의 생각을 주님의 뜻과 동일시할 수는 없다. 주님의 계획은 우리의 계획과 다르다. 주님의 일정 또한 우리가 생각하는 일정과는 다르다. 우리가 증오하며 거들떠보지도 않는 그 땅에 주님께서는 텃밭을 만들라고 하신다. 우리를 괴롭히는 이들을 위해 복을 빌라 하신다. 어서 떠나기를 원하는 그 땅에 뿌리를 내리라 하신다. 그것도 깊이! 정답은 우리에게 있는 것이 아니었다.

너를 사랑하는 자가 너를 찾지 아니하니

너를 사랑하던 자(者)가 다 너를 잊고 찾지 아니하니 이는 네 허물이 크고 네 죄(罪)가 수다(數多)함을 인(因)하여 내가 대적(對敵)의 상(傷)하게 하는 그것으로 너를 상(傷)하게 하며 잔학(殘虐)한 자(者)의 징계(懲戒)하는 그것으로 너를 징계(懲戒) 함이어늘.(렘 30:14)

청령포를 찾아가네
가느다란 실핏줄이 동맥처럼 변한 길
다시 찾아가네
손바닥 만한 배 잠깐 사이 몸 비틀면
이내 딴 세상
솔숲엔 바람도 그늘도 달지만
너무 일찍 마음이 쉰 한 소년의 탄식과 눈물
가만 듣고 본 관음송이 말해주듯
어디나 송진 같은 응어리
손과 발 굳이 묶지 않아도 꽁꽁 갇힌
지상에서의 유폐
저 멀리 기차가 지나가고

강물 여전히 푸르게 흘러도
어디에도 내려놓지 못한 삶의 무게와 통증

행여 거기 아닐까
잃은 길 찾듯
청령포를 찾네

언젠가 청령포를 다녀오며 끼적인 글이다. 예전 같으면 세상의 끝을 향하듯 굽이굽이 실핏줄 같은 길이었을 텐데, 이제는 쭉 쭉 동맥처럼 길이 변했다. 국도도 고속도로와 크게 다르지가 않아 강원도 영월이 아주 멀게 느껴지질 않았다.

그야말로 배 한 번 몸을 뒤척였을 뿐인데 지척을 두고 다른 세상이었다. 청령포는 육지 안의 고도(孤島)였다. 굳이 몸을 묶지 않아도 상관없는 유폐된 땅이었다. 묶지 않아도 누군가를 가둘 수 있는 법을 통치자들은 알고 있었고, 그런 일은 어느 시대에나 가능했던 일이었다. 아무리 솔밭이 아름다워도, 유유히 맑은 강물 감돌아 흘러가도 아무 소용이 없었다. 아무도 찾아오는 이 없고, 찾아갈 사람 없는 곳이었을 테니까.

주님의 심판을 받는 이스라엘 백성들의 모습은 비참하다. 상처는 고칠 수가 없고, 맞은 곳은 치유되지 않는다. 송사를 변호하여 줄 사람이 아무도 없고, 종기에는 치료약이 없어 절대로 치유되지 않는다. '약이 없다'(13절)는 말이 아프게 다가온다.

이 모든 일들은 그들 스스로가 불러들인 일이다. 허물이 크고, 죄(罪)가 수다(數多)하기 때문이었다. '죄가 수다(數多)' 하다니, 조용한 찻집을 찾아가 차 마시고 발품 팔아 좋은 식당을 찾아 밥 먹으며 수다 떨기를 좋아할 뿐, 수다한 죄를 헤아릴 줄 모르는 이 시대에 '數多한 罪'라는 말은 표현도 느낌도 생경스럽다.

그러고 보면 화도 복도 가만 앉아서 받는 것이 아니라 스스로 불러들이는 것이다. 복도 짓는 것이고, 화도 짓는 것이다. 그런데도 백성들은 상처를 입었다고 부르짖고, 고통이 가시지 않는다고 호소를 한다. 마치 아무런 잘못도 없는데 괜한 고통을 당하고 있다는 투다. 죄와 허물로 인한 주님의 심판 중에 마음에 와 닿는 것이 있다. '너를 사랑하던 자(者)가 다 너를 잊고 찾지 아니하니' 하는 구절이다.

- 그래서 너를 사랑하던 사람들은 모두 너를 잊고, 더 이상 너를 찾아오지 않는다.〈새번역〉
- 네가 잘나갈 때 어울리던 친구들은 뒤도 돌아보지도 않고 너를 등지고 떠났다. 너를 이렇게 때려눕힌 이는 바로 나다.〈메시지〉

사람들이 모두 나를 잊는다는 것, 나를 찾아오는 사람이 아무도 없다는 것, 살아가며 그보다 쓸쓸한 것이 무엇일까? 아무도 찾아오는 사람이 없다면 그것이야말로 철저한 고립과 단절, 큰 집이 무슨 소용이 있고 산해진미에 무슨 맛이 있겠는가.

그런데 다른 사람도 아닌 사랑하는 사람들의 발걸음이 끊어지고, 사랑하는 사람에게서 잊힌다면 그건 더욱 쓸쓸한 일이다. 삶에 있어 가장 소중한 것을 잃어버리는 것이다. 다른 것으로는 도무지 채워지지 않는 텅 빈 삶, 영락없는 천하의 외톨이, 그는 그저 하나의 부호나 기호에 지나지 않을 따름이다.

《논어》 '학이편'에는 '유붕자원방래 불역낙호'(有朋自遠方來 不亦樂乎)라는 구절이 있다. '벗이 먼 데서 오면 또한 즐겁지 아니하랴!'라는 뜻인데, 여기서 말하는 벗(朋)은 단순하게 알고 지내는 동료나 어릴 적 동무를 말하는 것이 아니다. 같은 뜻을 가지고 같은 가치를 지키는 동지(同志)나 도반(道伴)을 나타낸다.

멀리서 벗이 찾아오는 것을 생(生)의 더할 나위 없는 기쁨으로 여기던 시절이 있었거니와, 주님을 등진 삶의 결국은 사랑하는 이의 발걸음이 모두 끊기는 것, 사랑하는 사람으로부터 잊히는 것, 철저한 고립과 쓸쓸함이었다.

보라 내가 그들을 북편(北便) 땅에서 인도(引導)하며 땅 끝에서부터 모으리니 그들 중(中)에는 소경과 절뚝발이와 잉태(孕胎)한 여인(女人)과 해산(解産)하는 여인(女人)이 함께 하여 큰 무리를 이루어 이곳으로 돌아오되 울며 올 것이며 그들이 나의 인도(引導)함을 입고 간구(懇求)할 때에 내가 그들로 넘어지지 아니하고 하숫(河水)가의 바른 길로 행(行)하게 하리라 나는 이스라엘의 아비요 에브라임은 나의 장자(長子)니라.(렘 31:8-9)

여기 내 마음
가라앉을 만큼 가라앉아
거반
눈물에 닿았으니
오십시오, 주님
비로든
바람으로든
폭풍우로든
무엇으로라도 오십시오
파란 떨림
나는 당신을 예감합니다

-어느 날의 기도

늘 그럴 수 있다면 얼마나 좋을까만 그렇지가 못하다. 주님의 말씀이라 해도 돌짝밭을 지나가는 바람처럼 마음에 뿌리를 내리지 못한 채 무심히 지나갈 때가 많다. 더러더러 마음에 닿아 마음을 뜨겁게 만들기도 하고, 부끄럽게 하기도 하고, 눈물겹게 하기도 하는데, 그런 순간이야말로 말씀의 주인이신 주님께서 베푸시는 은총의 시간이다.

지금 주님은 뜻밖의 이름을 호명하신다. 이스라엘과 에브라임을 부르신다. 에브라임은 북이스라엘에 속한 지파이다. 지금 주님은 북이스라엘을 부르고 계신 것이다.

남 유다가 BC587년 바벨론에게 멸망을 당한 것에 비해 북이스라엘은 BC722년 앗시리아에 의해 멸망을 당했으니, 벌써 오래 전의 일이다. 어림잡아 셈을 해도 100년이 지난 일이다.

북이스라엘 백성들은 나라를 빼앗긴 채 앗시리아와 세계 곳곳으로 뿔뿔이 흩어지고 말았다. 그런 세월이 100년이 넘은 것이다. 100년이라면 사람들의 기억에서는 충분히 잊히고 말았을 시간이다. 그들을 기억할 사람들은 없을 것이다. 흩어진 그들이 지금 어디에 있는지, 어떻게 살고 있는지 관심을 갖는 이들도 따로 없었을 것이다. 이미 오래 전에 모든 것이 끝났기 때문이다.

그런데 주님은 지금 북이스라엘을 떠올리며 땅 끝에서부터 불러 모으시겠다 하신다. 땅 끝이라는 말은 절망적인 상황을 나타낸다. 그 어떤 회복이나 변화가 불가능한 곳이다. 사람들의 시선과 관심이 끊긴 곳이다. 그런 점에서 땅 끝에서부터 불러 모으시겠다는 말은 주님이 베푸시는 회복과 구원의 완전함을 나타낸다.(박동현)

우리 주변을 돌아보면 주님으로부터 멀어진 이들이 있다. 신앙생활을 하다가 신앙을 등진 이들이 있다. 교회를 등지고 떠난 이들이 있다. 뿔뿔이 흩어진 그들은 어느새 우리에게서 잊힌 존재가 되고 말았다. 그들이 어디에서 어떻게 지내고 있는지 우리는 알지 못한다.

그럴수록 우리가 기억해야 할 것이 있다. 우리는 그들을 잊었을지 몰라도, 주님은 그들을 잊지 않으셨다는 점이다. 우리는 그들이 돌아올 것을 포기했을지 몰라도 주님은 그들을 다시 돌아오게 하겠다고 하신다.

우리에 양 아흔아홉 마리가 있다고 해도 눈에 보이지 않는 양 한 마리를 찾아 나서는 것이 목자이다. 주님은 그 한 마리를 '찾도록' 찾으신다. 체면치레로 찾는 시늉만 내는 것이 아니라 찾을 때까지 찾으신다. 찾은 뒤에는 몽둥이질을 하고 그래도 화가 풀리지를 않아 질질 끌고 오는 것이 아니라 너무 기뻐서 어깨에 메고 온다.

땅 끝에서 불러 모으는 이들 중에는 소경과 발을 저는 사람과 임신한 여인과 해산한 여인이 있다. 생각해보면 모두가 먼 길을 걸을 수가 없는 사람들이다. 땅 끝에서부터 돌아오는 것이 불가능하게 여겨지는 사람들이다.

하지만 주님은 그들도 포기하지 않으신다. 행여 그들이 지칠까 물이 있는 곳으로 이끄신다. 지치지 않도록, 포기하지 않도록 걸을 수 있도록 도우신다. 결국 그들은 울면서 온다. 울지 않을 수가 없다. 자격 없는 이들을 부르시니, 포기했던 이들을 부르시니, 돌아오는 걸음걸음을 지키시니 기쁨과 감격을 참을 수가 없는 것이다. 우리가 잊어버린 이들의 이름을 주님은 부르신다.

묻기 전에 따르는

주(主) 여호와여 주(主)께서 내게 은(銀)으로 밭을 사며 증인(證人)을 세우라 하셨으나 이 성(城)은 갈대아인(人)의 손에 붙인바 되었나이다.(렘 32:25)

인생의 지혜가 녹아 있는 잠언 3장에는 다음과 같은 말씀이 있다. 웅숭깊은 말씀 앞에서 유구무언, 다만 "아멘!"할 뿐이다.

모든 일에는 다 때가 있다.
세상에서 일어나는 일마다 알맞은 때가 있다.
태어날 때가 있고, 죽을 때가 있다.
심을 때가 있고, 뽑을 때가 있다.
죽일 때가 있고, 살릴 때가 있다.
허물 때가 있고, 세울 때가 있다.
울 때가 있고, 웃을 때가 있다.

통곡할 때가 있고, 기뻐 춤출 때가 있다.
돌을 흩어버릴 때가 있고, 모아들일 때가 있다.
껴안을 때가 있고, 껴안는 것을 삼갈 때가 있다.
찾아나설 때가 있고, 포기할 때가 있다.

간직할 때가 있고, 버릴 때가 있다.
찢을 때가 있고, 꿰맬 때가 있다.
말하지 않을 때가 있고, 말할 때가 있다.
사랑할 때가 있고, 미워할 때가 있다.
전쟁을 치를 때가 있고, 평화를 누릴 때가 있다.
사람이 애쓴다고 해서, 이런 일에 무엇을 더 보탤 수 있겠는가?
이제 보니, 이 모든 것은, 하나님이 사람에게 수고하라고 지우신 짐이다.(3:1-10)

모든 일엔 때가 있다. 무엇인가를 해야 할 때가 있고, 하지 말아야 할 때가 있다. 어떤 일을 하기에 적합한 때가 있고, 어떤 일을 삼가기에 적합한 때가 있다. 어떤 일을 해야 할 때에 해야 할 일을 하지 않거나, 어떤 일을 하지 말아야 할 때에 일을 하는 것은 모두 어리석은 일이다.

예레미야는 주님께서 명하신 대로 밭을 산다. 선지자가 밭을 사는 것 자체가 낯설거니와, 밭을 살 때의 상황을 생각하면 이해가 되지 않는다. 바벨론이 쳐들어와 성을 포위하고 있는 시점, 곧 모든 것을 빼앗기게 될 터인데 밭을 사는 일이 무슨 소용이 있단 말인가?

그런 상황에 밭을 사는 것은 누가 보아도 어리석은 일, 밭을 사겠다는 사람이 있으면 헐값에라도 얼른 팔아 돈이나 식량을 준비하는 일이 현명한 때였다. 더더군다나 예레미야 자신은 지금 왕궁 시위대 뜰 근위대 마당에 갇혀 있지 않은가, 다른 일에 신경을 쓸 겨를이 없는 상황이었다. 누구라도 짐작할 수 있는 일을 예레미야가 몰랐을까? 아무리 주님의 말씀을 전하는 사람이라 세상 물정에 어둡다 해도 그 정도의 일은 분간할 수 있었을 것이다.

그러나 예레미야는 주님의 말씀을 따라 밭을 산다. 위기의 상황이라 하여 헐값으로 산 것도 아니었다. 은을 저울에 달아 정확히 값을 치른다. 그리고는 모두가 보는 앞에서 매매계약서까지 작성한다.

밭을 사는 예레미야의 모습 중에서 눈여겨보게 되는 대목이 있다. 누가 봐도 어리석은 일, 하지만 예레미야는 주님이 명하신 일을 모두 마친 뒤에 주님께 질문을 하고 있다. 기도를 통해서 말이다.

예레미야의 기도는 "슬프도소이다"(17절)로 시작된다. 슬프다는 말 속에는 주님의 뜻을 따르는 예레미야의 당황스러운 심정이 담겨 있다. 그의 기도가 이어지는데 예레미야가 정말로 아뢰고 싶었던 것은 25절이다.

> 주 하나님, 어찌하여 주님께서는 이 도성이 이미 바빌로니아 군대의 손에 들어가게 되었는데, 저더러 돈을 주고 밭을 사며, 증인들을 세우라고 말씀하셨습니까?〈새번역〉

주님이 명하시는 대로 따르기는 했지만, 여전히 예레미야는 주님의 뜻을 충분히 깨닫지 못하고 있음을 짐작하게 된다. 아무리 이해를 하고 받아들이려고 해도 받아들여지지가 않는 답답함이 느껴진다. 그럴수록 분명해지는 것이 있다. 그런데도, 그런데도 불구하고 예레미야가 밭을 샀다는 사실이다.

내 생각과 다르다고, 이해할 수 없다고 처음부터 주의 말씀을 외면

했던 것이 아니었다. 그렇다고 기도를 드려본 뒤에 내 마음이 불편하다고 주님의 뜻을 거절했던 것도 아니다.(중요한 결정을 내릴 때, 기도를 드린 후 마음이 편안한 것을 기도의 응답이라고 생각하는 이들이 의외로 많다.)

위기의 상황 속에서 밭을 사는 일은 누가 보아도 어리석은 일이었고, 자신 또한 받아들이기 힘든 일이었지만 예레미야는 그것을 요구하시는 분이 주님이기에 주님의 명을 따른다. 따른 뒤 기도로써 왜 그렇게 하라 하셨냐며 묻고 있다.

그렇게 하는 예레미야의 모습 또한 받아들이기 쉽지 않지만, 그래도 한 가지 인정하고 싶은 것이 있다. 예레미야의 믿음이 지극하다. 묻기 전에 따르는 믿음, 따른 뒤에 묻는 그 믿음이….

불신앙과 두려움 사이

6장

말씀에는 귀를 닫고 두려움으로 하나님의 뜻을 묻고 있는 시드기야. 그의 모습이 딱하고 두렵다. 마치 주님의 뜻을 두려워하는 우리의 모습을 보는 듯하다. 불신앙과 두려움 사이, 그곳은 결코 신앙의 자리가 아니다.

> 여호와의 말씀이 예레미야에게 임(臨)하니라 가라사대 나 여호와가 이같이 말하노라 너희가 능(能)히 낮에 대(對)한 나의 약정(約定)과 밤에 대(對)한 나의 약정(約定)을 파(破)하여 주야(晝夜)로 그 때를 잃게 할 수 있을진대 내 종 다윗에게 세운 나의 언약(言約)도 파(破)하여 그로 그 위에 앉아 다스릴 아들이 없게 할 수 있겠으며 내가 나를 섬기는 레위인(人) 제사장(祭司長)에게 세운 언약(言約)도 파(破)할 수 있으리라 하늘의 만상(萬象)은 셀 수 없으며 바다의 모래는 측량(測量)할 수 없나니 내가 그와 같이 내 종 다윗의 자손(子孫)과 나를 섬기는 레위인(人)을 번성(蕃盛)케 하리라 하시니라.(렘 33:19–22)

낮에 대한 약정과 밤에 대한 약정이라니, 무슨 말일까? '약정'(約定)이란 '묶을 약'(約)에 '정할 정'(定)을 합한 말로, 사전에서는 '일을 약속하여 정함'이라 풀고 있다.

"구약 히브리말 '브릿'이 스스로 의무를 지는 것을 뜻하므로, 이 경우 야웨께서 낮이나 밤과 맺은 언약이란 낮과 밤이 제대로 돌아가게 창조주 야웨께서 그 질서를 주관하시기로 하셨음을 가리킨다고 볼 수 있다."(박동현)

'낮에 대한 주님의 약정과 밤에 대한 주님의 약정'이 갖는 의미는 다음과 같다.

- 내가 낮과 맺은 계약이나 밤과 맺은 계약이 깨어져, 낮과 밤이 제 시간에 돌아오지 않는 일이 있겠느냐?〈공동번역〉

• 내가 낮과 밤과 맺은 언약이 깨어져 낮과 밤이 무질서해지고, 언제 밤이 되고 언제 낮이 될지 알 수 없는 일이 벌어지지 않는 한.〈메시지〉

세상을 창조하실 때 하나님은 하늘에 큰 빛과 작은 빛을 두심으로 낮과 밤을 나누시고, 그것으로 계절과 날과 해를 이루게 하셨다.(창 1:14) 낮과 밤을 구분하여 낮에게 명하신 것이 있었고, 밤에게 명하신 것이 있었다.

낮과 밤은 주님의 약정을 어김없이 따른다. 아무리 특별한 날이라 할지라도 하루가 낮이나 밤 어느 것 하나로만 이루어지는 경우가 없고, 낮과 밤의 순서가 뒤바뀌는 경우도 없다. 좋은 일이 있다고 낮이 길어지거나, 슬픈 일이 있다고 밤이 길어지는 것도 아니다. 낮과 밤은 창조 때부터 정해진 주님의 약정을 틀림없이 따르고 있다.

주님께서 낮과 밤에 관한 약정을 언급하시는 데에는 이유가 있다. 낮과 밤의 약정이 틀림없이 지켜지듯이 주님께서 반드시 이루실 일이 있기 때문이다. 주님께서 틀림없이 이루려고 하시는 일은 무엇일까?

다윗에게 세운 언약은 깨지는 일이 없고, 그의 후손이 더 이상 통치하지 못하게 될 일은 결코 없을 것이라 하신다. 또한 주님을 섬기는 레위 지파의 제사장들에게 세운 언약도 깨지는 일이 없을 것이라 하신다. 셀 수 없이 많은 하늘의 별처럼, 측량할 수 없이 많은 바다의 모래처럼, 주님께서 주님의 종 다윗의 자손과 주님을 섬기는 레위 사람들을 불어나게 하겠다고 하신다.

바벨론에 나라를 빼앗기고 포로로 끌려간 비참한 상황, 주어진 현실은 주님을 향한 믿음을 희미하게 만들었다. 아무 것도 희망할 수 없는 현실은 아무리 주님의 약속이라 하여도 그 약속을 소용없는 것으로 여기기에 충분했다.

그러나 주님께서는 그토록 절망적인 상황 속에서도 주님의 종 다윗의 자손과 주님을 섬기는 레위 사람들을 하늘의 별처럼 바다의 모래처럼 측량할 수 없고 셀 수도 없을 만큼 불어나게 하겠다고 약속하신다.

주님의 약속을 선뜻 받아들이지 못하고 믿지 못하는 백성들에게 주님은 낮과 밤의 약정을 상기시키신다. 낮과 밤의 약정이 깨어진다면 모를까 그렇지 않다면 주님의 약속 또한 어김없이 이루어질 것이라고 다짐을 하듯 보증을 서듯 말씀하시는 것이다.

때때로 우리에게 찾아오는 고난과 역경은 우리를 향한 주님의 사랑을 의심하게 만든다. 우리를 지키고, 돕고, 일으키겠다고 하시는 주님의 약속을 더 이상 신뢰하지 못하게 만든다.

하지만 그런 우리를 향하여 주님은 스스로 약속하신다. 우리를 향한 주님의 약속은 깨어질 수 있는 것이 아니라고 하신다. 어김없이 찾아오는 낮과 밤이 주님이 정한 때를 따르는 한, 주님의 약속은 깨어질 수 없다고 하신다.

주님의 사랑에서 벗어났거나 멀어졌다고 여겨질 때마다 날마다 이어지는 낮과 밤, 너무도 당연하다 여겼던 낮과 밤의 흐름을 가만 믿음의 눈으로 살펴볼 일이다.

너희를 송아지 같이 만들겠다

송아지를 둘에 쪼개고 그 두 사이로 지나서 내 앞에 언약(言約)을 세우고 그 말을 실행(實行)치 아니하여 내 언약(言約)을 범(犯)한 너희를 곧 쪼갠 송아지 사이로 지난 유다 방백(方伯)들과 예루살렘 백성(百姓)들과 환관(宦官)들과 제사장(祭司長)들과 이 땅 모든 백성(百姓)을 내가 너희 원수(怨讐)의 손과 너희 생명(生命)을 찾는 자(者)의 손에 붙이리니 너희 시체(屍體)가 공중(空中)의 새들과 땅 짐승의 식물(食物)이 될 것이며 또 내가 유다 왕(王) 시드기야와 그 방백(方伯)들을 그 원수(怨讐)의 손과 그 생명(生命)을 찾는 자(者)의 손과 너희에게서 떠나간 바벨론 왕(王)의 군대(軍隊)의 손에 붙이리라.(렘 34:18-21)

어떤 부자에게 문제가 하나 있었다. 목이 잘못 박혀서 얼굴이 앞을 향하지 않고 옆을 향해 놓인 것이었다. 어느 날 침쟁이라고 하는 노인이 목을 고쳐 주겠노라고 찾아왔다. 침 값으로 오천 냥을 부르는 노인에게 자신의 목을 제대로 돌려놓을 수만 있다면 오만 냥도 주겠다고 부자는 약속을 했다.

노인은 침통에서 침을 꺼내 부자의 목에 돌아가면서 꽂았다. 그러자 참 이상하게도 부자의 목이 돌아가기 시작하더니 정상이 되는 것이 아닌가. 신기하게도 목이 제자리로 돌아왔다.

정상이 되고나자 부자는 돈이 아까웠다. 부자가 노인에게 말했다. "밑천도 들지 않았는데 오천 냥은 너무 많지 않소. 천 냥만 합시다." 그러면서 돈을 주지 않으려고 했다.

그러자 노인이 말했다. "뭐 밑천도 들지 않았지요. 그런데 온전히 고치려면 침 한 대를 더 맞아야 합니다." 하면서 침 한 대를 더 찔렀다. 그러자 이상하게 그 부자의 목이 전과 마찬가지가 되고 말았다. 목을 본래의 자리로 돌린 침쟁이 노인은 "밑천도 들지 않았는데요." 하며 그냥 가버리고 말았다.

'헛 맹세를 하지 말고, 네 맹세한 것을 주께 지키라'는 말을 들어 알고 있는 이들에게 주님은 '도무지' 맹세하지 말라 하신다.(마 5:34) '아예' 맹세하지 말라신다. 하늘을 두고도 맹세하지 말고, 땅을 두고도 맹세하지 말고, 예루살렘을 두고도 맹세하지 말고, 자신의 머리를 두고도 맹세하지 말라는 것이다.

당시 사람들이 하는 맹세에는 두 종류의 맹세가 있었다고 한다. 무슨 일이 있어도 꼭 지켜야만 하는 맹세와, 지키면 좋지만 지키지 못해도 어쩔 수가 없는 맹세가 있었다는 것이다. 꼭 지켜야 하는 맹세는 하나님의 이름으로 했고, 못 지키면 할 수 없는 맹세는 하늘, 땅, 예루살렘, 자기 머리를 두고 했는데, 문제는 약속을 하는 사람의 은밀한 생각에 있었다.

내게 이익이 되는 맹세를 할 때에는 하나님의 이름으로 맹세를 하고, 내게 손해가 되는 맹세를 할 때는 하나님 아닌 다른 이름으로 맹세를 했던 것이다. 못(안) 지켜도 어쩔 수 없다는 마음을 갖기 위해서였다.

그렇게 생각하는 이들에게 주님은 모든 맹세가 다 소중한 것이라고, 사람에게 한 맹세도 실은 하나님 앞에서 한 맹세라는 점을 일깨우신 것이다. 맹세의 대상으로 삼고 있는 하늘은 하나님의 보좌요, 땅은 하나님의 발판이요, 예루살렘은 크신 임금님의 도성이요, 머리 또한 인간이 자기마음대로 머리카락을 희게 하거나 검게 할 수가 없다는 것이다. 무엇을 걸고 맹세를 한다 할지라도 모두가 다 하나님이 거하시는 거처이니 자신의 생각을 감추기 위하여 함부로 하나님의 이름을 거들먹거리지 말라는 것이다. 주님이 원하시는 것은 굳이 맹세를 하지 않아도 얼마든지 믿을 만한 사람으로 살아가는 것이었다.

나라의 상황이 악화일로로 치닫게 되자 시드기야 왕은 주님이 명하신 법을 지키기로 한다. 안식년이 되면 종 되었던 히브리인들을 자유인으로 돌리는 규정이 있었는데, 그 법을 지키기로 한 것이다. 그렇게 하면 나쁜 상황이 호전될지도 모른다는 기대가 있었기 때문이었다. 그런데 이게 웬일, 혹시나 싶어서 했는데 정말로 상황이 좋아지는 것이 아닌가. 이집트의 지원군이 다가오고, 바벨론 군대가 얼마동안 물러나는 것이었다.

일이 이렇게 좋아지자 시드기야를 비롯한 기득권자들의 마음이 바뀌고 만다. 종을 자유인으로 풀어주기로 한 것을 다시 취소한 것이다. 종에게 자유를 주기로 한 약속은 성전에서 주님과 한 약속이었다. 송아지를 두 조각으로 갈라놓고 그 사이로 지나가며 주님 앞에서 엄숙하게 서약했다. 송아지를 두 조각으로 쪼갠 뒤 그 사이를 지나가며 약속을 한 것은, 만약 약속을 어길 경우 자신이 지금 지나온 송아지처럼 되는 벌을 기꺼이 받겠다는 의미였다. 주님께서는 약속을 어긴 이스라엘 백성들에게 이렇게 말씀하신다.

송아지를 두 조각으로 갈라 놓고, 그 사이로 지나가 내 앞에서 언약을 맺어 놓고서도, 그 언약의 조문을 지키지 않고 나의 언약을 위반한 그 사람들을, 내가 이제 그 송아지와 같이 만들어 놓겠다.〈새번역〉

어려움이 닥쳐왔을 때에는 주님의 법을 지키겠다고 단단히 약속을 하고, 막상 어려움이 지나가는 것 같으니까 손바닥 뒤집듯 약속을 뒤집고 마는, 당시 이스라엘 백성들의 가벼움 속에는 얼마든지 오늘 우리들의 가벼움이 들어 있다.

그럴수록 우리가 깨달아야 할 것이 있다. 감당하기 힘든 어려움을 당해 송아지를 갈라놓듯 간절한 마음으로 주님 앞에 맹세한 것을 우리가 지키지 않으면, 주님은 우리를 우리가 지나온 송아지처럼 만드신다는 것이다.

나을 것이 없는 사람들

레갑의 아들 요나답이 그 자손(子孫)에게 포도주(葡萄酒)를 마시지 말라 한 그 명령(命令)은 실행(實行)되도다 그들은 그 선조(先祖)의 명령(命令)을 순종(順從)하여 오늘까지 마시지 아니하거늘 내가 너희에게 말하고 부지런히 말하여도 너희는 나를 듣지 아니하도다.(렘 35:14)

강원도의 한 외진 마을에서 목회를 하며 집 한 채를 지은 일이 있다. 흙과 나무와 돌을 모아 집을 지었다. 동네에 들어와 벌목을 하는 분이 나무를 전해주었고, 마을 분들은 동네의 집을 수리할 때 나오는 구들장과 창문 등을 전해주었다. 그 모든 것을 모아 마을 어른들과 시간을 잊고 쉬엄쉬엄 지은 집이니 허술하기로 하면 더없이 허술한 집이 되었다. 새집을 헌집처럼 지은 셈이다. 고개를 한참 숙여야 드나들 수 있고 아궁이에 불을 지펴야 잠을 잘 수 있는, 불편한 집이기도 하다.

집은 허술하고 불편하지만 이름만은 그럴듯한 이름을 얻었다. '인우재'(隣愚齋), 어리석음과 가까워지는 집이라는 뜻이다. 어리석음과 가까워지는 일은 여전히 어리석은 일일까? 우리에게 정말로 필요한 것은 어리석음의 의미를 회복하는 것 아닐까? 세상이 만들어준 주판을 스스로 버리는데 우리의 희망이 달려 있는 것 아닐까? 이런저런 고민을 담아 어리석음을 배우려는 마음으로 지은 집이었다.

예레미야 35장에는 약속을 끝까지 지키는 사람들의 이야기가 나온다. 주님과의 약속을 어긴 사람들의 이야기가 나오는 34장과는 대조적이다. 끝까지 약속을 지킨 사람들은 레갑 족속 사람들이었다. 레갑은 열왕기하에 나오는 인물로 북왕국 오므리 왕조를 무너뜨리고 새 왕조를 세운 예후가 사마리아의 바알 신당에서 바알 숭배자들을 없앨 때 함께 있었던 사람이다. 신앙적으로 부패했던 북왕국에서 그래도 바른 신앙을 지켜가던 사람 중의 하나였다.

주님께서는 예레미야를 통해 레갑의 후손들을 주님의 집 한 방으로 데리고 가서 포도주를 마시게 하라고 명하신다. 예레미야는 하난의 아들들의 방에 포도주가 가득한 사발과 잔을 놓고서 그들에게 포도주를 마시라고 권한다.

하지만 레갑의 후손들은 어느 누구도 포도주를 마시지 않았는데, 이는 선조가 남긴 당부 때문이었다. 레갑의 아들 요나답이 자신의 자손들에게 영원히 포도주를 마시지 말라 명하였던 것이다. 레갑의 후손들은 선조가 남긴 당부를 지키느라 예언자가 권하는 포도주를 마시지 않았던 것이다.

요나답이 후손에게 남긴 당부는 포도주에 관한 것뿐만이 아니었다. 집도 짓지 말라 했고, 곡식의 씨도 뿌리지 말라 했고, 포도원도 재배하지 말라 했고, 평생을 장막에서 살아가라고 했다. 평생을 장막에서 산다는 것은 한 곳에 정착하지 않고 이리저리 떠돌아다니는 삶을 의미한다.

요나답이 요구한 것은 더없이 불편한 삶이 아닐 수가 없다. 곡식의 씨를 뿌리지 않고 산다는 것, 포도원을 소유하지 않는다는 것, 집을 짓지 않고 떠돌이 생활을 한다는 것은 고단하고, 가난하고, 아무 것도 자신의 앞날을 보장할 것이 없는 위태한 삶을 살아가는 것이었다.

그런데도 왜 레갑의 후손들은 그런 삶을 이어가고 있었던 것일까? 이유는 단 하나, 그들의 조상 레갑의 아들 요나답이 그렇게 살라고 명하였기 때문이다. 다른 사람들은 어느 누구도 그렇게 살고 있지 않았지만, 선조가 남긴 말을 지키기 위하여 그들은 불편하고 불안한 삶을 묵묵히 이어가고 있었던 것이다.

불편을 감수하면서도 선조가 남긴 당부를 잊지 않고 최선을 다하여 지키고 있는 레갑 후손들의 모습은 주님 백성들의 모습과는 너무도 대조적이었다. 주님께서는 레갑의 후손들 이야기를 통해 이스라엘 백성들에게 이렇게 말씀하신다.

- 그 자손은 조상이 내린 명령에 순종해서, 이 날까지 전혀 포도주를 마시지 않는다. 그러나 너희들은 내가 직접 말하고, 또 거듭하여 말했으나 내 말을 듣지 않았다.〈새번역〉
- 내가 너희에게 말하고 부지런히 말하여도 너희는 나를 듣지 아니하도다.〈개역한글〉
- 내가 너희에게 말하고 끊임없이 말하여도 너희는 내게 순종하지 아니하도다.〈개역개정〉
- 그런데 너희는 내가 그렇게도 거듭거듭 일러 준 말을 들으려 하지 않았다.〈공동번역〉
- 그런데 너희는 어떠냐! 너희 주의를 끌고자 내가 그토록 수고하였는데도, 너희는 계속 나를 무시했다.〈메시지〉

사람이 남긴 말도 선조의 말이라 하여 성심껏 지키는데, 어찌 내 백성이 내 말을 지키지 않을 수가 있느냐는 주님의 말씀 속에는 주님의 실망과 탄식과 책망이 담겨 있다.

오래 전부터 내려오는, 직접 듣지도 않은 선조의 말도 성실하게 지키는 레갑 자손들을 두고서, 주님께서 '직접' 말하고 '거듭해서' 말해도, '부지런히' 말해도, '끊임없이' 말해도, '거듭거듭' 말해도 당신의 백성들이 당신의 말씀을 지키지 않고 있으니, 주님 눈에는 레갑의 아들 요나답이 한없이 부러우신 것 같기도 하다.

더없이 불편하고 불안한 선택이었으니 시대가 바뀌고 가치가 바뀌었다며 얼마든지 버릴 수도 있을 터인데, 단 하나 선조가 남긴 명이라는 이유로 묵묵히 따르고 있는 레갑의 후손들 앞에서 주님의 백성들이 보이고 있는 모습은 가볍고 어처구니가 없어 보인다.

오늘 우리들의 믿음이 세상 사람들이 지켜가는 가치에도 미치지 못하는 것이라면, 그것은 깃털보다 가벼운 것! 아무리 주님이 직접, 거듭, 부지런히, 끊임없이 말씀하셔도 듣지를 않는다면 우리는 세상 사람들보다 나을 것이 없는 사람들이다.

지기 위해 싸운다

왕(王)이 여후디를 보내어 두루마리를 가져오게 하매 여후디가 서기관(書記官) 엘리사마의 방(房)에서 가져다가 왕(王)과 왕(王)의 곁에 선 모든 방백(方伯)의 귀에 낭독(朗讀)하니 때는 구월(九月)이라 왕(王)이 겨울 궁전(宮殿)에 앉았고 그 앞에는 불 피운 화로(火爐)가 있더라 여후디가 삼편(三篇) 사편(四篇)을 낭독(朗讀)하면 왕(王)이 소도(小刀)로 그것을 연(連)하여 베어 화로(火爐) 불에 던져서 온 두루마리를 태웠더라 왕(王)과 그 신하(臣下)들이 이 모든 말을 듣고도 두려워하거나 그 옷을 찢지 아니하였고 엘라단과 들라야와 그마랴가 왕(王)께 두루마리를 사르지 말기를 간구(懇求)하여도 왕(王)이 듣지 아니하였으며 왕(王)이 왕(王)의 아들 여라므엘과 아스리엘의 아들 스라야와 압디엘의 아들 셀레먀를 명(命)하여 서기관(書記官) 바룩과 선지자(先知者) 예레미야를 잡으라 하였으나 여호와께서 그들을 숨기셨더라.(렘 36:21-26)

니코스 카잔차키스가 한 수도원을 찾았을 때, 몹시 지친 수도자를 만나게 되었다. 그는 금방이라도 쓰러질 것처럼 기진맥진해 있었다. 카잔차키스가 수도자에게 물었다.

"수도자님은 아직도 사탄과 씨름을 하고 계십니까? 너무 힘들어 보이십니다."

"웬걸요, 사탄과의 싸움은 벌써 끝났습니다."

"아니 그러면 누구와 싸우기에 그렇게 지쳐 있습니까?"

"하나님과 싸우지요."

대답을 들은 카잔차키스가 놀라서 물었다.

"하나님과 싸운다고요? 감히 하나님을 이기리라고 생각하는 겁니까?"

그 때 수도자가 대답했다.

"아닙니다. 저는 하나님께 지려고 싸웁니다. 그런데요, 하나님께 지는 것이 이토록 어렵습니다."

어느 날 주님께서 예레미야에게 그동안 주님이 하신 말씀을 모두 두루마리에 기록하라 하신다. 혹시라도 기록된 말씀을 듣고 깨달아 나쁜 길에서 돌이킨다면 주님께서도 백성들에게 내리시기로 한 재앙을 거두시려는 일말의 기대 때문이었다. 끝없이, 한없이 약하신 주님!

예레미야는 자신이 들은 주님의 말씀을 바룩에게 들려주었고, 바룩은 예레미야가 들려주는 말씀을 받아 적었다. 바룩을 통해 주님의 말씀을 받아 적게 한 데는 이유가 있었는데, 당시 예레미야는 감금이 되어 성전에 들어갈 수가 없었다. 두루마리에 말씀을 적어 기록된 말씀을 백성들에게 선포하기 위함이었다. 말씀은 말을 통해서만 전해지는 것은 아니다. 기록을 통해서도 전해진다.

예레미야는 기록된 말씀을 금식일에 성전을 찾는 모든 이들에게 읽을 것을 명한다. 회개를 할 때나 큰 재난이 닥쳤을 때, 특별한 의미가 있는 날이거나 주님의 뜻을 간절한 마음으로 찾고 기다릴 때 금식을 했다. 말씀은 아무 때나 선포되는 것이 아니라 말씀을 받을 준비가 되었을 때 선포되는 것이 마땅할 터이다.

마침내 금식이 선포되었고, 바룩은 성전에 모인 이들에게 주님의 말씀을 낭독한다. 바룩이 읽는 말씀을 들은 미가야가 그 사실을 왕궁에 보고를 한다. 왕궁의 관리들은 여후디를 바룩에게 보내 백성들에게 읽어준 두루마리를 가지고 오게 한다. 그들은 두루마리에 기록된 말씀을 듣고는 깜짝 놀랐다.

두루마리에 주님의 말씀을 적게 된 과정을 알게 된 관리들은 바룩과 예레미야를 보호하기 위해 사람들이 모르는 곳에 숨으라 하고는, 왕을 찾아가 두루마리에 관하여 보고를 한다.

이야기를 들은 여호야김 왕은 그 두루마리를 가져오게 했고, 주님의 말씀은 다시 한 번 왕 앞에서 낭독된다. 주님의 말씀은 여러 사람의 손을 거치면서 다양한 상황 속에서 여러 사람에게 들려진다. 문제는 누가 어떤 마음으로 말씀을 듣느냐 하는 것이다.

그런데 말씀을 듣는 왕의 태도가 뜻밖이다. 말씀이 서너 쪽씩 낭독이 될 때마다 왕은 말씀이 적힌 두루마리를 소도(小刀)로 베어 화롯불에 태웠다(23절). 왕이 두루마리를 벤 소도(小刀)는 서기관들이 글을 쓸 때 쓰는 갈대 촉을 날카롭게 하거나 파피루스 판(板)을 자를 때 쓰는 작은 칼을 가리킨다.

서기관들이 두루마리에 글을 쓸 때 쓰는 도구를 왕은 예언을 적어 놓은 두루마리를 잘라 망가뜨리는데 쓴 셈이 되었다. 말씀을 기록하는데 사용했던 칼을 말씀을 난도질하는데 썼던 것이다.

왕이 주님의 말씀에 대해 갖는 태도가 그러하니 주변 신하들이 다를 것이 없었다. 주님의 말씀을 들으면서도, 주님의 말씀을 난도질하여 불에 태우는 모습을 보면서도, 전혀 두려움이 없었다.(24절) 두루마리를 찢어 불태우는 왕의 행위를 만류한 신하가 아주 없지는 않았지만 여호야김 왕은 듣지 않았고(25절), 오히려 예레미야와 바룩을 잡을 것을 명령한다.(26절) 두루마리를 모두 불태웠다 할지라도 말씀을 전할 예언자가 남아 있으니 아예 말씀의 근원까지 제거하려고 했던 것이다.

말씀을 들으며 찢어야 했던 것은 말씀을 듣는 이의 옷과 마음이었다. 그런데 여호야김 왕은 주님의 말씀을 찢었다. 그것도 주님의 말씀을 분명히 기록하기 위해 사용하던 칼로 말씀을 난도질했다. 말씀을 들으며 불태워야 할 것은 말씀을 듣는 이의 죄악이었다. 그런데 여호야김 왕은 주님의 말씀을 불태웠다.

"두렵다." 주님의 말씀 앞에서 가질 수 있는 인간의 거만함이 어디까지인지, 왕의 소도에 베인 듯 섬뜩하게 다가온다. 차라리 하나님의 말씀을 붙 태웠으면 태웠지, 하나님에게 진다는 것이 이리도 어려운 것이다.

끝내 태울 수 없는 것

> 이에 예레미야가 다른 두루마리를 취(取)하여 네리야의 아들 서기관(書記官) 바룩에게 주매 그가 유다 왕(王) 여호야김의 불사른 책(冊)의 모든 말을 예레미야의 구전(口傳)대로 기록(記錄)하고 그 외(外)에도 그 같은 말을 많이 더 하였더라.(렘 36:32)

세상에서 가장 어리석고 우스꽝스러운 모습이 있다면, 어떤 모습일까? 어디 그런 모습이 한둘일까만 대뜸 떠오르는 모습이 있다. 흔히 미련한 사람을 '꿩 대가리'라 부르는 데, 거기에는 그럴만한 이유가 있다.

어릴 적 시골의 초등학교에서는 겨울이 되어 눈이 수북이 쌓이면 선생님들과 학생들이 함께 뒷산으로 올랐다. 토끼사냥을 가는 것이다. 한쪽에 그물을 쳐 놓고는 손에 막대기를 든 학생들이 산 전체를 에워싼 채 함성을 지르며 몰이를 시작하면 놀라 도망을 치던 토끼들이 걸려들곤 했다.

어떤 날은 토끼 대신 엉뚱한 것을 잡기도 했다. '꿩 대신 닭'이 아니라, '토끼 대신 꿩'을 잡는 것이다. 눈 덮인 겨울 산에서 꿩을 발견하면 학생들이 고함을 지르며 몰아댄다. 꿩은 독특한 습성이 있어 오랫동안을 날지 않고 잠깐 날다가는 꼭 내려앉고는 한다.

꿩에게는 또 한 가지 어리석은 특징이 있는데, 몰이에 쫓기다가 더는 어쩔 수가 없게 되면 자기 머리를, 그야말로 대가리를 눈 속에 파묻고는 꼼짝을 하지 않는다. 제 깐에는 숨었다고 생각하는 듯하다. 제 눈에 아무것도 안 보여 안전하게 숨은 것으로 착각을 하는 것이니, 그렇게 우스꽝스럽고 어리석은 모습이 또 어디 있을까 싶다.

여호야김 왕은 예레미야를 통해 전해진 주님의 말씀이 영 불편했다. 하긴 바벨론에게 나라를 빼앗기게 될 것이라는 내용이었으니 어느 왕이 그런 것을 좋아할까? 왕은 두루마리에 적힌 주님의 말씀을 듣는 대로 소도(小刀)로 베어 화롯불에 태웠다.

그렇게 왕이 두루마리를 모두 태운 뒤에 주님께서는 예레미야에게 다시 명하신다. 다른 두루마리를 구해다가 첫 번째 두루마리에 기록하였던 먼젓번 말씀을 모두 다시 적으라는 것이었다.

거기에 보태 주님은 왕에게 임할 진노를 말씀하신다. 먼저 왕의 후손들 중 다윗의 왕좌에 앉을 자가 하나도 없을 것이라 하신다. 여호야김의 뒤를 이어 그의 아들 여호야긴이 왕위에 오르지만 여호야긴은 왕위에 오른 지 석 달 만에 바벨론으로 끌려가게 되고, 37년의 세월이 지난 뒤에야 자유로운 몸이 된다.

여호야김의 시체는 무더운 낮에도 추운 밤에도 바깥에 버려져 뒹굴게 될 것이라 하신다. 죽은 뒤에도 아무도 돌보는 자가 없는 수치를 당하게 된다는 것이다. 주님이 내리시는 재앙은 왕에게서 그치지 않는다. 왕뿐만이 아니라 그의 신하들에게도, 또한 주님이 경고하였으나 믿지 않은 예루살렘 주민과 유다 사람에게도 내리게 된다.

예레미야는 주님이 명하신 것을 그대로 따른다. 왕은 두루마리를 태웠지만 주님의 말씀은 다시 기록이 된다. 먼젓번 말씀만이 아니라, 더 많은 말씀이 기록된다. 재난을 예고하는 말씀까지가 담겼으니 말이다.

칼로 두루마리를 베어내고 베어낸 두루마리는 태웠을지 몰라도, 주님의 말씀까지 태울 수는 없는 일이다. 내 귀에 쓴 소리라 하여 내 귀를 틀어막거나 아예 주님의 말씀을 없앤다고 주님의 말씀이 사라지는 것은 아니다. 잠시 멀어지는 것으로 보일지 몰라도 오히려 더 분명한 힘으로 다가온다.

주님의 말씀은 내가 외면한다고 해서 나와 무관하게 되는 것이 아니다. 그렇게 생각한다면 그것이야말로 눈 속에 제 대가리를 파묻고는 스스로 안전하다 여기는 겨울 꿩과 다를 바가 없을 것이다.

예레미야가 토굴(土窟) 옥(獄) 음실(陰室)에 들어간 지 여러 날 만에 시드기야 왕(王)이 보내어 그를 이끌어 내고 왕궁(王宮)에서 그에게 비밀(秘密)히 물어 가로되 여호와께로서 받은 말씀이 있느뇨 예레미야가 대답(對答)하되 있나이다 또 가로되 왕(王)이 바벨론 왕(王)의 손에 붙임을 입으리이다.(렘 37:16–17)

'용기'(勇氣)를 사전에서는 '씩씩하고 굳센 기운' 또는 '사물을 겁내지 않는 기개'라 풀고 있다. 예수님을 통해 생각하게 되는 용기의 모습이 있다. 풍랑이 이는 밤바다, 어부 출신의 제자들은 놀라 당황했지만, 예수님은 태연히 잠을 주무신다. 어떤 상황에서도 하나님께 모든 것을 맡기고 평온함을 누리는 것, 그것이 믿음에서 비롯된 용기임을 예수님은 그 밤 몸으로 보여주셨다.

또 한 가지, 예수님을 통해 보게 되는 용기는 예루살렘으로 오르시는 모습이다. 헤롯이 당신을 죽이려 하니 여기에서 떠나가라고, 뜻밖에도 어떤 바리새인들이 일러주었을 때 예수님은 이렇게 말씀하신다.

가서, 그 여우에게 전하기를 '보아라, 오늘과 내일은 내가 귀신을 내쫓고 병을 고칠 것이요, 사흘째 되는 날에는 내 일을 끝낸다' 하여라. 그러나 오늘도 내일도 그 다음 날도, 나는 내 길을 가야 하겠다. 예언자가 예루살렘이 아닌 다른 곳에서는 죽을 수 없기 때문이다.(눅 13:32–33)

어떤 일이 기다리고 있는 줄을 잘 알지만 그 길이 내가 가야 할 길이기에 포기하지 않고 가는 것, 그 또한 믿음의 사람만이 가질 수 있는 용기임을 생각하게 한다.

자신의 나라 조국의 멸망을 예언해야 했던 예레미야의 심정이 어찌 괴롭지 않았을까? 귀에 단 말을 기대하는 백성들에게 쓰디 쓴 소리를 외쳐야 했던 예레미야의 마음이 편할 리는 없었을 것이다. 하지만 그것이 예언자의 길, 주님의 말씀을 있는 그대로 전해야 하는 것이 예레미야에게 주어진 길이었다.

바벨론이 이집트의 군대 때문에 잠시 예루살렘에서 물러났을 때였다. 예레미야는 집안의 일로 베냐민으로 갔다가 그를 미워하던 이들에게 붙잡혀 지하 감옥에 갇히고 만다. 그들은 예레미야에게 바벨론으로 투항하러 간다는 누명을 씌우고선 예레미야를 때린 뒤 오래도록 감옥에 가둬두었다.

예레미야를 가둔 곳은 토굴(土窟), 옥(獄), 음실(陰室)이었다. 어둠 속에 소리를 가둔 것이다. 하지만 소리는 어둠이나 지하에 갇히지 않는다. 주님의 말씀에 귀를 기울이는 대신 말씀을 전하는 자를 가두고 있지만, 말씀의 근원을 가둘 수는 없다. 말씀을 전하는 사람을 가둠으로 주님의 말씀을 가둘 수 있다고 생각하는 것이야 말로, 손바닥으로 하늘을 가리는 일과 다를 것이 없는 어리석은 일이다.

이 모든 일을 방조했던 시드기야 왕이 어느 날 사람을 보내어 예레미야를 왕궁으로 불러들인다. 그리고는 주님으로부터 받은 말씀이 있느냐고 은밀히 물어본다. 말씀을 전하는 이를 가뒀던 왕이 자신이 가뒀던 이를 불러내어 아무도 모르게 주님의 말씀을 묻는 모습이 기이하고도 역설적이다.

왕은 예레미야를 감옥에 가둠으로 더 이상 쓴 소리를 듣지 않을 수 있었지만, 실은 주님의 말씀이 두려웠던 것이다. 주님으로부터 도피를 하면서도 주님의 말씀이 두려워 은밀하게 묻는, 시드기야의 모습 속에는 인간의 어쩔 수 없는 연약함이 담겨 있다.

지금까지도 그랬지만 왕의 질문에 어떻게 대답하는지에 따라 예레미야의 처지와 목숨이 좌우되는 순간이다. 지하 토굴 어둠의 감옥에서 벗어날 수 있는 길이 어디에 있는지를 설마 예레미야가 몰랐을까? 그런데 예레미야는 이렇게 대답을 한다.

> 있습니다. 임금님께서는 바벨론 왕의 손에 넘겨지게 될 것입니다.(렘 37:17)

왕에게 쓴 소리를 한 결과가 무엇인지를 아프게 경험했으니, 이제 자신이 대답할 말이 무엇인지를 예레미야는 충분히 짐작하고 있었을 것이다. 잘 모르겠다고 하든지 아니면 알 듯 모를 듯한 말로 얼버무리든지, 선택의 여지는 있었을 것이다. 그런데도 예레미야는 왕의 면전에서 또 다시 있는 그대로의 주님 말씀을 말하고 있다.

어떻게 대답하는지에 따라 어떤 결과가 주어지는지를 몰랐기 때문이 아니라 알았기 때문에 예레미야는 그렇게 대답을 했다. 주님의 말씀을 가감 없이 전한 대가로 내게 돌아오는 것이 어떤 것이라 할지라도 "내게는 주님께서 주신 말씀이 있습니다." 하는 사람, 그가 주님의 사람이며 그것이 주님의 사람이 걸어갈 길이다.

"내게는 주님이 주신 말씀이 있습니다." 어떤 상황에서도 그렇게 말할 수 있는 사람, 사람의 눈치를 보며 자라목 감추듯 말씀을 감추는 것이 아니라, 사람들이 듣기 좋아하는 말을 찾아 사탕처럼 달게 전하는 것이 아니라, 나에게 맡기신 말씀은 이것뿐입니다 하는 심정으로 주님의 뜻을 전하다가 어느 토굴 어느 음실에 갇힌 예레미야는 오늘 대체 어디에 있는 것일지.

반쯤은 희망을 품고 반쯤은 두려움을 품은 채

시드기야 왕(王)이 보내어 그를 이끌어 내고 왕궁(王宮)에서 그에게 비밀(秘密)히 물어 가로되 여호와께로서 받은 말씀이 있느뇨 예레미야가 대답(對答)하되 있나이다 또 가로되 왕(王)이 바벨론 왕(王)의 손에 붙임을 입으리이다.(렘 37:17)

같은 본문을 읽고 묵상한 다른 이의 글을 읽는 것은 조심스럽기도 하고 유익하기도 하다. 조심스러운 것은 그것이 고정관념이나 선입견처럼 자리를 잡을 수 있기 때문이다. 얼마든지 말씀과 씨름을 하며 내가 길어 올릴 수 있는 묵상의 내용을, 다른 이가 길어 올린 물로 손쉽게 대신하는 우를 범할 수가 있기 때문이다.

하지만 유익함도 크다. 무엇보다도 다른 이의 묵상을 대하며 얻는 유익함 중 빠뜨릴 수 없는 것이 있다면 내 좁다란 생각에서 벗어날 수 있다는 점이다. 말씀을 대하는 마음은 저마다의 신앙과 성품과 경험에 따라 다를 수밖에 없는 것, 나로서는 전혀 생각하지 못했던 묵상의 내용을 대하게 되면 새삼 말씀의 깊이와 폭에 놀라며 고마워하게 된다.

그런 점에서 주님의 말씀은 매장된 모든 것을 다 파낸 폐광이 아니라 아직도 무엇이 얼마나 묻혀 있는지를 가늠조차 할 수 없는, 땀 흘리며 곡괭이질을 하는 만큼만 알려주는 거대한 광맥과 다를 바가 없다.

마침 지난주 묵상('내게는 말씀이 있습니다')의 본문으로 삼았던 예레미야 37장 17절의 본문을 월터 브루그만이 쓴 《텍스트가 설교하게 하라》에서도 다루고 있다. 쉬어가는 마음으로, 경청하는 마음으로 내용 그대로를 옮겨본다.

우리는 시드기야처럼 "여호와께로부터 받은 말씀이 있느냐?"고 물으면서 나타납니다. 이 왕은 '은밀히' 물어보려고 나타났는데, '밤중에' 예수를 찾아온 니고데모(요 3:2)와 별로 다르지 않습니다.

시드기야 왕이 찾아온 까닭은 그가 감당할 수 없는 바벨론 군인들이 그 도시를 포위하고 있었기 때문입니다. 기존의 '지지 체계'와 '지식인 공동체'가 그들의 자원을 모두 소진하여 도무지 실마리를 찾을 수 없었기 때문입니다. 현재 닥친 무서운 상황 때문에 모든 것이 끝나지는 않을 것이라는 희망을 아직 버리지 않았기 때문입니다. 과거에 여호와께서 기적을 행하여 구원해 주신 적이 있었다는 소문을 듣고, 또 그런 기적이 다시 한 번 일어나기를 바랐기 때문입니다.(참조. 렘 21:2)

그처럼 무서운 상황에서 불안에 휩싸여 있으면서도 그는 절박한 희망을 품고 찾아온 것입니다. 이 희망은 두려움으로 채색되어 있는데, 한편으론 신앙의 전통에 뿌리박고 있으며 또 한편으론 실제 상황에 따른 불확실성에 근거하고 있습니다. 또한 이 희망은 신학적인 특성을 갖고 있으면서도 인간의 보편적인 정서를 담고 있습니다.

어쨌든 시드기야 왕은 그 모습을 드러냈습니다. 말씀을 들을 준비도 되어 있었습니다. 비록 그 들은 말씀을 도무지 감당할 수가 없어서 그 말씀을 들으려고 왔다는 사실 자체를 '부인해야' 할 만큼 고통스러웠지만 말입니다.(렘 38:24-28)

우리도 설교를 들으려고 올 때는 시드기야처럼 반쯤은 희망을 품고 반쯤은 두려움을 품은 채 그 자리에 있기가 당황스러우면서도, '복되거나 저주스러운' 우리의 현 상황이 우리 인생의 마지막은 아니라고 반쯤 믿으면서 나오게 됩니다.

말씀을 들으러 나아가는 우리들의 마음을 시드기야에 빗대어 표현한 마지막 문장 '반쯤은 희망을 품고 반쯤은 두려움을 품은 채 그 자리에 있기가 당황스러우면서도, 복되거나 저주스러운 우리의 현 상황이 우리 인생의 마지막은 아니라고 반쯤 믿으면서 나오게 됩니다.'에 공감한다.

말씀의 자리로 나아가는 우리들은 습관처럼 무덤덤하게 나아갈 때도 있고, 비를 기다리는 마른땅처럼 절박한 심정으로 나아갈 때도 있다. 어떤 모습이든 우리 안에는 '반쯤은 희망을 품고 반쯤은 두려움을 품은' 마음이 있다. 내 존재가 말씀으로 채워지기를 바라는 희망과 채워지지 않는 허전함을 감당해야 하는 두려움을 아울러 가지고 나아간다.

'반쯤은 희망을 품고 반쯤은 두려움을 품은' 채 말씀 앞으로 나아가는 우리의 모습을 우리가 알아차릴 때, 우리는 비로소 말씀을 통해 얻을 수 있는 은총이 무엇인지를 알 수가 있을 것이다.

말씀을 제 집으로 삼은 사람

이에 그 방백(方伯)들이 왕(王)께 고(告)하되 이 사람이 백성(百姓)의 평안(平安)을 구(求)치 아니하고 해(害)를 구(求)하오니 청(請)컨대 이 사람을 죽이소서 그가 이같이 말하여 이 성(城)에 남은 군사(軍士)의 손과 모든 백성(百姓)의 손을 약(弱)하게 하나이다.(렘 38:4)

오래 전 기억이 맞는다면 장작불 속에서 타 죽어간 개미 이야기를 들려준 이는 솔제니친이 아닐까 싶다. 활활 타고 있는 모닥불 속에 통나무 하나를 집어넣었다. 통나무가 타오르기 시작했을 때 불이 붙은 장작에서 개미들이 떼를 지어서 쏟아져 나왔다. 무심히 던져 넣은 그 장작개비 속에 개미집에 있었던 것이다.

그 모습을 보고는 황급히 불붙은 통나무를 모닥불 속에서 끌어냈다. 생명을 건진 개미들의 일부가 불을 피해 달아났다. 그러나 대부분의 개미들은 좀처럼 불길을 피해 달아나려고 하지를 않았다. 가까스로 불길을 피했던 개미들도 방향을 바꾸어 통나무 둘레를 빙빙 맴돌기 시작했다. 그러더니 많은 개미들이 여전히 불이 타고 있는 통나무 위로 다시 기어 올라갔다. 그리고는 통나무에 붙어서 그대로 타 죽어가는 것이었다.

개미 이야기는 기이하게 다가온다. 불에 타서 죽게 될 위험이라면 서둘러 불로부터 멀어지는 것이 당연한 일, 그런데 그 어떤 힘이 개미들을 제 집으로 다시 돌아오게 한 것일까, 그 무엇이 개미들을 불 속에서 타 죽게 했던 것일까, 의아한 생각이 든다.

예레미야는 예루살렘 성이 바벨론의 손에 넘어갈 것을 여전히 외친다. 예루살렘 성 안에 머물러 있는 자는 전쟁이나 기근이나 염병으로 죽게 될 것이라고, 그러나 바벨론 군인들에게 나아가서 항복을 하는 사람은 자기의 목숨을 건질 것이라고, 결국 예루살렘 성은 바벨론 왕의 군대에게 넘어가게 될 것이라고 외쳤다. 그러자 대신들이 시드기야 왕에게 나아가 이렇게 말한다.

- 이 사람은 마땅히 사형에 처해야 합니다. 그가 이런 말을 해서, 아직도 이 도성에 남아 있는 군인들의 사기와 온 백성의 사기를 떨어뜨리고 있습니다. 이 사람은 참으로 이 백성의 평안을 구하지 않고, 오히려 재앙을 재촉하고 있습니다.〈새번역〉
- 이런 자는 마땅히 사형을 받아야 합니다. 그가 이따위 말을 하여, 도성에 남은 군인들과 온 백성의 사기를 떨어뜨리고 있습니다. 사실 이자는 백성의 안녕이 아니라 오히려 재앙을 구하고 있습니다.〈성경〉
- 부디, 이 자를 죽이십시오. 그가 살아 있어서는 안 됩니다! 그가 계속 저런 말들을 퍼뜨려서, 아직 도성에 남아 있는 군인과 온 백성의 사기를 떨어뜨리고 있습니다. 이 자는 이 백성이 잘 되기를 바라지 않습니다. 그는 우리를 망하게 하려는 자입니다.〈메시지〉

사람들은 도무지 주님의 말씀에 귀를 기울이지 않았다. 군인들의 사기와 온 백성의 사기를 떨어뜨리고 있다면서, 백성의 평안이 아니라 화를 구하고 있다면서 예레미야를 죽여야 한다고 왕에게 고했다. 자신들이 듣고 싶은 말은 하지 않고 듣고 싶지 않은 말을 하는 예레미야를 없애려고 한다.

생각해 보면 예레미야의 모습이 딱하고 안쓰럽다. 그런 말을 하면 어떤 결과가 주어질지 뻔히 알면서도 어찌 예레미야는 멈추지 않았던 것일까, 꼭 그래야만 했던 것일까, 불편한 심정으로 묻게 된다. 돌아오느니 배척과 비난과 박해뿐임에도 불구하고 예레미야가 포기하지 않고 주님의 말씀을 전한 데는 이유가 있다. 예레미야는 바로 그 일을 위해 부름을 받았기 때문이다.

아이라 말을 할 줄 모른다고, 주님의 뜻을 감당하기에는 너무도 어리고 부족하다면서 예레미야는 주님의 부르심을 외면하려고 했다. 어떻게든 주님을 설득해서 피하려고 했다. 그러나 결국은 부름을 받았다.

> 내가 너를 누구에게 보내든지 너는 가며 내가 네게 무엇을 명령하든지 너는 말할지니라.(1:7)

거듭해서 명하시는 주님의 말씀 앞에 마침내 예레미야는 입을 다물 수밖에 없었다. 주님께서는 손을 내밀어 예레미야의 입에 대며 "보라 내 말을 네 입에 두었노라"(1:9) 하셨다. 그러면서 이렇게 말씀하셨다.

> 똑똑히 보아라. 오늘 내가 뭇 민족과 나라들 위에 너를 세우고, 네가 그것들을 뽑으며 허물며, 멸망시키고 파괴하며, 세우며 심게 하였다.(1:10)

예레미야를 세워 뭇 민족과 나라들을 뽑으며 허물며, 멸망시키고 파괴하며, 세우며 심게 하시겠다니, 누가 보아도 그 일은 자신을 아이라 고백하는 이가 감당하기에는 너무도 벅찬 일이었다. 하지만 예레미야는 주님께 졌다. 주님의 부르심을 받아들인 것이었다.

부름을 받을 때야 도망을 치고 싶었다 할지라도 마침내 부르심을 받아들였다면 제대로 쓰임 받는 것이 중요하다. 나는 주님께서 당신의 말씀을 전하라고 부르신 사람, 사람들이 나를 뭐라 하든, 박수를 치든 손가락질을 하든, 나는 주님께서 주시는 말씀을 있는 그대로 전해야 할 사람, 예레미야는 타협할 수가 없었던 것이다.

불 속으로 돌아가면 불에 타 죽는다는 것을 알면서도 제 집을 떠날 수가 없었던 개미들을 생각하면, 예레미야야 말로 주님께서 주신 말씀을 제 집으로 삼은 사람이었다.

불신앙과 두려움 사이

예레미야가 시드기야에게 이르되 내가 이 일을 왕(王)에게 아시게 하여도 왕(王)이 단정(斷定)코 나를 죽이지 아니하시리이까 가령(假令) 내가 왕(王)을 권(勸)한다 할지라도 왕(王)이 듣지 아니하시리이다.(렘 38:15)

몇 해 전 같은 지방에서 목회를 하는 목회자들과 일본 나가사키 지역을 다녀온 적이 있다. 거론되고 있던 동남아 대신 의미 있는 곳을 찾으면 좋겠다고 한 마디 의견을 보탰다가, 결국은 동행을 하게 됐다.

엔도 슈사쿠(遠藤周作)의 소설 《침묵》의 배경이 된 곳, 기독교와는 거리가 멀다 여겨지는 일본에는 생각지 못한 시절 뜨거운 순교의 피를 흘린 현장이 있다. 순교의 피는 너무나 뜨겁다 싶은데 그럼에도 신앙과 상관없다 여겨지는 오늘의 모습, 쉽게 메워지지 않는 생각의 간극 때문일지 그 땅은 여러 면에서 기이하게 다가왔다.

순교지를 둘러보던 중 오무라 코오리 마을에 들렀을 때였다. 끝까지 신앙을 지키다 131명이 순교를 당한 마을이었다. 처음 접한 신앙, 순박하고 무지했던 사람들, 그럼에도 그 무엇이 그들을 순교의 자리로 나아가게 했을까, 과연 나를 포함한 오늘의 신앙인들은 같은 경우를 만났을 때 죽음으로써 믿음을 지킬 수 있을까, 생각이 꼬리를 물었다.

가이드의 설명을 들으니 오무라 코오리 마을에서 기독교인들을 처형한 이들은 131명을 처형한 뒤에 목을 잘라 몸과 머리를 따로 묻었다고 한다. 행여나 자신들이 죽인 그리스도인들이 다시 살아날까 두려워하였기 때문이라는 것이었다.

가이드의 설명을 들은 한 목사님이 "그들도 부활은 믿었나 보네?" 해서 다 같이 웃었다. 웃음 끝에 한 마디를 보탰다. "믿었던 게 아니라 두려워했던 것이겠지요."

예레미야가 전한 주님의 말씀을 백성들의 사기를 떨어뜨리는 말로 여겨 예레미야를 물웅덩이에 던져 넣었던 시드기야 왕, 그런데 성전 어귀로 예레미야를 불러내 "아무 것도 나에게 숨기지 말라" 하며 주님의 뜻을 묻는다.

시드기야는 두려웠던 것이다. 아무리 자기가 받아들이지 않고 외면한다고 해도 주님의 뜻을 피할 수 없다는 것을 왜 시드기야가 몰랐을까? 주님의 뜻을 받아들이지 않았지만, 실은 주님의 뜻이 두려웠던 것이다. 왕의 질문에 예레미야는 이렇게 대답을 한다.

- 제가 만일 숨김없이 말씀드린다면, 임금님께서는 저를 죽이실 것입니다. 또 제가 임금님께 말씀을 드려도, 임금님께서는 저의 말을 들어주시지 않을 것입니다.〈새번역〉
- 소인이 바른 말을 하면 임금님께서는 틀림없이 소인을 죽이실 것입니다. 소인이 말씀드려도 임금님께서는 듣지 않으실 것입니다.〈공동번역〉
- 제가 임금님께 사실대로 아뢰면 임금님께서 반드시 저를 죽이실 것이고, 제가 임금님께 조언을 드린다 헤도 임금님께서 제 말을 들으실 리가 없습니다.〈성경〉

말씀에는 귀를 닫고 두려움으로 하나님의 뜻을 묻고 있는 시드기야, 그의 모습이 딱하고 두렵다. 불신앙과 두려움 사이, 그곳은 결코 신앙의 자리가 아니다.

흔들릴수록 중심에 서라

7장

혼란과 아픔과 절망으로 흔들리는 시대일수록 누군가 중심이 되는 사람이 필요하다. 모두의 마음을 하나로 모으는 구심점이 필요하다. 모두를 하나 되게 하는 중심축과 구심점, 그것은 어느 시대이든 기도와 회개 아닐까.

그들이 예레미야를 취(取)하여 시위대(侍衛隊) 뜰에 있는 왕(王)의 아들 말기야의 구덩이에 던져 넣을 때에 예레미야를 줄로 달아내리웠는데 그 구덩이에는 물이 없고 진흙뿐이므로 예레미야가 진흙 중(中)에 빠졌더라 왕궁(王宮) 환관(宦官) 구스인(人) 에벳멜렉이 그들의 예레미야를 구덩이에 던져 넣었음을 들으니라 때에 왕(王)이 베냐민 문(門)에 앉았더니 에벳멜렉이 왕궁(王宮)에서 나와 왕(王)께 고(告)하여 가로되 내 주(主) 왕(王)이여 저 사람들이 선지자(先知者) 예레미야에게 행(行)한 모든 일은 악(惡)하니이다 성중(城中)에 떡이 떨어졌거늘 그들이 그를 구덩이에 던져 넣었으니 그가 거기서 주려 죽으리이다 왕(王)이 구스인(人) 에벳멜렉에게 명(命)하여 가로되 너는 여기서 삼십 명(三十名)을 데리고 가서 선지자(先知者) 예레미야의 죽기 전(前)에 그를 구덩이에서 끌어내라 에벳멜렉이 사람들을 데리고 왕궁(王宮) 곳간(庫間) 밑 방(房)에 들어가서 거기서 헝겊과 낡은 옷을 취(取)하고 그것을 구덩이에 있는 예레미야에게 줄로 내리우며 구스인(人) 에벳멜렉이 예레미야에게 이르되 너는 이 헝겊과 낡은 옷을 네 겨드랑이에 대고 줄을 그 아래 대라 예레미야가 그대로 하매 그들이 줄로 예레미야를 구덩이에서 끌어낸지라 예레미야가 시위대(侍衛隊) 뜰에 머무니라.(렘 38:6-13)

성경을 눈물로 읽을 때가 있다. 말씀을 읽다말고 나도 모르게 왈칵 뜨거운 눈물이 솟을 때가 있다. 말씀이 나를 만나는 순간이고, 내가 말씀을 만나는 순간일 것이다.

지금까지 걸어온 목회의 여정을 되돌아볼 때, 가장 힘들고 어려웠던 시절은 독일에서 목회를 할 때였다. 이런 게 선배들이 말한 피눈물인가 싶은 눈물을 참 많이도 흘렸다. 아무도 없는 텅 빈 예배당에 홀로

앉아 뜨거운 눈물을 닦을 때가 적지 않았다. 길은 쉽게 보이지 않았고, 길이 보이지 않는 과정은 참으로 고통스러웠다.

뜨거운 불 속을 지나는 것도 같고 맨발로 가시덤불 한가운데를 지나는 것도 같은 시간, 눈물로 다가왔던 말씀 중의 하나가 예레미야였다. 그 중에서도 웅덩이에 빠진 예레미야는 더욱 그랬다. 예레미야가 당하고 있는 일이 어쩌면 당시의 내 처지와 다를 것이 없다 여겨졌기 때문일지도 모른다.

타협하면 얼마든지 길이 있다는 것을 잘 알고 있었지만, 예레미야는 끝내 타협하지 않았다. 백성들이 원하는 소리를 전한 것이 아니라, 주님의 뜻을 전했다. 나는 하나님께서 부르셔서 말씀을 맡긴 사람, 예레미야는 그 자리를 포기하지 않는다.

결국 예레미야는 웅덩이에 빠지고 만다. 물웅덩이에 갇힌 것인데, 이제 예레미야의 삶은 거기서 끝나는 것처럼 보인다. 신하들의 청을 받아들여 왕이 허락한 일이었기 때문이다.

하지만 아니었다. 예레미야는 물웅덩이에서 벗어난다. 혼자의 힘으로는 도저히 빠져나올 수 없는 웅덩이, 예레미야는 어떻게 웅덩이에서 벗어날 수가 있었던 것일까? 비슷한 상황 속에서 괴로운 심정으로 말씀을 읽던 터라 더욱 마음을 담아 눈여겨보게 되었다. 그러다가 왈칵 눈물이 솟았던 것이다.

먼저 눈에 띄었던 것은 물웅덩이에 물이 없었다는 사실이었다. 물웅덩이는 5월과 10월 사이의 갈수기를 대비해서 물을 저장해 두는 곳이었다. 예레미야가 웅덩이에 빠졌을 때는 아마도 6월이나 7월 경이 아닐까 싶다. 예루살렘은 BC587년 8월에 함락되는데, 예레미야가 웅덩이에 갇힌 때는 성이 함락되기 직전이었으니 말이다.

갈수기의 기간을 생각한다면 웅덩이에는 물이 절반쯤은 남아 있어야 정상이었다. 그러나 성경은 물이 없고 진흙뿐이었으므로 진흙에 빠졌다고 기록하고 있다. 비록 진창 속에 빠지긴 했지만 물이 없어 진창에 빠졌을 뿐이었다.

그것이 우연으로 여겨지질 않았다. 운이 좋았던 것으로 생각되질 않았다. 물이 없는 진창, 필시 그것은 웅덩이에 빠지는 예레미야를 받는 하나님의 손이었다. 우연이란 하나님이 겸손히 자신을 감추기 위해 입고 있는 옷과 같다고 한다. 진창과 다를 것이 없는 상황을 힘들어하던 내게 한 줄기 빛이 스며드는 것 같았다.

마음을 뜨겁게 했던 것은 또 있었다. 왕을 찾아가 예레미야에게 행한 일이 악한 일이라 항변한 사람이 있었는데, 그는 왕궁 내시 구스 사람 에벳멜렉이었다. 구스라면 에티오피아, 그는 이스라엘 사람이 아니었다. 지금 예레미야에게 일어난 일은 왕이 허락한 일이었다. 그런 일에 나선다고 하는 것은 지극히 어리석은 일, 목숨을 담보로 하지 않으면 불가능한 일이었다. 그런데도 구스 사람이 나선다.

하나님은 지금 생각지도 못한 사람을 움직이고 있다. 누구도 생각하지 못한 사람을 움직여 웅덩이에 빠진 예레미야를 건져내는 일을 시작하고 있다. 내가 아는 사람들, 내가 나를 도와줄 것이라고 기대할 수 있는 사람들이 아니구나. 그들이 침묵한다고 낙심할 일이 아니구나, 힘든 마음을 내려놓을 수가 있었다.

정작 뜨거운 눈물을 쏟게 한 것은 그 다음이었다. 왕의 허락을 받은 에벳멜렉은 사람들을 데리고 왕궁의 한 방으로 간다. 그곳에서 꺼낸 것은 '헝겊과 낡은 옷'이었다. '해어지고 찢어진 옷조각들'〈새번역〉, '해진 옷과 누더기'〈성경〉들을 챙긴다. 그것들을 밧줄에 달아 예레미야에게 내려 보내며 에벳멜렉이 소리친다.

> 해어지고 찢어진 옷조각들을 양쪽 겨드랑이 밑에 대고, 밧줄에 매달리십시오.(렘 38:12)

웅덩이에 빠져 있던 예레미야에게는 남아 있는 힘이 없었을 것이다. 밧줄만 잡고 올라오다가는 놓칠 것이 자명했다. 낡은 옷을 허리에 두르게 하고, 그것을 밧줄로 묶는다면 따로 힘을 쓰지 않아도 도움이 될 일이었다.

헝겊과 낡은 옷, 해어지고 찢어진 옷조각들, 바로 그것이 웅덩이에 빠진 예레미야에게 전해진 하나님의 손길이었다. 하나님의 손길이라 하기엔 너무도 초라하고, 보잘 것 없고, 허약하다. 도저히 그분의 손길이라 인정하기 어려운 것들이었다.

하지만 바로 그것이 하나님의 손길이었다. 하나님의 손길로 확인하는 '헝겊과 낡은 옷', '해어지고 찢어진 옷조각들'이라는 말 앞에 눈물을 그치기가 어려웠던 것이었다.

비참한 말로

바벨론 왕(王)이 립나에서 시드기야의 목전(目前)에서 그 아들들을 죽였고 왕(王)이 또 유다의 모든 귀인(貴人)을 죽였으며 왕(王)이 또 시드기야의 눈을 빼게 하고 바벨론으로 옮기려 하여 사슬로 결박(結縛)하였더라.(렘 39:6-7)

독일 속담 중에 '끝이 좋아야 모든 게 좋은 것이다'(Ende gut, alles gut)라는 속담이 있다. 가만 생각해 보면 자칫 오해를 살 수 있는 말이다. 과정이야 어찌 되었든 결과만 좋으면 된다는, 그런 가벼운 의미로도 받아들일 수가 있기 때문이다.

조심스러운 마음으로 속담을 보면 '끝만'이 아니라 '끝이'다. 끝만 좋으면 된다는 것이 아니라, 끝이 좋아야 한다고 말한다. 모든 과정이 다 중요할 터이지만, 무엇보다도 끝이 더욱 중요하다는 의미를 담고 있는 것이다.

세상에는 좋게 시작했다가 좋지 않게 끝나는 일들이 적지가 않다. '지옥으로 가는 모든 길이 선한 동기로 포장되어 있다'는 말이 있거니와, 좋은 말잔치로 시작을 했다가 볼썽사나운 모습으로 끝나는 경우들이 많다.

다른 사람들과의 만남도 마찬가지다. 처음에는 좋은 관계로 시작을 했다가 나중에는 좋지 않은 관계로 끝나는 경우들이 있다. 기쁨을 주던 사람들이 어느 날부터인가 아픔의 이유가 되기도 한다.

한 사람의 인생도 다르지 않다. 누가 보아도 부러움을 살만한 삶을 살다가, 나중에는 더없이 비참한 시간을 보내는 이들이 있다. 그런가 하면 신산고초(辛酸苦楚)를 겪어가며 초근목피(草根木皮)로 연명하던 사람이 언제 그런 시절이 있었느냐는 듯이 넉넉하고 행복한 시간을 보내기도 한다.

시드기야 왕의 말로는 참으로 비참하다. 시드기야는 자기 백성들이 두려웠다. 백성들은 바벨론 군대에게 투항했다. 시드기야의 두려움은 그곳에 있었다. 예레미야가 전하는 주님의 뜻을 따라 자신이 바벨론에게 항복을 할 경우 바벨론 군대가 자신을 백성들에게 넘겨주지 않을까 두려웠던 것이다. 그럴 경우 백성들이 자신을 가만 두지 않을 것이라고 시드기야는 생각했던 것이다.

시드기야의 모습이 불쌍하고 불행하다. 왕이 백성을 두려워하다니 말이다. 나라를 바로 이끌고 백성들을 사랑했다면 나라의 형편이 어찌되든 무엇이 두려울까만, 시드기야는 자신을 백성에게 넘길 경우 백성들이 가만 놔두지 않을 것이라 생각을 하고 있으니 딱한 일이 아닐 수가 없다. 왕이 자신의 속내를 털어놓자 예레미야가 말한다.

> 그 사람들 손에 넘어가시지 않을 것입니다. 부디 소인이 전하는 야훼의 말씀을 들으십시오. 그래야 임금님의 앞길이 열릴 것입니다. 그래야 임금님께서는 목숨을 건지십니다.(38:20)

지금이라도 주님의 말씀을 따르라고, 주님의 말씀을 따라야 목숨을 건질 수 있다고, 만일 주님의 말씀을 듣지 않으면 이런 일들이 일어나게 될 것이라고 매우 구체적인 일들을 나열했지만 왕은 끝내 예레미야의 말을 받아들이지 않는다. 오히려 왕은 그런 이야기를 누구에게도 하지 말라며 함구할 것을 명한다.

시드기야의 결국이 어땠을까? 잊을 수 없는 날이기 때문이었을 것이다, 성경은 마침내 예루살렘 성이 함락된 날을 이렇게 기록한다.

> 시드기야 제 십일 년 넷째 달 구일에 마침내 성벽이 뚫렸다.(39:2)

혼비백산 도망을 치던 시드기야는 여리고 평원에서 사로잡혀 바빌로니아 왕 느부갓네살 앞에 끌려오게 된다. 마침내 시드기야가 보는 앞에서 그의 아들들이 처형을 당한다. 자식들이 죽는 광경을 눈앞에서 지켜보아야 했던 아비의 고통이 얼마나 컸을까.

불행은 거기서 그치지 않았다. 시드기야가 보는 앞에서 그의 아들들을 처형한 느부갓네살 왕은 마침내 시드기야의 두 눈을 뽑아버린다. 결국 시드기야가 이 세상에서 마지막으로 본 것은 아들들이 죽는 모습이 되고 말았다.

무슨 설명이 필요할까? 이보다 더 고통스럽고 비극적인 결말이 세상에 어디 있을까? 바벨론으로 끌려가기 위하여 쇠사슬에 묶이는 것은 앞선 고통에 비하면 아무 것도 아니지 싶다.

주님의 뜻에 눈이 멀자 결국은 두 눈이 뽑히고 마는 시드기야, 그가 세상에서 마지막으로 보게 된 것 또한 비극 중의 비극, 한 사람의 말로가 이리도 비참할 수 있을까 싶어 몸서리가 쳐진다.

끝내 떠날 수 없는 땅

예레미야가 미스바로 가서 아히감의 아들 그다랴에게로 나아가서 그 땅에 남아 있는 백성(百姓) 중(中)에서 그와 함께 거(居)하니라.(렘 40:6)

기이한 사진을 본 적이 있다. 미국 동부에 드물게 찾아온 한파로 인해 모든 것이 얼어붙었을 때의 모습이었다. 꽁꽁 얼어버린 연못에서 얼음과 함께 얼어붙은 악어가 있었다. 사진 속 악어는 주둥이 부분만 연못 밖으로 내민 상태로 얼어버리고 말아, 마치 나무 기둥 하나가 얼음에 박혀 있는 것 같은 기이한 형상을 하고 있었다. 아무런 설명이 없이 사진만 보았다면 사진 속 주인공이 악어라고는 생각하기가 힘들었을 것이다.

느닷없이 찾아온 추위를 피하지 못한 악어가 불행하게도 연못 속에서 얼어 죽고 말았구나 싶었는데, 설명을 보니 그게 아니었다. 꽁꽁 얼어붙은 얼음 위로 고개를 내민 악어의 모습 속에는 흥미로운 비밀이 숨어 있었다. 악어는 얼어 죽은 것이 아니었다. 살아남기 위해서 일부러 그런 선택을 한 것이었다. 기온이 떨어져 연못이 얼게 되면 악어는 고개를 물 밖으로 내밀어 마치 얼어 죽은 것처럼 보이지만, 다시 날씨가 따뜻해지면 아무 일 없었다는 듯이 활동을 재개한다는 것이다.

악어는 일종의 동면을 하는 것이었다. 포유류의 대부분은 가을철 먹이를 한껏 먹어 몸을 불린 뒤 겨울잠에 들어가지만, 악어는 다른 포유류와는 달리 주위 온도에 따라 체온이 변하는 변온동물이다. 혹한기를 맞은 악어는 날씨가 따뜻해질 때까지 거의 죽은 상태처럼 되어 겨울을 보내는 것이었다.

비슷한 일은 식물인 민들레에게서도 찾아볼 수 있다. 비가 오지 않아 땅이 메마르면 민들레는 깊숙이 뿌리를 뻗어 물기를 찾는다. 그런데 깊이 뿌리를 내려도 물기를 찾을 수가 없을 때, 민들레가 택하는 방법이 있다. 더 이상 자라기를 멈추는 것이다. 물기를 찾지 못하는데 자라기만 하면 자신이 죽는다는 사실을 알기 때문이다. 자라기를 멈춰 자신의 생명을 지키는 것이었다.

마침내 예루살렘에 멸망이 찾아와 백성들이 사슬에 묶인 채 바벨론으로 끌려가고 있을 때, 예레미야도 그들 중의 하나로 끌려가고 있었다. 백성들과 똑같이 손이 사슬에 묶인 채 끌려간다.

괜히 눈물겹다. 백성들에게 주님의 뜻을 외치는 삶을 살았지만 막상 백성들이 고난을 당하자 고난 받는 백성 중의 하나가 되어 백성들과 함께 고난을 받는다. 말씀을 외치고는 고난을 피해 제 살 길을 찾는 것이 하나님의 사람일 수 없음을 생각하게 한다.

끌려가던 중 라마라는 곳에서 바벨론 군사령관인 느부사라단이 예레미야를 발견한다. 그는 예레미야를 풀어준다. 예레미야가 물웅덩이에 빠졌을 때도 마찬가지였다. 예레미야를 꺼내준 것은 구스 사람 에벳멜렉이었다. 낯선 일이다. 이방 사람이 하나님의 사람을 구한다. 동족은 하나님의 사람을 버리고, 생각하지 못했던 이방 사람들이 하나님의 사람을 건지고 있으니 말이다. 느부사라단이 예레미야에게 말한다.

> 그대의 하나님이신 주님께서 이 곳에 이런 재앙을 내리시겠다고 말씀하셨는데, 이제 그대로 하셨소. 주님께서 말씀하신 그대로 하신 것이오. 그대들이 주님께 죄를 짓고 그분의 말씀에 순종하지 않았기 때문에, 그대들이 이런 재앙을 당한 것이오. 그러나 이제 보시오. 내가 지금 그대의 두 팔에 채워진 수갑을 풀어 주겠소. 그대가 만일 나와 함께 바빌로니아로 가는 것을 좋게 여기면, 함께 가십시다. 내가 그대를 보살펴 주겠소. 그러나 나와 함께 바빌로니아로 가는 것을 좋게 여기지 않으면, 가지 않아도 괜찮소. 이 땅 어디든지, 그대가 보기에 적당하고 마음에 드는 곳이 있으면, 그 곳으로 가시오.(40:2-4)

당신들은 지금 주님의 말씀을 듣고도 순종하지 않은 죄를 지어 재앙을 당한 것이라고, 주님의 백성들이 이방 사람에게서 꾸중을 듣는다. 참으로 아이러니한 모습이 아닐 수 없다. 함부로 성(聖)과 속(俗)을 구별할 일은 아니지만, 속(俗)이 성(聖)을 판단하고 걱정하는 딱한 일은 그때나 지금이나 여전히 반복되고 있지 싶다.

바벨론 군사령관 느부사라단은 예레미야에게 고마운 제안을 한다. 어느 편을 택하든지 예레미야의 선택을 존중하겠다는 것이다. 바벨론으로 가는 것을 좋게 여기면 자신이 기꺼이 보살피겠다고, 아니면 유다 땅 어디든지 원하는 곳에서 살아도 좋겠다는 것이다. 이미 바벨론 왕은 느부사라단에게 예레미야를 선대하라고 지시를 내린 일이 있

다.(39:12)

선의를 베풀되 강요하지 않는 것이 진정한 배려다. 이방인을 통해 그런 모습을 보는 것이 부끄러울 따름이지만.

바벨론 군사령관의 제안을 들은 예레미야는 유다 땅에 남기로 한다. 바벨론 왕이 안전과 편안을 보장한 것이기에 예레미야로서는 바벨론으로 가는 것이 더 편하고 안정적인 삶일 수 있었지만, 망한 나라에 남아 실의에 빠진 백성들 사이에서 그들과 함께 사는 편을 택한다.

남기로 한 예레미야를 위해 군사령관은 양식과 선물을 주어 예레미야를 돌려보낸다. 예레미야는 미스바로 돌아가 그 땅에 남아 있는 백성 중에서 그들과 함께 거한다. 끌려가지 않고 남아 있는 백성들은 '가진 것이라고는 아무것도 없는 빈민'(39:10)뿐이었지만, 예레미야는 그들과 함께 남아 살기로 한다.

- 예레미야는 미스바로 가서, 아히감의 아들 그달리야를 찾아가, 그와 함께 그 땅에 남아 있는 동족과 더불어 살았다.〈새번역〉
- 예레미야는 아히캄의 아들 게달리야를 찾아 미스바로 가서 고향에 남은 백성과 어울리며 게달리야의 곁을 떠나지 않고 지냈다.〈공동번역〉

누구에게나 끝내 떠날 수 없는 곳이 있다. 등져서는 안 되는 땅이 있다. 함부로 등질 수 없는 삶의 자리가 있다. 그 땅에 남아 그곳을 끝까지 지키는 것이 하나님의 사람이다.

흔들릴수록 중심에 서라

모압과 암몬 자손(子孫) 중(中)과 에돔과 모든 지방(地方)에 있는 유다인(人)도 바벨론 왕(王)이 유다에 사람을 남겨둔 것과 사반의 손자(孫子) 아히감의 아들 그다랴를 그들의 위에 세웠다 함을 듣고 그 모든 유다인(人)이 쫓겨났던 각처(各處)에서 돌아와 유다 땅 미스바 그다랴에게 이르러 포도주(葡萄酒)와 여름 실과(實果)를 심(甚)히 많이 모으니라.(렘 40:11-12)

"당신은 너무 지쳤소. 충분한 휴식이 절대적으로 필요해요. 정말 쓰러질 지경이라고요. 이대로 가다가는 탈진해서 드러눕게 될 거요."

의사의 심각한 진단을 들은 마이르나는 집에 도착하자마자 약 기운에 취해 침대에 누워 잠에 빠져들었다. 그러자 방바닥에 널려있던 인형들이 주인을 보며 이야기를 나누기 시작하였다. 먼저, 양철로 만들어진 장난감 병정이 친구 장난감들에게 말했다.

"우리 여주인의 문제는 말이야, 그녀가 여러 가지 일에 매달려 쩔쩔맨다는 거야. 좀 더 단호한 마음을 가지고 의욕적으로 현실을 직면해야 돼."

양철 병정의 말을 고무공이 받았다.

"말도 안 돼, 정반대라고. 그녀는 현재 너무 호전적이야. 직장에서 제 일인자가 되려고만 들잖아. 경쟁심이 너무 지나쳐. 무슨 일에서든 최고이길 원하지. 저렇게 지쳐빠지는 이유는 바로 그 때문이야. 욕심

부리지 말고 만사를 적당히 할 줄도 알아야 한다고."

이 말에 고무공 가까이 흩어져 있던 소형 식탁 세트가 쏘아붙였다.

"말은 쉽지. 학교 선생 노릇하며 세 아이를 기르고 집안일 하랴, 남편 시중들랴, 하루 스물네 시간 쉴 틈이 없는걸. 내 생각엔 우선 직장을 그만둬야 해. 그렇지 않으면 정말 신경 쇠약에 걸릴 거야."

그러자 장난감 전기 기관차가 째지는 목소리로 말했다.

"우리 주인은 너무 틀에 박힌 생활을 하고 있는 거야. 모든 일을 훌훌 털어 버리고 여행을 한 번 다녀오면 삶의 열정이 되살아날 거라고."

그렇게 제각각 자기의 이야기를 나누고 있을 때 나무로 만든 말이 옆에 있는 팽이에게 생각을 물었다. 잠시 침묵이 흐른 뒤 팽이가 대꾸했다.

"솔직히 난 할 말이 별로 없어. 내가 주인의 고민을 어떻게 알겠어? 사실 우리 주인은 어떤 의미에서는 나와 비슷한 점도 없진 않지. 그녀와 내가 굉장히 빠른 속도로 움직인다는 점에서 말야. 하지만 비슷한 점은 그게 전부야. 그녀는 모든 방향으로 움직여. 내가 감히 말을 한다면, 그녀의 영혼에 중심축 같은 것을 가지고 있다면 좋겠어."

닐 기유메트가 쓴 《중심축》이라는 이야기의 한 대목이다. 깊은 잠에 빠져드는 주인을 두고 인형들이 나누는 이야기에 모두 일리가 있지만, 그 중에서도 팽이의 말에 마음이 간다. 팽이가 빠르게 움직이지만 빠르게 움직일수록 쓰러지지 않는 것은 한가운데에 중심축이 있기 때문이다. 몸 한가운데에 박힌 중심축이 있어 고요한 팽이, 내 삶의 중심축은 무엇인지를 돌아보게 된다.

'팽이가 존다'는 말이 있다. 무게중심이 잘 잡힌 팽이가 한껏 회전력을 얻어 안정감 있게 돌아가면 문득 고요해져서, 그 자리에 가만 서 있는 듯 보이는 상태를 가리키는 말이다. 아, 팽이처럼 졸고 싶어라!

이스라엘이 바벨론에게 나라를 빼앗기고 포로로 끌려갈 때, 이스라엘 땅에 남은 보잘 것 없는 사람들과 나라를 잃고 사방으로 흩어진 사람들 사이에 퍼져나간 이야기가 있었다.

아히감의 아들 그다랴에 관한 이야기였다. 바벨론 왕이 그다랴에게 남아 있는 사람을 맡겼다는 소식이었다. 각처로 쫓겨났던 사람들은 그 소식을 듣고는 그다랴가 있는 곳으로 돌아온다. 폐허와 절망의 시대에 그다랴가 남아 있는 사람들의 구심점이 된다.

그다랴가 백성들에게 이르는 말이 있다. 바벨론을 섬기는 일을 두려워하지 말라는 것이었다. 비록 나라를 빼앗긴 고난의 시기를 보내고 있지만 지금 보내고 있는 시간의 의미를 백성들에게 말하고 있다. 어떤 성읍에서 살든지 포도주와 여름 과일과 기름을 모아 그릇에 저장하면서 살라 한다. 포도주와 여름 과일과 기름은 이스라엘 땅에서 나는 대표적인 농산물이었다.

곧 회복될 것이라는 허황된 생각에 빠져서 현실과 동떨어진 삶을 살지 말고, 혹은 모든 것이 끝났다고 생각하여 삶을 체념하거나 포기하지 말고, 지금 있는 곳에서 최선을 다하여 뿌리를 내리라고, 희망을 저장하라고 한다.

그다랴의 말 중에서 눈여겨보게 되는 것이 있다. 자신은 미스바에 머물면서 이스라엘의 대표자로 바벨론 사람들을 만나겠다고 하는 것이다.(40:10) 그다랴가 머물겠다고 밝힌 곳이 미스바다. 미스바! 그다랴가 택한 곳이 미스바였던 것은 우연이었을까?

미스바는 사무엘이 이스라엘 백성들과 함께 금식하며 회개의 기도를 드린 곳이다. 이스라엘이 금식하고 있다는 소식을 듣고 블레셋이 공격을 하러 왔을 때, 기도로 블레셋을 물리친 곳이기도 하다. 그래서 에벤에셀이라는, 주님이 여기까지 우리를 도왔다는 의미를 담아 '도움의 돌'이라는 이름을 얻은 곳이 미스바였다.(삼상 7:12)

미스바의 의미를 그다랴는 알고 있었고, 그 어려운 때 자신이 머물 자리와 백성들이 취할 태도가 무엇인지를 선택한 결과가 미스바 아니었을까?

흩어진 이스라엘 백성들은 그다랴가 미스바에 머물고 있다는 이야기를 듣고는 미스바로 모여든다. 결국 그들은 새로운 총독 그다랴가 택한 한 지역으로 모여든 것이 아니라, 기도의 자리로 회개의 자리로 모여든 것인지도 모른다!

혼란과 아픔과 절망으로 흔들리는 시대일수록 누군가 중심이 되는 사람이 필요하다. 모두의 마음을 하나로 모으는 구심점이 필요하다. 모두를 하나 되게 하는 중심축과 구심점, 그것은 어느 시대이든 기도와 회개 아닐까.

치명적인 실수

유다의 남은 자(者)들아 여호와께서 너희 일로 하신 말씀에 너희는 애굽으로 가지 말라 하셨고 나도 오늘날 너희에게 경계(警戒)한 것을 너희는 분명(分明)히 알라 너희가 나를 너희 하나님 여호와께 보내며 이르기를 우리를 위(爲)하여 우리 하나님 여호와께 기도(祈禱)하고 우리 하나님 여호와께서 말씀하신대로 우리에게 고(告)하라 우리가 이를 행(行)하리라 하여 너희 마음을 속(屬)였느니라 너희 하나님 여호와께서 나를 보내사 너희에게 명(命)하신 말씀을 내가 오늘날 너희에게 고(告)하였어도 너희가 그 목소리를 도무지 순종(順從)치 아니하였은즉 너희가 가서 우거(寓居)하려 하는 곳에서 칼과 기근(饑饉)과 염병(染病)에 죽을 줄 분명(分明)히 알지니라.(렘 42:19-22)

한 번 중심을 잃은 팽이는 어지럽게 맴돌다가 결국은 자빠지고 만다. 외발로 서서 잠을 자듯 중심을 잡고 있을 때의 모습과는 전혀 다른 모습이다. 어찌 팽이만 그럴까. 개인도 가정도 나라도 마찬가지이다. 한 번 중심을 잃으면 어처구니없는 모습으로 고꾸라지고 만다.

나라를 빼앗기고 신앙의 중심이 무너지자 유다는 크게 흔들린다. 바벨론이 이스라엘의 총독으로 세운 그달리야와 그달리야 주변의 사람들을 죽인 이스마엘은 미스바에 남아 있던 사람들을 데리고 암몬으로 넘어가려 하였다. 끌려가던 이들은 소식을 듣고 달려온 요하난에 의해 겨우 구조될 수가 있었다.

이런 혼란 속에 사람들이 예레미야를 찾아온다. 낮은 자로부터 높은 자에 이르기까지 모든 이들이 예레미야를 찾아와서 부탁한 것이 있었는데, 그것은 기도였다. 주님께 기도하여 '가야 할 길과 해야 할 일'을 알게 해달라고 부탁한다. 앞이 보이지 않는 순간에 가야 할 길과 해야 할 일을 묻는 것, 그것이 기도일 것이다.

어려운 일을 만나자 그동안 무시하고 괴롭혔던 예레미야를 찾아와 기도를 부탁하는 백성들의 모습은 가볍고 안쓰럽다. 편할 땐 무시하더니 급할 땐 찾는, 그들의 모습에 화가 난다.

그래도 예레미야는 기도하겠노라고, 주님께서 응답하시는 것은 아무 것도 숨기지 않고 모두 알려주겠노라고 대답을 한다. 누가 내 마음을 아프게 한다 하여도 그를 위한 기도를 끝내 멈추지 않는 사람이 하나님의 사람인지도 모른다. 미안해서 그랬을까, 다급해서 그랬을까, 예레미야에게 백성들은 약속을 한다.

> 진실하고 신실한 증인이신 주님을 두려워하면서 맹세합니다. 우리는 정말로, 예언자님의 하나님이신 주님께서 예언자님을 보내셔서 우리에게 전하여 주시는 말씀대로 행동할 것입니다. 우리가 예언자님을 주 우리의 하나님께 보내는 것은, 그분의 응답이 좋든지 나쁘든지 간에, 우리가 그 말씀에 순종하려 하기 때문입니다. 주 우리 하나님의 말씀에 순종하면, 우리가 복을 받을 것입니다.(42:5-6)

응답이 좋든지 나쁘든지 주님의 말씀에 순종하겠다고 약속한다. 그것이야말로 기도를 하는 자, 혹은 기도를 부탁하는 자가 마땅히 가져야 할 마음일 것이다. 응답이 맘에 들면 따르고 맘에 안 들면 따르지 않는, 그것은 기도하는 이의 자세와 거리가 한참 멀다.

백성들이 요구했던 기도의 응답은 열흘 뒤에 임했다.(7절) 다급했던 백성들의 심정대로라면 열흘이라는 시간은 무척 길게 느껴졌을 것이다. 그럴수록 예레미야는 열흘 동안 기도하며 주님의 응답을 기다렸을 터, 그의 마음은 온통 주님만을 향했을 것이다.

기도하는 이들은 기다려야 한다. 영혼의 예민한 안테나를 주님을 향해 곧추 세우며 주님이 대답하실 때까지 기다려야 한다. 그 시간이 얼마든, 그 시간이 얼마나 더디게 가든 주님이 응답하실 때까지 기다려야 한다. 내 사정이 급하다고, 응답이 더디다고 기다리는 일을 포기해서는 안 된다.

과연 이스라엘 백성들은 주님의 응답을 어떻게 받았을까? 약속을 한 대로 주님께서 무엇이라 말씀하시든 그대로 따랐을까? 이스라엘 백성들은 실수를 하고 만다. 그런데 그 실수는 치명적인 실수였다.

그러나 여러분은 이 일로 치명적인 실수를 저질렀습니다.(20절)

실수 중에는 얼마든지 웃음으로 넘길 수 있는 실수가 있다. 애교로 보아줄 수 있는 실수도 있다. 그러나 이스라엘 백성들이 한 실수는 치명적인 실수였다. '치명적인'이라는 말은 '결코 가볍지 않은' '돌이킬 수 없는' '만회할 길이 없는', 그런 의미일 것이다.

대체 무엇을 두고 치명적인 실수라 하는 것일까? 백성들은 예레미야에게 기도를 부탁하며 주 하나님께서 말씀하시는 것이면 무엇이든지 그대로 실천하겠다고 약속했다. 그런데 백성들은 그렇게 하지 않았다.(21절)

- 여러분의 하나님 주님의 말씀을 들었는데도 그대로 따르지 않았습니다. 〈새번역〉
- 그런데 여러분은 여러분의 하나님께서 나를 보내어 여러분에게 하신 말씀에, 단 한 마디도 순종하지 않았습니다.〈메시지〉

하나님의 말씀을 들었는데도 따르지 않는, 바로 그것이 치명적인 실수였다. 기도의 응답을 들었으면서도 결국은 자기 마음대로 하는, 그것은 가벼운 웃음으로 넘길 사소한 잘못이 아니었다. 하나님의 뜻을 구하지만 하나님께서 응답하실 때 그 응답을 무시하는 것, 그것은 결코 가볍지 않은, 돌이킬 수 없는, 만회할 길이 없는 치명적인 실수인 것이다.

그럴 리가 없소

예레미야가 모든 백성(百姓)에게 그들의 하나님 여호와의 말씀 곧 그들의 하나님 여호와께서 자기(自己)를 보내사 그들에게 이르게 하신 이 모든 말씀을 다 말하매 호사야의 아들 아사랴와 가레아의 아들 요하난과 및 모든 교만(驕慢)한 자(者)가 예레미야에게 말하여 가로되 네가 거짓을 말하는도다 우리 하나님 여호와께서는 너희는 애굽에 거(居)하려고 그리로 가지 말라고 너를 보내어 말하게 하지 아니하셨느니라 이는 네리야의 아들 바룩이 너를 꼬드겨서 우리를 대적(對敵)하여 갈대아인(人)의 손에 붙여 죽이며 바벨론으로 잡아가게 하려 함이니라 하고 이에 가레아의 아들 요하난과 모든 군대장관(軍隊長官)과 모든 백성(百姓)이 유다 땅에 거(居)하라 하시는 여호와의 목소리를 청종(聽從)치 아니하고 가레아의 아들 요하난과 모든 군대장관(軍隊長官)이 유다의 남은 자(者) 곧 쫓겨났던 열방(列邦) 중(中)에서 유다 땅에 거(居)하려 하여 돌아온 자(者) 곧 남자(男子)와 여자(女子)와 유아(幼兒)와 왕(王)의 딸들과 시위대장(侍衛隊長) 느부사라단이 사반의 손자(孫子) 아히감의 아들 그다랴에게 넘겨 둔 모든 사람과 선지자(先知者) 예레미야와 네리야의 아들 바룩을 영솔(領率)하고 애굽 땅에 들어가 다바네스에 이르렀으니 그들이 여호와의 목소리를 청종(聽從)치 아니함이 이러하였더라.(렘 43:1–7)

찢어지게 가난했던 한 농부가 어느 주일엔가 터덜터덜 예배당 앞을 지나가다가 혹시나 싶어 예배당 안으로 들어갔다. 그런데 그날 목사가 무엇이든 간절하게 구하면 하나님이 들어주신다는 설교를 하는 것이 아닌가.

집으로 돌아온 농부가 생각 끝에 하나님께 간절한 마음으로 편지를 썼다. 송아지 한 마리를 보내주시면 열심히 살겠다는 내용이었다. 그렇게 쓰고 나니 걱정이 되었다. 하나님이 하늘에서 송아지를 떨어뜨리면 살 길이 없겠다 싶었던 것이다. 그래서 친절하게 방법을 알려드렸다. 송아지 살 돈 100만 원을 보내주시면 송아지를 사는 수고는 자신이 하겠다고.

다 쓴 편지를 봉투에 담았다. 주소를 쓰는 난에 '하나님 전상서'라 썼다. 편지를 분류하던 집배원이 이상한 주소가 적힌 봉투를 발견했다. 고민 끝에 우체국장에게 가지고 갔다. 우체국장이 독실한 기독교인이었다. 필시 무슨 사연이 있겠다고 생각한 우체국장은 기도를 한 뒤 편지를 열었다.

기가 막힌 내용의 편지를 읽은 우체국장은 모른 척 할 수가 없었다. 내가 힘닿는 대로 도와야지 하는 마음으로 자기 돈 50만 원을 담아 농부에게로 보냈다. 이제나 저제나 답장을 기다리던 농부에게 답장이 왔으니 얼마나 기뻤겠는가? 떨리는 마음으로 편지를 여니 역시 송아지 살 돈이 들어 있는 것이었다.

그런데 이게 웬일, 돈을 세어보니 50만 원이었다. 분명 100만 원을 구했는데 말이다. 농부는 생각했다. 하나님께선 틀림없이 100만 원을 보내셨는데, 중간에 우체국에서 50만 원을 떼먹은 게 분명하다고. 화가 난 농부는 씩씩거리면서 우체국장에게 따지려고 달려가기 시작했다. 아마도 지금도 달려가고 있을 것이다.

백성들이 예레미야에게 청하였던 하나님의 뜻을 백성들에게 다 들려주었을 때, 아사랴와 요하난과 모든 오만한 자가 예레미야에게 말했다.

> 당신은 거짓말을 하고 있소. 주 우리의 하나님께서 당신에게, 우리가 이집트로 가서 머무르게 해서는 안 된다는 말씀을 전하게 하셨을 리가 없소.(43:2)

막막하고 위태했던 순간에 백성들은 다급하게 하나님의 뜻을 물었다. 응답이 좋든지 나쁘든지 주님의 말씀에 순종하겠다고 약속을 하기까지 했다. 그런데 막상 하나님의 말씀을 전하자 대뜸 거짓말이라 한다. '하나님의 말씀'과 '거짓말'은 거리가 멀어도 한참 멀다. 그러나 그들은 망설임 없이 거짓말이라 한다.

기다렸던 하나님의 응답을 두고 거짓말이라 했던 이유는 무엇일까? 하나님의 말씀이 자신들의 기대와 달랐기 때문이다. 그들은 이집트로 내려가려고 했다. 그게 살 길이라 여겼기 때문이다. 그런데 하나님께서 이집트로 내려가지 말고 그냥 유다 땅에 머물러 살라 하셨다니, 그러실 리가 없다고 생각했던 것이다.

> 이것은 틀림없이, 네리야의 아들 바룩이 우리를 바빌로니아 사람의 손에 넘겨주어서 그들이 우리를 죽이거나 바빌로니아로 잡아가도록 하려고, 당신을 꾄 것이오.(3절)

하나님의 뜻을 거짓말이라 단정한 그들은 한 걸음 나아가 자신들의 생각을 정당화한다. '이것은 틀림없이' 하면서 설득력 있는 근거를 들이대며 자신들의 생각을 정당화 한다. 하나님의 말씀을 확실하게 왜곡한다. 결국 그들은 하나님의 뜻을 전한 예레미야까지 데리고 하나님이 가지 말라고 한 이집트 땅으로 내려간다.

하나님의 뜻이 내 뜻과 다를 때 대뜸 하나님의 말씀을 거짓말이라 했던 사람들. 그러고 보면 하나님의 사람이란 단지 하나님의 뜻을 묻는 사람들이 아니다. 물었다면 그 뜻을 따르는 사람이다. 비록 내 뜻과 다르다 하여도 내 뜻을 버리고 하나님의 뜻을 따르는 사람이 하나님의 사람이다.

그런데도 사람들은 하나님의 뜻을 내 생각의 체에 걸러낸다. 그 체는 얼마나 촘촘한지 내 뜻과 조금만 달라도 얼마든지 하나님의 뜻을 걸러내는, 고성능 고감도 필터다.

내가 원하던 일이 내가 생각한 대로, 내가 생각한 때에, 그것도 내가 생각한 방식대로 이루어져야 비로소 그것을 하나님의 뜻으로 받아들인다. 그 중의 무엇 하나가 어긋나도 내 생각의 체는 하나님의 뜻을 걸러낸다. 그 때나 지금이나 하나님의 목소리를 듣지 않는 이들은 같은 말을 한다. "그럴 리가 없다"고, 하나님의 뜻이 내 뜻과 다를 리가 없다고.

신앙은 100미터 달리기가 아니다

네가 여호와의 이름으로 우리에게 하는 말을 우리가 듣지 아니하고.(렘 44:16)

지내 봐야, 겪어 봐야 알게 되는 일들이 있다. 겉으로 봐선 모르고, 잠깐 봐서는 알 수 없는 것들이 있다. '길이 멀면 말의 힘을 알고, 날이 오래면 사람의 마음을 안다.'는 말이 있다. 말이 얼마나 좋은 말인지는 겉모습만 보고선 판단할 수가 없다. 말에 대해 눈 밝은 이가 있어 말의 생김새를 보고 대강의 성격이나 힘을 짐작할 수는 있을지 몰라도, 말을 제대로 알기 위한 가장 좋은 방법은 먼 길을 가는 것이다. 먼 길을 가보면 말의 힘은 물론 그의 성질까지 다 드러날 테니까.

사람도 마찬가지다. 그가 어떤 사람인지를 제대로 알기 위해서는 많은 시간을 함께 하는 것이 필요하다. 잠깐 보아서 좋은 사람이 나중까지 좋을지는 누구도 알 수 없다. 갈수록 실망을 주는 사람들도 있고, 갈수록 신뢰를 주는 사람도 있다. 그런 점에서 함께 하면 할수록 좋은 사람을 만난다는 것은 살아가며 누릴 수 있는 지복이 아닐 수 없다.

결국은 믿음도 마찬가지 아닐까. 잠깐 뜨거운 것이야 맘먹으면 할 수 있는 일이다. 그보다 어려운 것은 한결같은 믿음이다. 변함없음 속에 믿음의 고갱이가 있다. 믿음은 결코 100미터 달리기가 아니라, 한결같은 걸음이다.

바벨론으로 끌려가고 이스라엘 땅에 남은 백성들은 자신들의 생각을 따라 이집트로 피신을 했다. 그게 사는 길이라 생각한 것이다. 그들은 먼저 주님의 뜻을 구했다. 주님의 응답이 좋든지 나쁘든지 말씀에 순종을 하겠다고 약속까지 했다. 그런데 막상 자신들의 생각과 다른 주님의 뜻이 전해지자 주님의 뜻을 거짓말로 돌렸다.

자신들의 생각을 정당화하기 위해 주님의 뜻을 교묘하게 비튼다. 하나님께서 이집트로 내려가지 말고 그냥 유다 땅에 머물러 살라 하셨다니, 그러실 리가 없다고, 이것은 틀림없이 네리야의 아들 바룩이 자신들을 바빌로니아 사람의 손에 넘겨주어서 그들이 자신들을 죽이거나 바벨론으로 잡아가게 하려고 꾄 것이라 한다.

살 길을 알려주었지만 다른 길을 찾아 이집트로 내려간, 또 한 번 주님의 뜻을 등진 이스라엘 백성들에게 주님의 말씀이 전해진다. 하나님의 백성들이 어디에 있어도, 그 모습이 어떠해도 하나님의 말씀은 하나님의 백성에게 전해진다. 이집트로 내려간 백성들에게 과연 어떤 말씀이 전해졌을까?

이집트 땅에 전쟁과 기근이 찾아와 낮은 자로부터 높은 자에 이르기까지 모든 이들이 죽게 될 것이라고, 결국은 저주와 놀램과 조롱과 수치의 대상이 되고 말 것이라 하신다. 하나님께 선택 받은 백성이라는 자부심으로 살던 이들이 이방 사람들 앞에서 저주, 놀램, 조롱, 수치의 대상으로 전락하고 말 것이라 하신다.

주님의 말씀을 전하는 예레미야에게 백성들은 항의를 한다.

당신이 주님의 이름으로 우리에게 무슨 말을 하든지 간에, 우리는 당신의 말을 듣지 않겠소. 우리는 우리의 입으로 맹세한 대로 할 것이오.(16절)

한 번 등을 돌리기가 어렵지, 한 번 등을 돌린 이가 두 번, 세 번 등을 돌리는 일은 어려운 일이 아니다. 자신도 모르게 습관처럼 반복한다. 전해지는 주님의 말씀보다도 자신들의 입으로 한 맹세를 앞세운다.

그들은 그들의 조상과 그들의 왕들과 그들의 고관들이 유다 성읍들과 예루살렘 거리에서 하던 대로, 하늘 여신에게 제물을 살라 바치고, 그에게 술 제물을 바치겠다고 말한다. 아예 등을 돌리겠다고 선언을 하는 듯하다. 그러면서 하는 말이 이렇다.

하늘 여신을 섬길 때에는 우리에게 먹을 양식이 풍족하였고, 우리가 잘 살았으며, 재앙을 만나지도 않았는데, 우리가 하늘 여신에게 제물을 살라 바치는 일을 그치고 그에게 술 제물 바치는 일을 그친 뒤부터는, 우리에게 모든 것이 부족하게 되었고, 우리는 전쟁과 기근으로 죽게 되었소.(17-18절)

두렵다. 자신들의 죄악으로 인해 빚어진 일을 두고서 우상을 제대로 섬기지 않았기 때문에 생긴 일이라니. 마음이 주님의 말씀에서 벗어나자 지난 시간을 바라보는 그들의 마음까지가 달라지고 만다. 현재를 부정할 뿐 아니라 과거까지를 부정하고 있다.

• 당신이 야훼의 이름으로 우리에게 한 말을 우리는 듣지 않겠소.
〈공동번역〉

• 우리는 당신이 하나님의 메시지라며 전하는 말에 전혀 개의치 않겠소.
〈메시지〉

이렇게 말하는 이들이 정말 하나님의 백성일까 싶다. 하나님의 백성들이 이런 모습을 보여도 될까, 회의감이 든다. 한 때 믿는 것은 쉽다. 한 때 뜨거워지는 것은 맘먹으면 할 수 있다. 하지만 신앙은 그런 것이 아니다. 한결같은 걸음, 그게 신앙이다.

망한 뒤에야 깨닫는

그런즉 칼을 피(避)한 소수(少數)의 사람이 애굽 땅에서 나와 유다 땅으로 돌아오리니 애굽 땅에 들어가서 거기 우거(寓居)하는 유다의 모든 남은 자(者)가 내 말이 성립(成立)되었는지, 자기(自己)들의 말이 성립(成立)되었는지 알리라(렘 44:28)

'콩알로 귀를 막아도 천둥소리를 못 듣는다'는 우리 속담이 있다. '콩과 같이 작은 것이 큰 천둥소리를 막듯이, 작은 것도 잘 활용하면 큰일에 도움이 된다'고, 한 속담 사전에서는 위의 속담을 그렇게 풀고 있다. 작은 것의 유용함을 이르는 말이라는 것이다.

그러나 뒤집어 생각해 볼 여지가 크다. 콩알만큼 작은 것이 귀를 막아도 천둥소리를 못 듣는다. 아무리 옳은 말이 천둥소리처럼 크게 들린다 하여도, 콩알만큼 작은 것이 귀를 막고 있으면 들을 수가 없다. 마른하늘 벼락같은 말도 콩알 만한 작은 것에 막히면 들리지 않게 된다. 그것이 교만이든 걱정이든 욕심이든, 아주 사소한 것이 마음의 귓구멍을 막고 있으면 어떤 말도 들리지를 않는 것이다.

"귀 있는 자는 들으라" 했던 말씀을 주님은 괜히 덧붙이진 않았을 것이다. 말씀을 들으러 나올 때 귀를 집에 두고 온 자가 누가 있었겠는가.

사람들은 보고 싶은 대로 보고, 듣고 싶은 대로 듣는다. 있는 그대로를 보고 있는 그대로를 듣는 것이 아니라, 보고 싶은 대로 보고 듣고 싶은 대로 듣는다. 똑같은 것을 보고 똑같은 것을 들어도 나중에 하는 말을 들어보면 제각기 본 것도 다르고 들은 것도 다른 데는 그런 이유가 있다.

언젠가 '어느 날의 기도'를 드리며 이렇게 기도한 적이 있다.

"미리 답을 내 안에 두고서 안 그런 척 당신께 묻는 일 없게 하소서."

한 치 앞도 내다볼 수 없는 불안한 정세, 이집트로 내려갈 마음을 정하고선 예레미야를 통해 하나님의 뜻을 물었던 이스라엘 백성들은 자신들의 생각과 다른 하나님의 뜻이 전해지자 거짓말을 하고 있다고, 하나님이 이집트로 내려가지 말라고 하실 리가 없다면서 하나님의 말씀을 전하는 예레미야까지 끌고 이집트로 갔다.

그런 백성들이었으니 이집트에서의 삶이 어떠했을지 기대할 것이 없다. 여전히 주님 보시기에 역겨운 일을 했고, 그런 이스라엘 백성들을 하나님은 더 이상 바라보기가 어려웠다. 예루살렘과 유다가 폐허가 된 것도 같은 이유에서였는데, 토한 것을 도로 삼키듯 같은 짓을 반복하고 있었으니 말이다.

하나님의 말씀이 이집트에 있는 유다 사람들에게 임한다. 이집트로 내려간 유다 백성을 모두 멸절시키겠다고, 그들은 전쟁과 기근으로 죽을 것이며, 원망과 놀라움과 저주와 조소의 대상이 될 것이라 하신다.

그렇게 주님의 뜻을 전하는 예레미야에게 백성들은 또 다시 항의를 한다. 당신이 무슨 말을 하든지 간에 우리는 당신의 말을 듣지 않겠다고, 우리는 우리의 입으로 맹세한 대로 할 것이라 한다.

그렇게 맹세하는 백성들을 두고 이제는 주님께서 맹세를 하신다. 더는 살아계신 주님이 이름을 걸고 맹세하는 일을 하지 못하게 하겠다고, 복을 내리려고 지켜보는 것이 아니라 재앙을 내리기 위해 내가 너희를 지켜보겠다고 하신다. 백성들을 체념하고 포기하신 듯 하나님의 말씀은 이렇게 이어진다.

- 전쟁에서 살아남아 이집트를 벗어나 고국 유다로 돌아갈 자는 몇 사람 되지 않으리라. 이집트에서 타향살이하던 유다의 남은 자들은 내 말과 저희 말 중에 과연 누구의 말이 옳았는지 그 때에 가서야 알게 되리라. 〈공동번역〉
- 칼을 피하여 이집트 땅에서 유다 땅으로 돌아갈 사람들은 그 수가 얼마 되지 않을 것이다. 그리하여 이집트 땅에 정착하러 들어온 유다의 남은 자들은 모두, 나와 그들 가운데 누구 말이 들어맞는지 알게 될 것이다. 〈성경〉
- 살아서 이집트를 빠져나가 유다로 돌아갈 사람은 극소수에 불과할 것이다. 유다를 떠나 이집트에 살려고 온 불쌍한 무리들은, 그 때가 되어서야 모든 일의 최종 결정권이 누구에게 있는지 깨닫게 될 것이다.〈메시지〉

하나님의 말씀과 인간의 생각 중 누가 옳은지를 가리는 것이 어찌 가당키나 한 일일까만, 모두 망한 뒤에야 하나님의 말씀이 옳았다는 것을 깨닫는 이 오래된 엄청난 어리석음을 우리는 언제쯤이나 버릴 수 있을 것인지.

네 생각이 틀렸다

> 또 내게 이르시기를 너는 그에게 이르라 여호와께서 이같이 말씀하시기를 보라 나는 나의 세운 것을 헐기도 하며 나의 심은 것을 뽑기도 하나니 온 땅에 이러하거늘 네가 너를 위(爲)하여 대사(大事)를 경영(經營)하느냐 그것을 경영(經營)하지 말라 보라 내가 모든 육체(肉體)에게 재앙(災殃)을 내리리라 그러나 너의 가는 모든 곳에서는 내가 너로 생명(生命) 얻기를 노략물(擄掠物)을 얻는 것 같게 하리라 여호와의 말이니라 하셨느니라.(렘 45:4-5)

큰 딸 소리를 키울 때였다. 작고 외진 시골 마을에서 태어난 소리는 동네에 또래가 없어 혼자 있는 시간이 많았다. 흙과 풀과 꽃과 강, 병아리와 강아지가 친구였다.

어느 해 봄날 소리와 함께 앞개울로 나간 일이 있다. 맑은 물이 흐르는 개울에서 다슬기를 잡으며 시간을 보내다가 집으로 돌아오는 길이었다. 논둑길을 걷다보니 논에 뭔가 이상한 것이 보였다. 걸음을 멈추고 손가락으로 그 이상한 것을 가리키며 저것이 무엇인지 아느냐고 물었더니 소리가 고개를 갸우뚱했다.

"바로 저게 개구리 알이야. 저기서 올챙이가 나오는 거지."

설명을 해준 뒤에 올챙이가 커서 무엇이 되는지 아느냐 물었더니, "개구리요." 하고 자신 있게 대답을 했다. 이야기를 나누고서 다시 걸음을 옮겨 집으로 향하는데 뒤에서 따라오던 소리가 내게 물었다.

"그런데 아빠, 왜 올챙이는 커서 개구리만 되는 거예요?"

올챙이가 커서 왜 개구리만 되냐니, 지극히 당연한 것을 물으니 오히려 대답이 궁했다. 아이 생각에는 개구리 알이 저리도 많으니 더러는 물고기도 되고 더러는 새도 되고 더러는 다슬기도 될 것 같은 모양이었다. 뭐라 대답을 해야 할지 퍼뜩 떠오르는 생각이 없었다. 선뜻 대답을 못하자 녀석이 불쑥 자기 생각을 말했다.

"그것밖엔 될 게 없어서 그래요?"

그것밖엔 될 게 없어서 올챙이는 개구리가 되냐는 어린 딸의 말에 웃음이 나왔지만, 그 말은 의미 있게 들렸다. 아무리 알이 많아도 개구리가 낳은 알은 모두 올챙이가 되고, 올챙이가 아무리 많아도 올챙이는 마침내 개구리가 되는 것, 그 이유를 '그것밖엔 될 게 없어서'에서 찾고 있는 것이 아이다웠다.

논둑을 걸어올 때 문득 마음속을 지나는 생각이 있었다. 맞다, 아무리 알이 많아도 개구리 알은 올챙이가 되고, 올챙이는 마침내 개구리가 된다. 나는 과연 '그것밖에 될 것이 없는' 내 삶을 살고 있는 것일까, 나도 모르게 묻게 되었다. 작은 시골교회를 섬기며 내가 지금 사는 삶이 맞는 것일까, 이미 대답한 질문을 거듭 할 때가 있는 내게 어린 딸의 말은 하늘 음성처럼 다가왔던 것이었다.

바룩에게 주님의 말씀이 전해진다. 예레미야가 바룩하게 하는 말이지만, 그 말은 곧 주님께서 바룩에게 하시는 말씀이었다. 때로 주님께서는 누군가를 통해 내게 말씀을 하신다. 들을 귀가 있다면, 분별할 수 있는 믿음만 있다면 주님은 얼마든지 주변의 누군가를 통해서 내게 말씀을 하신다.

주님은 바룩에게 네 생각이 틀렸다고 하신다. 그동안 주님은 바룩의 탄식을 듣고 계셨다. 주님께서 나의 고통에 슬픔을 더하셨으니 나는 이제 꼼짝없이 죽게 되고 말았구나, 혼잣말로 탄식한 것을 주님께서 기억하고 있었다.(3절) 한 사람의 탄식을 기억하시는 주님! 멸망의 길로 치닫는 유대 백성들을 보며 큰 아픔에 빠져 있던 터에, 예레미야를 통해 전해지는 주님의 심판의 말씀을 책에 적다 보니 마음속 괴로움이 감당할 수 없을 만큼 커진 것이었다.

바룩은 주님께서 주님이 세우신 백성을 벌하신다는 사실을 받아들일 수 없었다. 받아들이기엔 너무도 고통스러웠는지도 모른다. 주님 앞에 가졌던 바룩의 심정이 어떤 것이었는지 바룩에게 하시는 주님의 말씀에서 묻어난다.

> 나는 세웠다가도 헐 수 있고 심었다가도 뽑을 수 있다.(렘 45:4)

주님이 세운 것을 주님이 허시는 것을, 주님이 심은 것을 주님이 뽑으시는 것을 바룩은 받아들일 수 없었던 것이다.

그것이 무엇이든 주님이 정하신 대로 하시는 것을 두고서, 주님의 뜻을 인정하지도 받아들이지도 못하는 바룩에게 더 이상 너를 위하여 대사(大事)를 경영(經營)하지 말라 하신다.

- 네가 이제 큰일을 찾고 있느냐? 그만 두어라.〈새번역〉
- 네가 이제 큰일을 도모한다마는, 그만두어라.〈공동번역〉

• 너는 자신을 위하여 무슨 위대한 일들을 찾고 있는데, 그런 일들을 더 이상 찾지 마라.〈성경〉
• 그러므로 스스로 거창한 계획을 세울 생각은 마라.〈메시지〉

아무리 훌륭한 생각이라 해도 주님 앞에서는 내 생각일 뿐이다. 내 눈에 훌륭해 보일 뿐이다. 아무리 옳은 생각이라 해도 주님 앞에서는 내 생각일 뿐이다. 내 눈에 옳게 보일 뿐이다. 아무리 위대한 생각이라 해도 주님 앞에서는 내 생각일 뿐이다. 내 눈에 위대해 보일 뿐이다.

내 생각이 아무리 훌륭하고 옳고 위대해 보인다 해도 주님 앞에서 내 생각을 고집하며 내 생각을 앞세우는 것은 '나 자신을 위해 위대한 일'을 찾고 있는 것에 지나지 않는다.

바룩의 마음은 참으로 귀하다. 멸망의 길을 가는 백성들을 바라보며 마음 아파하며, 그 백성을 벌하시려는 주님께 그럴 수는 없지 않느냐 매달리고 있으니, 어찌 거룩한 마음이 아닐 수 있겠는가?

하지만 그런 마음으로 주님의 뜻을 앞서는 바룩을 두고 주님께서는 '그만 두라' 하신다. 아무리 자신의 생각에 옳다 싶어도 주님의 뜻을 앞서는 그 한 가지만으로도 네 생각은 틀렸다고 하신다. 우리가 나아가야 할 겸손의 자리는 그렇게도 아뜩하다.

고칠 수가 없는 상처

처녀(處女) 딸 애굽이여 길르앗으로 올라가서 유향(乳香)을 취(取)하라 네가 많은 의약(醫藥)을 쓸지라도 무효(無效)하여 낫지 못하리라.(렘 46:11)

'좁은 문으로 들어가라' 하신 말씀을 이렇게 새긴다. 그것이 욕심이든 근심이든 등 뒤 어깨에 메고 있는 커다란 보따리를 내려놓지 못하면 들어갈 수가 없다고. 또 하나, 그 문은 단체로 통과할 수 있는 곳이 아니라고. 증명서 하나를 보이고 우르르 한꺼번에 들어갈 수 있는, 단체관광에서 볼 수 있는 그런 곳이 아니라고.

외국에 나갈 때든, 나갔다가 들어올 때든 공항에 내리면 입국심사라는 걸 한다. 여권을 내보이고 본인인지 아닌지, 입국 목적이 무엇인지 등을 확인한다. 내 나라나 영토에 아무나 함부로 들여보낼 수는 없는 일이기 때문이다.

입국심사를 할 때 보면 줄이 두 줄이다. 내국인이 서는 줄이 따로 있고, 외국인이 서는 줄이 따로 있다. 우리 마음속 터무니없이 자리 잡고 있는 생각 중 하나가 이와 관련이 있는 것 아닐까? 최후의 심판 날 하나님을 믿는 사람은 하나님 앞에 서고, 하나님을 믿지 않는 사람은 하나님 아닌 다른 줄에 서고. 하나님 앞에 서는 것이 두려워 그것을 피하기 위해서 일부러 하나님을 믿지 않는, 아예 하나님 아는 척을 하지 않는 이들이 세상에는 아주 없지는 않을 것 같다.

열국을 향한 주님의 말씀이 예레미야에게 임한다. 이집트(46장), 블레셋(47장), 모압(48장), 암몬, 에돔, 다메섹, 게달과 하솔의 나라들, 엘람(49장), 바벨론(50-51장) 등 이스라엘 주변에 있는 모든 나라를 향한 말씀이다.

주님의 관심이 단지 이스라엘 안에 머물러 있거나 제한되어 있는 것이 아님을 확인하게 된다. 주님의 눈길에서 벗어난 대상이나 존재는 세상에 그 무엇도 없다. 교회나 기독교가 하나님의 관심이 머무는 유일한 울타리가 될 수 없다.

주님의 말씀이 갈그미스 전투에 참여했던 이집트의 왕 바로 느고의 군대를 향한다. 갈그미스는 유프라테스 강가에 있는 곳으로 그동안 패권을 잡고 있던 앗수르의 세력이 약해지면서 바벨론과 이집트가 서로 충돌을 하던 곳이다. 그곳을 누가 차지하느냐에 따라 중동 지역의 지배권이 달라지기 때문이었다.

여호야김 제4년, 그러니까 BC605년, 갈그미스 전투에서 바벨론의 느브갓네살은 이집트의 바로 느고를 물리친다. 이 결과는 이스라엘에도 영향을 미쳐서 그동안 이집트를 의지하던 이스라엘은 바벨론의 영향권 안으로 들어가게 되고 만다.

이집트 군대는 나름대로의 무기와 힘을 갖고 있었다. 큰 방패, 작은 방패, 군마, 투구, 창, 갑옷…, 그러나 하나님은 이집트가 패배할 것을 바라보고 있다. 잘 싸우는 군사가 뒤도 돌아보지 않고 도망을 친다.(5절) 상황은 점점 더 나빠져서 발이 빠른 자도 도망치지 못하고, 용맹이 있

는 자도 피하지 못한다.(6절) 그들은 모두 유프라테스 강가에 넘어지며 엎드러지게 된다.(6절)

그들의 사방에는 두려움이 있다.(5절) '사방의 두려움'이라는 말은 예레미야를 괴롭힌 바스훌에게 주님이 붙인 이름이기도 하고(20:3), 사람들에게서 놀림을 받던 예레미야의 심정이기도 하다.(20:10)

이집트가 입은 상처는 고칠 수가 없다. 상처 치료에 효력이 있는 유향이 나는 곳으로 유명한 길르앗에 가서 아무리 많은 유향을 가지고 온다고 해도 소용이 없다. 나을 병이 아니기에 백약이 무효일 뿐이다.

- 처녀, 딸 이집트야, 길르앗 산지로 올라가서 유향을 가져 오너라. 네가 아무리 많은 약을 써 보아도 너에게는 백약이 무효다. 너의 병은 나을 병이 아니다.〈새번역〉
- 아무에게도 짓밟힌 일 없는 너 이집트의 수도야. 길르앗에 올라가 향유를 구해다가 약을 만들어 마음껏 써보아라. 공연한 노릇이리라.
〈공동번역〉
- 처녀 딸 이집트야 길앗으로 올라가 유향을 구해 오너라. 그러나 아무리 많은 약을 써 보아도 너의 병은 고칠 수 없으리라.〈성경〉
- 오, 처녀 딸 이집트야, 길르앗 산지로 올라가 약제 유향을 구해보아라. 그러나 백약이 무효일 것이다. 너의 고통을 치유할 수 있는 것은 아무 것도 없다.〈메시지〉

이집트는 어찌다가 이런 결과를 맞게 되었을까? 무슨 큰 잘못을 했기에 어떤 약도 소용이 없는 무서운 심판을 받는 것일까?

예레미야 46장 2-12절을 통해 확인할 수 있는 것은 한 가지 뿐이다. 이집트는 오만한 생각을 가지고 있었다. 자신의 힘을 믿고 으스대고 있었던 것이다.(7-10절) 이집트가 갈그미스 전투에서 패배한 것은 바벨론 느브갓네살의 군대가 강해서가 아니었다. 이집트의 오만함을 꺾기 위한 하나님의 심판이었던 것이다.

세상 어느 곳에서 일어나는 일이라 하여도 하나님은 인간의 교만함을 꺾으신다. 교만이 가져오는 결과는 사방의 두려움이고, 그 때 입은 상처는 너무나도 깊고 커서 백약이 무효일 뿐이다.

너는 이 책(冊) 읽기를 다한 후(後)에 책(冊)에 돌을 매어 유브라데 하수(河水)속에 던지며 말하기를 바벨론이 나의 재앙(災殃) 내림을 인(因)하여 이같이 침륜(枕淪)하고 다시 일어나지 못하리니 그들이 쇠패(衰敗)하리라 하라 하니라 예레미야의 말이 이에 마치니라(렘 51:63-64)

오래 전 농촌의 아픔을 동화로 담아내던 시절, 〈마지막 교실〉이라는 제목의 동화를 쓴 적이 있다. 문을 닫게 된 수몰지역의 한 초등학교 이야기다. 학교가 문을 닫기 전 마지막 날 아침, 학교 운동장 연단에 선 교장 선생님도, 아이들 앞에 선 세 명의 선생님도, 쪼르르 줄을 맞춰 선 스무 여명의 학생들도, 마지막으로 교가를 부르다 참았던 울음이 터져 교가를 끝까지 부를 수가 없었다.

아직 담임선생님이 들어오지도 않았는데 5-6학년 교실은 평소와 다르게 조용하기만 했다. 여느 때 같았으면 이리 뛰고 저리 뛰고 체육시간 운동장 같았을 교실이 머리카락 한 올이 떨어져도 떨어지는 소리가 들릴 만큼 조용했다. 아이들은 모두 자기 자리에 멍하니 앉아 있었다. 아버지의 아버지의 아버지의 아버지…, 그 끝을 알 수 없을 만큼 오래 전부터 동네를 지켜온 학교가 문을 닫게 되다니, 아이들로서도 기가 막혔던 것이다.

그 때였다. 개구쟁이 대석이가 교실 뒷문을 열고 밖으로 나갔다. 잠시 뒤 앞문을 열고 나타난 것도 대석이었다. 장난을 치려나보다 생각했지만 대석이의 표정은 진지했고, 대석이 손에는 깨끗하게 빨아온 걸레가 들려 있었다.

대석이는 천천히 교탁을 닦기 시작했다. 교탁을 다 닦은 대석이가 미리 전학을 가 비어 있던 미경이의 책상을 닦기 시작했을 때, 자리에 앉아 있던 아이들은 하나 둘 자리에서 일어나기 시작했다. 아이들은 비와 걸레를 찾아 교실 구석구석을 청소하기 시작했다. 건성으로 청소를 하는 아이는 아무도 없었다. 유리창이 그렇게 깨끗한 적은 이제껏 없었을 것이다.

마지막으로 아이들을 만나기 위해 교실로 들어서려던 선생님의 걸음이 그만 교실 문 앞에서 멈춰서고 말았다. 깨끗하게 닦인 유리창을 통해 청소를 하고 있는 아이들과 눈이 마주친 것이었다.

교실 문은 한동안 열려지질 않았다. 교실 문을 사이에 두고 두 눈이 모두 젖은 아이들과 선생님이 서로를 마주 본 채, 다음 일을 아예 잊고 있었다.

마세야의 손자요 네리야의 아들인 스라야가 시드기야 왕을 모시고 바벨론을 찾을 때의 일이다. 어쩌면 유다가 여전히 바벨론에게 충성을 바치고 있다는 것을 보이기 위한 정치적인 행차였는지도 모른다.

예레미야는 스라야 편에 책 한 권을 보낸다. 스라야는 예레미야 곁에서 일을 도왔던 바룩과 형제지간이다. 바룩의 할아버지와 아버지 이름(32:12)이 스라야의 할아버지와 아버지 이름과 같다. 예레미야가 스라야에게 준 책에는 바벨론에 임할 재앙의 말씀들이 적혀 있었다. 아마도 예레미야 50장 1절부터 51장 58절에 기록된 내용이 책에 적혀 있었을 것이다.

예레미야는 스라야에게 바벨론에 도착하면 책에 기록된 내용을 사람들 앞에서 소리 내어 읽으라고 명한다. 바벨론에 도착하면 바벨론에 임할 재앙의 내용이 담긴 책을 읽으라는 것이다. 그것도 모자라 예레미야는 책을 모두 읽은 뒤에 할 말까지 일러준다.

> 주님께서 이 땅을 멸하여 사람이나 짐승이나 거하지 못하게 하며 영영히 황폐케 하리라 하셨다.(렘 58:62)

예레미야가 스라야에게 명한 것은 거기서 그치지 않는다. 책 읽기를 다 한 후에 또 한 가지 할 일이 있었다. 책을 돌에 매어 유브라데 강에 던지라는 것이다. 위험한 내용이 담긴 책을 읽었으니, 읽고 난 뒤에 그 증거를 없애라는 뜻이었을까? 그런 게 아니었다. 책을 돌에 매어 강에 던지면서 할 말을 예레미야는 스라야에게 이렇게 일러주었다.

> 바벨론이 나의 재앙(災殃) 내림을 인(因)하여 이같이 침륜(枕淪)하고 다시 일어나지 못하리니 그들이 쇠패(衰敗)하리라.(렘 58:64)

'침륜'(沈淪)이라는 말은 '가라앉는다'는 뜻으로 '재산이나 권세 따위가 없어지고 보잘 것 없이 됨'을 나타낸다. '쇠패'(衰敗)는 '쇠할 쇠'에 '깨뜨릴 패'로, '쇠하여 패망함'을 뜻한다.

- 주님께서 이곳에 내리는 재앙 때문에 바빌로니아도 이렇게 가라앉아, 다시는 떠오르지 못하고 쇠퇴할 것이다.〈새번역〉
- 이처럼 바빌론은 물에 가라앉으리라. 내가 내리는 재앙을 당한 후에, 다시는 일어나지 못하리라.〈공동번역〉
- 바빌론도 내가 그에게 내릴 재앙 탓에, 이처럼 가라앉아 다시는 떠오르지 않을 것이다. 그들이 지쳐 버릴 것이다.〈성경〉
- 내가 내린 재앙을 당한 뒤에, 바벨론이 저렇게 바닥으로 가라앉아 다시는 떠오르지 못할 것이다.〈메시지〉

돌을 매단 책이 다시는 물 위로 떠오르지 못하는 것처럼, 바벨론도 다시는 일어서지 못할 것을 상징적으로 일러주라는 것이었다.

무슨 말을 전하라 하시는지 충분히 알겠다. 책에 적힌 내용도 그렇고, 책을 읽은 뒤에 하라는 말도 그렇고, 그런 뒤에 책을 돌에 묶어 강에 던지라는 것도 그렇고, 책을 던진 후에 하라는 말을 보면 그 뜻 하나하나가 명확하여 이해되지 않는 부분이 따로 없다.

한 가지 마음에 남는 것이 있다. 결국 책은 물에 빠지고 만다. 그것도 돌에 매달아 빠지게 됨으로 그야말로 수장이 되고 만다. 나중에 누가 그 책을 꺼내 읽는 일도 결코 없을 것이다.

하지만 예레미야는 그 책을 썼다. 물에 던져 아무 소용이 없게 되고 말 책, 아무도 귀 기울여 듣는 이 없을 내용, 듣는다 해도 어디 그런 일이 일어나겠냐며 웃고 말 내용, 그런데도 바벨론을 향한 주님의 뜻이 담긴 글을 예레미야는 책에 기록했다.

어쩌면 하나님의 사람이란 내가 하는 일의 영향력을 셈하지 않는 사람일지 모른다. 오히려 내가 계산하는 영향력에 내가 묶이거나 갇히게 될까 조심하며 나 자신을 경계하며 묵묵히 주님의 뜻을 따르는 사람일 것이다. 하나님의 사람 가슴에는 그 어떤 주판도 없다.

모두 다 가져갔다

시위대(侍衛隊) 장관(長官)이 또 잔(盞)들과 화로(火爐)들과 주발(周鉢)들과 솥들과 촛대(燭臺)들과 숟가락들과 바리들 곧 금물(金物)의 금(金)과 은물(銀物)의 은(銀)을 가져갔는데 솔로몬 왕(王)이 여호와의 전(殿)을 위(爲)하여 만든 두 기둥과 한 바다와 그 받침 아래 있는 열 두 놋소 곧 이 모든 기구(器具)의 놋 중수(重數)를 헤아릴 수 없었더라(렘 52:19-20)

피에르 신부가 쓴《단순한 기쁨》이라는 책이 있다. 프랑스 사람들이 가장 존경하는 인물로 첫 손에 꼽았던 사람이다. 책에는 피에르 신부가 남미의 한 대도시에서 경험했던, 다음과 같은 이야기가 소개된다.

"어쩔 수 없이 있어야 하는 교회의 통치조직과 그 대표들 가운데 일부의 태도가 때때로 복음의 정신과 동떨어진 것임은 분명한 사실이다. 이 점과 관련해서 나는 새로운 교황대사의 관저가 건축되고 있던 남미의 한 대도시에서 내 눈으로 직접 목격한 일을 잊을 수가 없다. 그것이 어마어마한 비용이 드는 건축이다 보니 가난한 사람들이 밤에 몰래 와서 타르로 벽에다 '가난한 자는 행복하나니'라고 적어놓곤 했다. 그러자 건축을 맡은 성직자가 경찰을 불렀다. 교황의 집에 복음의 말씀이 적히는 것을 막기 위해서 말이다!"

마지막 문장 부호가 느낌표다. 일부러 그렇게 선택했지 싶은 느낌표는 깊고 긴 탄식처럼 다가온다. 밤에 몰래 와서 건축 중인 교황대사의 관저 벽에다 '가난한 자는 행복하나니'라고 적는 가난한 사람들의 심정이 오롯이 전해진다. 교황의 집에 복음의 말씀이 적히는 것을 막기 위해 경찰을 부르는 성직자, 이런 아이러니가 어디 흔할까 싶다.

같은 책에서 만난 다음 구절도 큰 울림으로 다가온다.

"성소의 아름다움은 그 대리석 포석이나 장식물에 달린 것이 아니라, 성소 주변에 거주지 없는 가족이 단 한 가족도 없다는 사실에 달려 있다는 것을 사람들은 언제쯤 깨닫게 될까?"

세상의 어떤 건물도 부럽지 않을 만큼 위압감을 느끼게 하는 규모, 으리으리하고 화려한 장식물, 값이 떠오르지 않을 만큼 눈부시게 빛나는 성구, 성소의 아름다움을 나타내는 것들은 한두 가지가 아니다. 거기에 다른 교회에 뒤지지 않으려는 경쟁 또한 은근하기도 하고 집요하기도 하다.

하지만 노사제(老司祭) 피에르는 성소의 아름다움을 그런 류에서 찾고 있지 않다. 오히려 성소 주변에 집 없는 자가 없다는 것, 헐벗은 자가 없다는 것, 굶는 자가 없다는 것, 혼자 우는 자가 없다는 것, 단순하고 단호한 지적에 마음이 울컥해진다.

바벨론에 함락당한 예루살렘의 모습은 처연하다. 주님의 성전과 왕궁과 예루살렘의 큰 건물들은 모두 불태워지고 말았다.(52:13) 처참하게 허물어지고 곳곳에서 연기가 피어오르는 예루살렘의 모습이 선하게 그려진다. 그것이 아무리 성전이라 할지라도 무너질 수 있고, 불태워질 수 있고, 사라질 수 있는 건축물임을 새삼 확인하게 된다.

바벨론의 군대는 성전 안에 있는 모든 것들을 약탈해갔다. 그 목록이 다양하다. 놋기둥, 받침, 놋대야, 가마, 부삽, 부집게, 주발, 숟가락, 모든 놋그릇, 잔, 화로, 솥, 촛대, 향 접시, 놋바다, 열두 놋소…, 종류를

다 헤아리기가 어렵다.

그들이 가져간 것들의 대부분은 하나님을 예배할 때 사용하던 제구(祭具)였다. 열왕기상 7장 48-50절에 들어있는, 솔로몬이 금으로 만든 성전 기구들이 거반 포함 되어 있다. 하나님을 섬길 때 사용하던 거룩한 도구들이 전리품과 노략물로 전락하고 만 것이다.

놋기둥과 받침들과 놋바다는 크기가 커서 있는 그대로를 옮길 수가 없자 바벨론 군인들은 그것을 산산조각 내어 가져간다. 놋기둥도 빠지지 않았다. 놋기둥은 솔로몬 성전 입구에 서 있던 두 개의 기둥이다. 높이 9미터 정도의 크고 화려하게 꾸민 기둥으로 주님께서 그곳을 통해 성전으로 들어가신다는 사실을 나타내는, 주님의 위엄과 임재를 느끼게 해주는 거룩한 상징이었다. 두 개의 기둥과 관련하여 역대하 3장 15-17절은 다음과 같이 기록하고 있다.

> 성전 앞에 기둥 둘을 만들었으니 높이가 삼십오 규빗이요 각 기둥 꼭대기의 머리가 다섯 규빗이라 성소 같이 사슬을 만들어 그 기둥 머리에 두르고 석류 백 개를 만들어 사슬에 달았으며 그 두 기둥을 성전 앞에 세웠으니 왼쪽에 하나요 오른쪽에 하나라 오른쪽 것은 야긴이라 부르고 왼쪽 것은 보아스라 불렀더라.

'야긴'은 '그가 일으켜 세우신다'는 뜻이고, '보아스'는 '그의 안에 힘이 있다'는 뜻이다. 두 기둥의 이름은 그것들이 여호와 하나님의 증인 노릇을 한다는 사실을 증명한다.(《독일성서공회해설》) 성전은 주님이 세우시는 곳이고, 사람이 아니라 하나님 안에 힘이 있다는 것을 나타내는 곳이다.

그렇게 주님의 위엄과 임재를 나타내던 성전 기둥은 결국 이방인들의 손에 의해서 쓰러졌고, 운반이 가능하도록 산산조각이 나고 말았다. 바벨론 군인들은 성전의 온갖 기물들을 금으로 만든 것은 금이라고 하여 가져갔고, 은으로 만든 것은 은이라 하여 가져갔다.(19절) 그들이 가져간 것을 두고 성경은 '모든' '모두'라는 말을 반복해서 사용하고 있는데, 바벨론 근위대장이 가져간 놋쇠만 해도 '그 무게를 달아볼 수 없을 정도로 많았다'고 한다.

사라져간 영화를 기억하듯 놋기둥 위에는 놋쇠로 된 기둥머리가 있었고, 기둥머리 위 사방에는 그물과 석류모양의 장식이 얹혀 있었다고, 그물에 사방으로 매달린 석류는 모두 백 개인데 밖에서 보이는 것은 아흔여섯 개였다고, 더는 아무 소용없을 것을 그래도 기록으로 남기고 있는 것이 안쓰럽다.

성전은 불에 타 허물어지고 성전 안 온갖 기물은 모두 탈탈 털린 예루살렘의 모습을 생각할 때, 오늘 이 땅의 교회가 겹쳐 떠오르는 것은 왜일까? 예배당 건물은 여전히 화려하고 웅장할지 몰라도 더는 하나님의 영광을 찾아보기가 힘든 것이 오늘 이 땅의 교회 모습이라면, 교회가 세상 사람들의 조롱과 비난을 받는 신세로 전락하고 말았다면, 성전 안에 있던 모든 기물을 바벨론에게 빼앗긴 당시와 무엇이 다를 것인가.

'모든 것을 잃어버린 나라에 아무도 잃어버린 자가 없다'는 말이 있다. 모든 것을 잃어버렸는데, 아무도 잃어버린 자가 없다는 말이 기막히다. 모든 것을 잃어버리고도 잃어버린 것조차 모르는 것이다.

성전 안 거룩함을 모두 잃어버린 줄도 모르고 여전히 자기만의 잔치를 벌이고 있다면, 자기만의 잔치가 언제까지나 이어질 것처럼 생각하고 있다면 더는 무슨 할 말이 있을까, 차라리 입을 닫게 된다.

무릎 꿇고 손가락으로 읽는 예레미야

언젠가 주보 표지에 '예레미야를 만나면'이라는 글을 실은 적이 있다. 당연히 예레미야를 생각하며 쓴 글이었다.

그럴 수 있다면 언제고 예레미야를 만나 실컷 울리라
여전히 젖어 있는 그의 두 눈을 보면 왈칵 눈물이 솟으리라
당신께는 주님의 말씀 백성들에겐 귀찮고 하찮은 말
그 사이에 서서 울먹울먹 하던
다시는 주님 말씀 전하지 않으리라 다짐할 때마다
뼛속을 따라 심장이 타들어가던
당신의 뒷모습엔 늘 눈물이 어렸노라고
겨울밤 인우재에서 듣던 낙숫물처럼
어둠 속 떨구던 당신의 눈물 소리 쟁쟁했노라고
애써 적은 주님의 말씀 서걱서걱 왕의 칼에 베어질 때
내 마음도 베였노라고
마침내 당신 웅덩이에 던져졌을 때 나도 갇혔고
구스 사람 에벳멜렉이 달아 내린 헝겊쪼가리와 낡은 옷에
이게 설마 하나님의 손일까

나도 덩달아 울었노라고

언제고 예레미야를 만나면 함께 울리라

당신만큼은 아니어도 당신으로 많이 아팠노라고

그만큼 고마웠노라고

왜 그럴까, 예레미야를 생각하면 딱히 무어라 말하기 힘든 동질감을 느끼게 된다. 그가 살았던 시대가 그러하고, 그에게 주어졌던 숙명적 처지가 그러하고, 눈물의 근원에서 과히 멀지 않은 곳에 자리 잡았지 싶은 감정이나 정서의 근원이 그러하다. 괜히 눈물겹고 공연히 가슴이 먹먹해져, 예레미야를 읽다보면 나도 모르게 자주 멈춰 서게 된다. 그때 떠올리는 예레미야의 두 눈은 늘 젖어 있곤 했다.

예레미야를 다시 읽기로 했다. 무릎을 꿇고 손가락으로 한 자 한 자 더듬거리는 심정으로 읽기로 했다. 그런 마음으로 읽다보면 길 어디에선가 예레미야를 만날 수 있지 않을까, 과한 기대를 서툴게 품었다.

신학을 배우던 시절, 구약을 가르쳐주신 민영진 교수님이 들려준 이야기 중 마음에 남아 있는 이야기가 있다. 교수님이 신학생이던 시절, 목회를 하고 있던 한 선배를 찾아갔는데 선배는 책상에 앉아 히브리어 원어 성경을 펼쳐놓고 사전을 찾아가며 성경을 읽고 있었다고 했다. 교수님 눈에는 그 모습이 그렇게 거룩해 보일 수가 없었다는 것이다. '무릎 꿇고 손가락으로 읽는'이라는 말을 떠올렸던 것은, 그 이야기와 무관하지 않다.

성경은 일부러 〈국한문개역한글판〉을 택했다. 아들이 신학 공부할 마음을 먹은 것을 고맙고 대견하게 여긴 부모님이 사 준 책이 〈국한문개역한글판〉 성경이었다. 지금은 책이 낡을 대로 낡았지만, 소중하게 보관하고 있다. 세로로 쓰인 것도 그렇고 순간순간 만나게 되는 한문도 낯설었지만, 그렇기 때문에 천천히 읽을 수밖에 없었다. 모르는 한자가 나오면 다른 성경을 찾아 확인을 하든지 사전을 펼쳐야 했는데, 불편하면서도 유익한 경험이었다.

〈국한문개역한글판〉 성경 또한 한 시대의 산물, 한문이 익숙했던 세대는, 지독한 가난과 신고(辛苦, '매울 신', '쓸 고')의 시절을 산 그분들은 말씀을 어떻게 이해했을까, 어렴풋 헤아릴 수 있을지도 모를 일이었다. 〈국한문개역한글판〉 성경에서 〈메시지〉 성경까지, 우리말로 번역된 몇 몇 번역본을 비교하며 읽는 것도 성경을 읽는 한 방법 아닐까 싶었다. 생각지 못했던 단어 하나가, 낯선 문장이나 표현이 생각의 걸음을 의외의 오솔길로 이끌 수도 있음을 경험해보고 싶었다.

웹진 〈꽃자리〉에 글을 연재할 때만 해도 짐짓 가벼운 마음을 가지려고 했다. 가만 생각해보면 우리는 아는 만큼이 아니라 모르는 만큼 말한다. 알면 다르게 말했을 텐데, 모르기 때문에 그렇게 말하는 것이다. 목회를 하고 있는 목사가 전문지식이 아니라 자신의 목회 경험을 바탕으로 성경을 읽고, 읽은 후의 생각을 나누는 것은 자신의 한계를 뻔히 드러내는 일이다. 그럼에도 불구하고 그 일 또한 말씀의 지평을 넓히는 일일 수 있다 생각했던 것은, 애정 혹은 인내를 가지고 읽는 독자가 글의 부족하고 모자란 부분을 자신의 생각으로 채운다면 덤처럼 얻게 되는 것이 분명 있을 것이라고 여겼기 때문이었다.

그런 마음으로 썼던 글을 책으로 묶자는 이야기를 들었을 때, 덜컹 겁이 났다. 제한된 독자에게 조금은 편한 마음으로 썼던 것과는 전혀 다른 일이기 때문이다. 보편성이나 전문성을 갖춘 글이 아니라는 것을 스스로 알기에 더욱 그랬다.

기회가 되는대로 찾아뵙고 책이 될 수 있는 글인지를 겸허하게 묻고 싶었던 민영진 선생님은 내가 알지도 못하는 사이에 글을 꼼꼼히 읽으시고는 장문의 글을 써주셨다. 글 말미에 담긴 선생님의 경험을 읽으면서는 눈시울이 뜨거웠다. 말씀의 사람이 어떤 사람인지를 선명하게 보여주고 계시기 때문이었다.

김기석 목사님은 내게 늘 고마운 형이다. 같은 시대를 산다는 것이 든든하고 행복하다. 세상 어지러울수록 형이 가리키는 방향을 신뢰하며, 들려주는 말을 통해 위로와 힘을 얻곤 한다.《끙끙 앓는 하나님》을 통해 먼저 예레미야를 만난 형이 뒤늦게 예레미야를 만나는 나를 어떻게 바라볼지 궁금하기도 했고 떨리기도 했다. 어서 와서 같이 앉자고, 먼저 마주하고 있던 예레미야 곁으로 의자 하나를 내어주는 것 같다.

표지 그림을 그려주신 임종수 목사님은 목회자로서는 물론 한 인간으로서 한계를 경험할 때마다 위로와 힘을 주시는 분이시다. 가는 세월을 따라 은퇴를 했지만 그 정신과 감각은 오히려 푸릇푸릇 빛이 나서 목사님을 뵐 때면 '혜안'(慧眼)이라는 말이 떠오르곤 한다.

서툴고 짧은 생각을 책으로 묶는 '꽃자리' 한종호 목사님께는 언제나 제대로 힘이 될 수 있을지 모르겠다. '거친 들에 씨 뿌린 자는 들을 잊기 어렵다'(황동규) 했는데, 척박한 세상에 말씀의 씨앗을 뿌리는 그의 군살 박힌 손을 주님께서 눈여겨 보아주시기를 빈다.

그동안 고마운 마음으로 믿음의 길을 동행하던 든든한 벗들은 물론 이제 막 동행을 시작한 정릉감리교회 교우들도 예레미야를 만나고 나누는 자리에 초대를 하고 싶다. 두런두런 이야기를 나누며 시간을 잊었으면 좋겠다. 어지러운 세상 속에서 함께 어깨를 걸고 걸어가는 걸음이 언제 생각해도 마음 다해 감사할 수 있는 복된 길과 걸음이었으면 좋겠다.

햇볕은 순하고 바람은 달다. 짧아서 아름다운 계절, 또 한 번의 가을이다.

2018년 '한로'를 맞으며,

한희철